需求才是硬道理

用IPD研发思想建设需求管理体系

孙维乙
/ 著 /

哈尔滨出版社
HARBIN PUBLISHING HOUSE

图书在版编目（CIP）数据

需求才是硬道理：用 IPD 研发思想建设需求管理体系 / 孙维乙著 . -- 哈尔滨：哈尔滨出版社，2025. 1.

ISBN 978-7-5484-8368-7

Ⅰ. F273.2

中国国家版本馆 CIP 数据核字第 2025BC7223 号

书　　名：需求才是硬道理 ：用 IPD 研发思想建设需求管理体系
XUQIU CAI SHI YING DAOLI:YONG IPD YANFA SIXIANG JIANSHE XUQIU GUANLI TIXI

作　　者：孙维乙　著
责任编辑：刘丹
封面设计：树上微出版

出版发行：哈尔滨出版社（Harbin Publishing House）
社　　址：哈尔滨市香坊区泰山路 82-9 号　　邮编：150090
经　　销：全国新华书店
印　　刷：武汉市籍缘印刷厂
网　　址：www.hrbcbs.com
E-mail：hrbcbs@yeah.net
编辑版权热线：（0451）87900271　87900272

开　　本：710mm × 1000mm　1/16　印张：21.25　字数：281 千字
版　　次：2025 年 1 月第 1 版
印　　次：2025 年 1 月第 1 次印刷
书　　号：ISBN 978-7-5484-8368-7
定　　价：98.00 元

凡购本社图书发现印装错误，请与本社印制部联系调换。
服务热线：（0451）87900279

企业就是一台需求加工机

企业存在的唯一理由就是满足客户需求

以过程的确定性应对结果的不确定

PREFACE

序 言

无论是 B2B 企业还是 B2C 企业，它们的一切工作都来源于对客户 / 用户需求的满足，优秀企业的产品是更加接近客户需求的，做好企业就需要加强对需求这一重要业务对象的管理。需求管理体系（OR，Offerings and Requirements Management）是集成产品开发管理体系（IPD，Integrated Product Development）非常重要的组成部分。需求管理不仅仅服务于产品开发流程（又称小 IPD 产品开发流程），还服务于产品规划流程（MM，Market Management）、技术规划流程（TPP，Technology Planning Process）、产品预研流程（PPR，Product Pre-research）、技术预研流程（TPR，Technical Pre-research）、技术 / 平台开发流程（TPD，Technology and Platform Development），是整个大 IPD 研发管理体系的源头。需求管理水平的好坏是一家企业核心竞争力高低的直接决定性因素，也是当前我国研发创新事业面临的最主要问题。IPD 体系运作失败的很重要的一个原因就是需求没搞定。

令人遗憾的是，“闭门造车”这个现象竟然反复地出现在我国很多研发创新型企业的内部管理会议和内部业务会议上，对市场需求认识的不清晰和不准确已经成为我国各个企业产品和技术创新工作中最主要的绊脚石。实际上没有企业的领导者和管理者会认为需求管理不是重要的事，但是企业的领导者、管理者、技术工作者们对需求管理的重视，在大部分时间里，并没有体现在产品和技术研发的实际工作中。这个问题困扰着我国众多研发管理的从业者和实践者，他们翻阅了众多企业研发管理类书籍，也没有办法得到系统性的答案。实际上这个问题也从 2014 年开始困扰着笔者很多年。

经过整整十年的理论探索和实践检验，在 IPD 管理体系的咨询、辅导和实战过程中，笔者始终在寻找适合我国国情的需求管理体系的系统建设和运作的方法论及工具。因此，笔者在经过长期的积累后，决定在写作了《落地才是硬道理——企业实施 IPD 研发管理体系方法》（航空工业出版社，2021 年 12 月出版）和《研发才是硬道理——用 IPD 流程研发新品全过程详解》（哈尔滨出版社，2024 年 1 月出版）以后写作本书，去探索需求收集、需求分析、需求分配、需求执行和需求验证等一系列内容的方法论，尤其重要的是对需求调研和需求激励有用的方法论，真正形成一本理论性强、能实操的，真正揭示需求管理本质的图书。

笔者坚信通过对需求管理体系、方法论、工具、技巧等内容在理论和实践上的归纳和总结，能够帮助到我国研发创新型企业的需求管理工作，对于广大企业提升自身的需求管理水平和广大读者提升自己的需求管理能力，多、快、好、省地开发出新品和精品，避免“闭门造车”，具有十分重要的借鉴意义。

本书一方面主要针对我国数量众多的中小型企业，而不是针对大型企业；另一方面主要针对我国企业中 IPD 集成产品开发管理体系推进程度处于“中小学”阶段的企业，而不是针对该体系建设已较完备的企业。请读者朋友们根据自己企业的特点，选择本书中的相关论点和具体内容。

后续笔者还将写作《预研才是硬道理》和《规划才是硬道理》等 IPD 集成产品开发管理体系相关书籍，连同已经出版的《落地才是硬道理——企业实施 IPD 研发管理体系方法》和《研发才是硬道理——用 IPD 流程研发新品全过程详解》，一起形成“IPD 硬道理”系列图书，为各个企业研发创新能力的大幅度提升，为祖国的经济发展贡献自己最大的力量。

“让天下没有不落地的 IPD！”

孙维乙

2024 年 06 月 09 日（端午节前）于合肥

AUTHOR'S PREFACE

例　言

尊敬的各位读者朋友：

首先，感谢您阅读本书！您的支持是对作者最大的支持和慰藉。在阅读本书之前，有一些阅读提示，供您阅读时参考。

（1）本书合适的阅读者包括企业 IPD 体系推动者——高层领导、内部顾问、PQA、变革管理者；企业 IPD 体系实践者——项目经理、产品经理、市场代表、研发工程师、需求工程师；企业 IPD 体系使用者——市场专员、销售业务员、PDT 和 RMT 的其他成员、公司 TRG 专家；我国 IPD 体系研究者——行业顾问、高校教师和学生、专业的研究者等。

（2）本书阅读的基础是您所在企业的 IPD 集成产品开发管理体系建设（包括 B2B 和 B2C 两种类型的企业）已经进入了深水阶段，达到了一定的水平，IMM 创新管理成熟度或者 TPM 变革进展指标达到了 1.8 分及以上，也就是说您所在企业的小 IPD 产品开发流程已经顺利推广和落地，并已经开始初步接触 MM 市场与产品规划流程。

（3）如果您所在企业的 IPD 集成产品开发管理体系没有真正落地，那么除了部分工具和方法、技巧等简单的内容外，本书中所说的大部分流程内容和需要跨部门协同才能做到的事，实际是无法开展的。您所在企业要先解决跨部门协同问题并初步打破部门壁垒以后，这些流程和方法才能发挥更大的作用。

（4）需求管理体系建设和需求管理体系变革都是一个系统工程，只有基于流程、组织、绩效、方法、技巧、工具、文化、人才建设等多个维度，按照霍尔工程原理，才能最终系统性地解决问题。请大家在实际使用本书一些方法和工具的时候，不要单个使用，而是要系统性运作。

（5）本书中所述的需求管理主要针对 B2B 企业和 B2C 企业的小 IPD 产品开发流程、TPD 技术开发流程、MM 市场与产品规划流程和 TPP 技术规划流程。本书的需求管理流程以匹配小 IPD 产品开发流程为主，请读者在涉及 TPD、MM 和 TPP 流程时，注意参考运用。本书没有讨论技术预研和产品预研项目的需求管理方法。这些方法将在后续专门讲述预研项目开发方法的著作中进行介绍。

（6）本书所述的方法论适用于（但不限于）实体产品（机械、车辆、电子、化工、生物、家居、食品、硬件、软件等）、过程产品（维修服务、餐饮服务、社区服务），以及各类企事业单位、机构、协会的客户 / 用户进行需求调研分析管理。

在阅读过程中，遇到的问题和疑惑，以及产生的宝贵建议，请及时与作者联系。谢谢！

FOREWORD

前 言

企业研发创新能力的首要组成部分就是需求管理能力，其中最为关键的就是需求调研和需求分析的能力。IPD 集成产品开发管理体系的七大核心思想是：产品研发是投资行为，基于市场和需求进行研发，利用平台进行模块化开发，需求、规划和研发流程并行，跨部门合作开发，业务和各项资源的匹配与对齐，量体裁衣和落地是硬道理。这其中非常重要的一条就是要求广大企业在进行新产品研发时，必须以市场需求作为自己的源头和出发点。这是一家企业取得良好经济效益和社会效益的基础，这种说法对于高新技术企业和非高新技术企业，对于行业竞争激烈的企业和行业竞争不激烈的企业都是同样适用的。

需求管理是当前社会的一个热点，也是几乎所有研发创新型企业最为关注的工作，这是因为只有做好需求管理，才能保证企业研发的新产品更加符合客户 / 用户的需要和期望。那种依靠不断“试错”的“闭门造车”型研发，已经不能满足人民日益增长的对新产品功能和体验的多样性需求，也不能保证企业在激烈的市场竞争中居于强者地位。本书的写作目的就是把市场需求管理的整个运作过程像“剥洋葱”一样，一层一层讲解清楚，作为企业需求管理组织和人员的操作手册。

下面就详细叙述一下本书写作的五个逻辑，便于读者理解笔者写作的思路和整本书的框架及脉络。

一、本书的第一个逻辑：需求管理流程的五个阶段

众所周知，需求管理流程共包含五个阶段：需求收集（或称需求调研、需求探索）、需求分析（或称需求洞悉、需求洞察）、需求分配、需求执行、需求验证。任何一条有用需求都会经历这五个阶段，最终变成满足客户需要和期望的产品包或者产品包的一部分。部分文献把需求调研和需求分析统称为需求洞察，主要原因是需求调研的过程一般都会包含需求分析的相关工作。

需求收集阶段是需求管理流程的第一个阶段，也是最为重要的一个阶段，如果需求收集阶段的工作做不好，后面四个阶段的工作是无从谈起的。最理想的状态是需求收集之前，企业已经把所有的需求收集渠道建设好了，也就是把需求收集的神经网络铺设好了。当前，对于一般的中小企业（甚至也包括一些大型和超大型企业）来说，往往需求收集的渠道是不健全的，这是需求收集阶段面临的最大问题，各个企业需要一边建设渠道，一边调研需求。需求收集渠道建设是永无止境的，需求收集和调研工作也是永无止境的，二者相辅相成，互相促进，那种幻想着需求渠道建设完毕再放开手脚调研需求的想法，是不切合实际的。人才是企业最为宝贵的财富，能够有效做好需求收集工作的人才更是企业的宝贝，这实际决定着需求调研的最终成败。因此，对于绝大多数企业来说，需求收集阶段的工作主题永远是尽全力收集需求的同时，不断建设和优化需求收集渠道，并不断增强需求收集人员的能力和积极性。

需求收集一般分为日常性需求收集和专项性需求收集两种形式。日常

性需求收集就是企业各个职能部门在日常工作中持续收集需求的工作。虽然它只占需求收集总数量的 20%，但是对于企业员工养成需求收集习惯具有十分重要的意义。专项性需求收集包括针对战略布局的需求收集、针对市场和产品规划的需求收集、针对产品立项的需求收集、针对产品开发的需求收集、针对专项改进的需求收集等几种形式，集中力量在短期内办大事，占需求收集总数量的 80%。每一种需求收集的过程都包括 WHY（为什么收集需求）、WHAT（所要收集的需求包括哪些内容）、WHEN（什么时候收集需求，计划是什么）、WHO（谁来收集需求）、WHERE（从哪些渠道收集需求）、HOW（用哪些方法收集需求）、HOW MUCH（收集需求过程的花费是多少）等七个主要方面。

需求分析阶段是需求管理流程的第二个阶段，其重要性仅次于需求收集阶段。需求分析阶段的工作主要有六项，那就是解释、过滤、检视、分类、排序、证实（按先后顺序）。需求解释就是把原始需求信息解释和翻译成 PDT 项目组（或 RMT 需求管理团队、RAT 需求分析团队）能够理解的语言，也就是把原始需求信息转化成特性需求信息，将“客户面对的挑战与机会”转化成“产品为解决客户问题需要支持什么能力”。需求过滤包括特性需求转化前的粗滤和特性需求转化时的精滤，将不采纳的需求信息和伪需求过滤出来。需求检视就是对需求过滤中难以决断的需求信息，进行补充调研后再度进行过滤的过程。需求分类就是将进入特性需求库的需求信息按照 $APPEALS（后续章节详细讲解）八个维度进行分类，找出哪些需求维度有遗漏，及时进行补充调研。需求排序就是将按照 $APPEALS 八个维度确定的特性需求按照一定的原则进行排序（如卡诺模型、BSA、ABC 等方法，后续章节详细讲述），需求排序的结果与需求管理强度相挂钩。最后的子阶段就是需求证实，也就是对需求进行 ORR 评审，最终决定哪些需求采纳，哪些需求不采纳，最终形成产品需求（又称系统需求、系统需求包、产品需求包）。需求分析阶段对于日常性需求管理和专项性需求管理这两种形式的操作过程的作用没有多大区别的。

需求分配阶段对于日常性需求管理和专项性需求管理这两种形式的操作过程的作用有比较大的区别。针对日常性需求管理的需求分配，实际蕴含在企业产品规划和技术规划的过程中，决策着每条需求特性信息映射到哪个或者哪些新产品和新技术中。每一条需求特性信息在实际的新产品和新技术开发项目中，都要重新进行分类、排序和证实。针对专项性需求管理的需求分配，实际在需求调研的过程中已经进行了初步分配，这里需要明确每条特性需求安排在哪一代新产品和新技术中，同时把非本项目的特性需求转交给需求管理主管部门。

需求执行阶段就是把由特性需求转变成的产品需求包变成具体的新产品。这个阶段包括需求实现、需求跟踪、需求变更控制三种主要工作。需求实现过程就是把每一条功能性需求信息变成产品功能，把每一条非功能性需求信息（含情感性需求信息）变成各个部门的工作计划的过程。需求跟踪主要依靠 TR 技术评审会议，持续对产品需求信息进行跟踪和审视，防止产品需求信息与实际产品包内容有出入。需求变更控制工作就是通过对需求信息变更的管理，评估需求变更的影响，控制需求变更的风险。

需求验证工作就是在需求收集、需求分析、需求分配、需求执行、需求验证五个阶段持续对需求信息进行验证的过程。这里既包括内部测试和验证，也包括外部验证。内部验证就是企业内部产品经理（或市场代表）、销售经理（包括业务员）、评审专家等站在客户 / 用户的角度对产品需求信息和产品包进行验证的过程。外部验证就是对内部验证无法得出确切结论的需求信息和产品包进行外部验证的过程，实质就是对新产品面对的细分市场和典型客户进行需求信息和产品包提前验证的过程。外部验证的过程需要注意商业信息和技术信息的保密。

二、本书的第二个逻辑：日常性需求管理和专项性需求管理适当分离

实际上很多企业在需求管理方面是有些混乱的，这个混乱的主要原因之一就是没有把日常性需求管理和专项性需求管理分开。这两种管理方式的流程、组织、绩效、激励都是不一样的，日常性需求管理趋近于各个职能部门和人员的日常任务管理，以严格的绩效管理措施为主进行绩效管理，以综合性贡献评定为主进行激励管理，控制方法以流程和制度为主；专项性需求管理则是以需求管理项目的形式与对应的产品研发 / 规划项目同步开展，其流程融合在 MM 流程或者小 IPD 流程之中，组织、绩效和激励也蕴含在产品开发团队 PDT、产品管理（规划）团队 PMT 之中，控制方法以活动安排和指南为主。

日常性需求调研的所有内容和结果都将在专项性需求调研中得到审视和更新。

三、本书的第三个逻辑：从需求调研方法（5W2H）到需求调研组织

任何需求调研活动或者需求调研项目都包含七个方面（5W2H）的要素，包括为什么要进行本次需求调研（WHY）？本次需求调研的内容是什么（WHAT）？从哪些地方 / 渠道进行调研（WHERE）？谁来进行本次需

求调研（WHO）？什么时间进行需求调研（WHEN）？采用哪些方法进行需求调研（HOW）？本次需求调研的花费是多少（HOW MUCH）？这七个方面的内容是需求调研的基础。根据按照流程设定组织的方法论，只有搞定了需求管理的“5W2H”，才可能顺利地进行组织框架的优化和绩效制度的确定。

笔者非常反对在需求管理的过程中，按照设定的组织和绩效来确定需求管理流程，这是搞不好需求管理工作的，各企业千万不要犯这个方法论错误。不了解一个业务的规律和规则，是管理不好这个业务的。

四、本书的第四个逻辑：需求管理是一个良心工程

在实践过程中，很多企业习惯于用绩效和激励来驱动需求管理（尤其是需求调研）的运作。这其中非常通用的做法就是在企业中设定一个激励规则，每提出一条需求信息就奖励一定的费用，有的时候会利用一个需求评审会议（或组织）对收集来的需求信息进行评审，以确定最终的奖励费用金额或者是否奖励。

上述的做法是十分错误的！

作为一位正常的企业员工来说，除非他对企业极度失望，否则他都是愿意将有意和无意中收集到的市场需求贡献出来的，因为他一定希望自己所在的企业越来越好，这是人之常情，无可否认。特别是对于需求收集这个重要工作来说，企业最难解决的三个管理问题就是：谁来调研需求？怎样调研需求？愿不愿意调研需求？我们先回答前两个问题，就会得出最后一个问题的答案了。

谁来调研需求？多年的经验表明，只有需求调研人员（如产品经理、

需求工程师）进行需求调研，实际就是把“闭门造车”的人员由研发人员转为需求调研人员，把“闭门造车”的工作场所从研发部门转到营销部门，并不能改变“闭门造车”的本质，这种做法是不对的。因此，参加需求调研的人员一定要包含全公司各个职能部门的人员，在优秀编剧和导演的策划和指挥下，针对每个不同的渠道和不同的干系人，各司其职，以最合适的人员调研最想调研到的信息。这个导演和编剧应该由需求调研人员（如产品经理、需求工程师）来承担，他们可以是调研的主力选手，但是必须做好调研方案设计和调研过程组织执行的工作。

怎样调研需求？实际上很多企业需求调研工作面临困境的主要原因是从事需求调研工作的人员确实不知道需求调研的方法。这就是需求调研渠道（WHERE）和需求调研方法（HOW）的内容。这部分内容与企业的需求管理体系组织能力建设情况及需求调研人员个人能力情况，关系十分密切。

愿不愿意调研需求？从上面两个问题可以看出，实际上需求调研工作最大的困难和挑战就是需求调研人员的意愿问题，也就是他本人是否愿意真正投入自己的精力和智力去从事需求调研工作。实际上一个人是否真的专心于调研需求，外人是无从得知的，只有需求调研人员本人最清楚，这就是所谓的“良心工程”。对于“良心工程”的管理，仅仅依靠绩效考核是无力的，必须要综合采用各种激励措施，尤其是非物质激励和团队激励，系统性地应对这个问题。“良心工程”要用良心来进行管理。

五、本书的第五个逻辑：需求人员的能力和意愿同步培养

本书的最后一个逻辑是强调需求调研人员的能力和需求调研人员的意

愿同步培养。在 RMT 需求管理团队运作的过程中，不断提升需求管理人员的能力，同时做好激励和企业文化工作，不断提升需求管理人员的积极性，这样既省时又省力，最重要的是避免把需求管理工作走虚。

OR 需求管理体系是 IPD 集成产品开发管理体系三大组成部分之一，其管理规模与小 IPD 产品开发流程体系和 MM 市场与产品规划管理体系相似，很多企业仅仅利用一个或者几个流程和制度进行需求的管理，这是不足的，可以说管理强度是不够的。一般来说，一家中小型企业 IPD 产品开发流程相关管理制度的数量大约在 30 ～ 50 条之间，那么这家企业的 OR 需求管理相关管理制度也应该在 30 ～ 50 条之间。接下来，笔者就通过二十章的内容来详细讲解 OR 需求管理体系该怎么建设和运作。

CONTENTS

目　录

CHAPTER 1

第一章

需求管理是企业研发工作的根源

本章详细叙述IPD研发管理体系下需求管理相关内容的基本概念和基础知识，同时也阐述我国当前各个企业在需求管理建设和变革过程中出现的一些问题及原因。

一、企业就是一台需求加工机

企业的本质就是一个商业组织，大部分企业生存在社会上的主要目的就是获取商业价值和社会价值。企业获得商业价值和社会价值的工具就是它的产品，这里既包括实体产品也包括过程产品。无论何种类型的产品，它存在的意义只有一个，那就是满足市场和客户的需求，也就是说，只有那些能更好地满足市场和客户需求的产品，才能够取得更好的商业效益和社会效益。这就说明一个非常重要的道理——企业就是一台需求加工机，就是为了满足客户和用户的需求，这样它才有存在的价值和意义。这里所说的客户就是向企业支付费用购买新产品的主体和个人，用户就是使用这些新产品的主体和个人，有时候用户和客户是同一主体和个人，有时候用户和客户不是同一主体和个人，而且经常出现客户和用户是由多个层次的主体和个人组成的情况。

关于“企业就是需求加工机”的论断，包括六个方面的内容。

1. 企业一切经营和管理活动的源头都是需求

一家企业的生存之道就是在特定细分市场比竞争对手更能满足客户需求，或者说企业的产品包距离客户需求更近。从表面上看，好像只要企业研发和生产出的新产品更加优秀就可以了，就能够做到在特定细分市场的成功。但是从深层次上看，一家企业研发和生产出优秀的新产品并不是偶然的，而应该是必然的，这个必然性就在于企业流程体系、组织架构、绩效激励体系、文化内核、人员水平等的系统性能力，也就是说企业所有管理因素和治理结构的设计和执行，都需要以满足客户/用户的需求为核心，这是需求管理体系的核心和根本理念。我国有部分企业的管理体系并不是以客户/用户的需求为中心建立的，这在采用集团—分公司（事业部）组织框架形式的企业中，具有一定的普遍性，是需要各个企业努力克服的。

2. 企业一切经营和管理成果都是为了满足客户 / 用户需求的新产品

除了少部分公益性质企业外，绝大多数企业都是以赚取利润作为企业发展的最主要目的的，只有满足了客户 / 用户的需求，客户才会心甘情愿地满足企业的盈利需要。因此，企业一切经营活动、一切管理活动的过程和结果都是为了满足客户 / 用户需求，而不是为了满足上级部门或者上级领导的“要求”。企业的发展从某种程度上说，就是要去除企业管理工作者和技术工作者头上的“紧箍咒”，让企业更好地满足客户 / 用户的需求。企业的一切就是为了客户 / 用户，而不应该是为了所谓部门利益和小团体利益，这是需求管理体系建设的基础条件。

3. 满足客户 / 用户的内部需求和外部需求

客户 / 用户既包括企业外部的实体和个人，也包括企业内部的下游工序部门和协同工作部门。企业研发的新产品必须满足外部需求和内部需求，而不仅仅是满足外部需求。那种忽视内部需求（如可制造性需求、可采购性需求、可服务性需求、可测试性需求等）的做法是极端错误的，这就是说我们要把下游工序部门和协同工作部门也作为新产品开发的重要客户 / 用户。当外部需求和内部需求产生矛盾时，主要以满足外部需求为主，要求企业内部相关职能部门必须变革自己的管理和业务工作。

4. 产品包需求是外部需求和内部需求的合集

从上面的分析可以看出，新产品（产品包）需要满足的需求不仅有外部需求，也就是市场需求、客户需求和标准约束（或称认证需求），还有内部需求（又称 DFX 需求），这就是产品包需求所包含的两大方面（包括外部需求和内部需求）和三小方面（包括市场 / 客户需求、认证需求、内部需求），如图 1-1 所示。

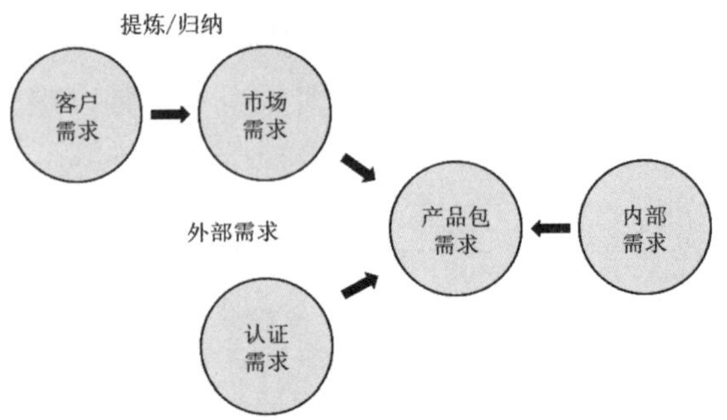

图 1-1　产品包需求所包含的两大方面和三小方面

5. 企业需要的是客户购买产品包

企业这台需求加工机的成果就是客户购买的产品包，如图 1-2 所示。

我们可以发现满足客户 / 用户的产品包，不仅仅包含物理形态的核心产品，也包含非物理形态的有形产品、附加产品和情感产品，需要来自各个职能部门的全体 PDT 项目组成员共同努力。

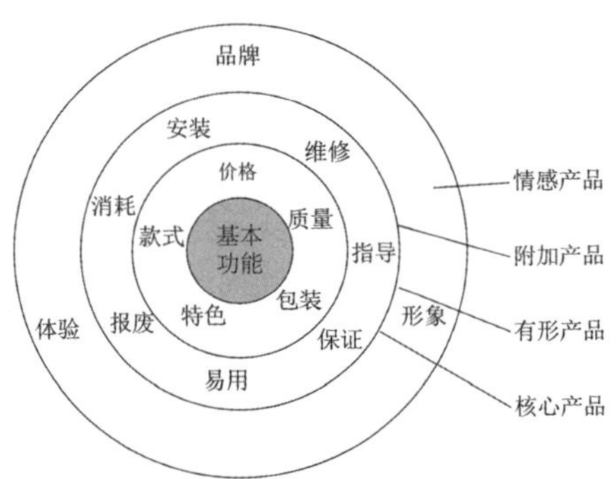

图 1-2　产品包所包含的全部内容

6. 企业应管理好需求，降低产品开发成本

管理好需求对于降低企业新产品开发和运营的费用，降低新产品的成本是非常有好处的。

如果一个产品开发项目不能在早期就把需求包搞清楚，就会导致后续产品开发的不断返工甚至失败，这就是需求成本的概念。

二、外部需求满足客户/用户的期望和要求

需求是什么呢？简单来说，就是需要和要求两个词的意思综合在一起，它存在的意义就是生成令客户/用户满意的产品包。“需要”具有相对软性的词义，那就是期望、渴望、欲望的意思，属于非强制性内容，代表着客户/用户的一种诚挚的感情。“要求”具有相对硬性的词义，那就是必须、命令的意思，属于强制性内容，代表着客户/用户的一种严肃的情绪。上述两个方面的内容在外部需求中都有所体现，只是针对不同的行业和企业，需要和要求的内容比例有所不同罢了。

下面就从多个维度和角度叙述一下，产品需求包中外部需求的市场、客户/用户需求都包含哪些内容，以满足市场、客户/用户的期望、渴望、欲望和要求。

维度一：$APPEALS 八个要素（也称维度），也就是描述客户/用户需求的八个主要的方面，为需求调研、分析时的主要需求管理工具。这八个要素包括价格（$）、可获得性（A）、包装（P）、性能（P）、易用性（E）、保证（A）、生命周期成本（L）和社会可接受程度（S）。这些要素（维度）一般都包含多个子要素（子维度）。

（1）价格 $（Price），该要素反映了客户对一个满意的产品/服务所希望承担的价格，也包括一些商务条款的需求。

（2）可获得性 A（Availability），反映了客户对于容易和有效购买过程的需求，也包括对于容易和有效售后服务的需求。

（3）包装 P（Packaging），该要素描述了客户所期望的产品外形、外观等视觉特征的需求。

（4）性能 P（Performance），该要素描述了新产品本身的性能和功能特性。

（5）易用性 E（Ease of Use），该要素描述了新产品满足用户需求的人

性化和易用性特征。

（6）保证 A（Assurances），该要素反映了客户/用户对于新产品可靠性、安全性、兼容性、冗余性方面的需求，让客户和用户放心使用的质量需求等。

（7）生命周期成本 L（Life Cycle Costs），该要素反映了客户/用户在产品全生命周期内的成本花费，包括从购买产品到产品报废或停止使用期间所支出的所有费用。

（8）社会可接受程度 S（Social Acceptance），该要素反映了社会其他人员对客户/用户使用产品的一些舆论和看法。

需求的 $APPEALS 是一种需求扫描型工具，在遇到具体某一子要素的归属性问题时，大家不用纠结，因为某一个子要素放在哪个上级要素中都是恰当的，只要需求扫描时，子要素没有缺失就可以了。$APPEALS 需求分类工具在需求收集和需求分析过程中作用巨大。

维度二：长期需求、中期需求、短期需求、紧急需求，就是从时间线上区分需求的分类。将需求按照时间进行分类，对于产品规划工作和需求分配工作的意义重大。这里要说明的是长期需求并不一定都是规模和颗粒度很大的需求，也会有涉及一个小型关注点的需求，将长期需求等同于难度很高的、颗粒度很大的需求是不合理的。

（1）长期需求一般为 3 ~ 5 年及以后市场上才会突显出来的客户/用户需求，最多不超过 10 年。长期需求分为两种，3 ~ 5 年的长期需求需要进入 MM 市场与产品规划流程或者 TPP 技术规划流程，进行与未来研发工作相关的准备；尤其是资源的提前匹配；5 ~ 10 年的长期需求需要进入 BLM 业务领先战略规划流程或者 DSTE 从战略到执行流程，进行战略布局和资源匹配。有的公司在 3 ~ 5 年战略规划中，也采用 BLM 模型或者 DSTE 流程。BLM 模型、DSTE 流程、MM 流程各有各的优点，也各有各的缺点，笔者在本书中不去评价它们的好与坏，请读者朋友们根据自己企业的实际情况选用即可。总之，长期需求一定要进入上述模型或者流程中，作为企业长期战略规划（包括产品规划和技术规划）的输入。

（2）中期需求一般为 1 ～ 3 年之间市场上将会突显出来的客户 / 用户需求。中期需求中的趋向于长期需求的信息是企业战略规划的输入，而那些不趋向于长期需求的信息则可以作为企业产品开发项目立项和技术开发项目立项的输入。

（3）短期需求一般为 0.5 ～ 1 年之间市场上将会突显出来的客户 / 用户需求。短期需求信息中的趋向于中期需求的信息作为产品和技术立项的输入，而那些不趋向于中期需求的信息作为 IPD 产品开发项目概念阶段和计划阶段的输入。

（4）紧急需求一般表现为市场、客户 / 用户对新产品不满意，要求立即修正和更改的需求，时间比较急迫。紧急需求的表现形式主要是产品变更，包括需求变更、项目变更、设计变更、工程变更和变更通知单五种形式。

维度三：大颗粒度需求、中颗粒度需求和小颗粒度需求，有些文献称为大 feature 需求、中 feature 需求和小 feature 需求。将需求根据颗粒度进行分类，对于明确需求信息对应的新产品开发层次具有重要的意义。一般来说，大颗粒度需求所涉及的市场、客户、我司（本企业）都需要进行很大的业务变革或者管理变革才可以满足这些需求，这需要企业从上到下的各个部门都进行较大的变化，甚至需要另外打造一整条业务和管理链条，属于企业重大战略决策，一般涉及新产业 / 新行业产品开发（包括一部分大型新解决方案产品），这种需求的调研、分析和决策都需要高层尤其是一把手来进行，很遗憾的是我国很多企业在大颗粒度需求管理的过程中，主要依靠基层工程师和业务员，这是管理不好大颗粒度需求的。对于小颗粒度需求的管理，则主要依靠基层的工程师和业务员，一般仅涉及新基础型产品开发、新衍生型产品开发和新改进型产品开发，也包括孵化型新产品线的开发，这种孵化型产品的来源实际是某一产品品类和特定市场规模较大而出现独立管理运作的情况。按照颗粒度进行需求分类，对于需求管理部门和团队的建设具有重要的意义。

维度四：功能性需求和非功能性需求，这种需求分类有利于做好需求分发工作，也就是有利于各个研发和非研发职能领域/部门确定自己工作的边界和界限。以往，我国企业大部分主要关注功能性需求，关注新产品如何能满足客户/用户的功能使用要求。根据马斯洛需求理论，人们的需求等级和层次都是不断提高的。因此，现代社会中越来越多的客户/用户加强了对非功能性需求的关注，给各个企业的新产品开发提出了更高的要求，要求它们必须在产品包中加强非功能性产品属性的比例和权重，B2B 企业和 B2C 企业都面临这一情况。

维度五：情感性需求和非情感性需求，这种需求分类有利于新产品的产品包能够更加满足客户/用户的购物体验和使用体验，有利于提升新产品在客户/用户心理上的位置。在现代企业营销活动中，抓住客户/用户的心理是十分重要的，这就涉及品牌建设、渠道建设等十分重要的营销能力建设，其目的就是提升企业新产品的形象和在客户/用户心理上的地位，因此，情感性需求在整个需求包中的比例和权重都是逐年增加的，B2B 企业和 B2C 企业都面临着这样的情况。

维度六：显性需求和隐性需求，这种需求分类方法能够保证研发人员在需求执行过程中，不仅仅关注显而易见的显性需求，也关注隐藏在显性需求背后的隐性需求（又称二次需求或者推导需求）。在需求调研和需求分析的过程中，客户/用户经常把他们自己思考的解决方案作为需求向我司提出，由于客户/用户并不熟悉我司研发技术的内在逻辑，因此我们经常感觉客户/用户在给我们提“馊主意”。分清楚显性需求和隐性需求，就是要从深层次的内在机理上搞清楚客户/用户真正的需求，保证我司新产品能够更好地满足客户的真实需求。

维度七：原始需求、特性需求和产品需求，这种分类方法在需求分析过程中是很重要的，这是因为原始需求首先应该在粗滤后转变为特性需求，特性需求和为了满足这些特性需求所增加的一些需求，就组成了产品需求，所有的产品需求组合在一起就形成了产品需求包。把需求信息的演化过程管理好和监控好，对于保证需求信息的不失真，具有十分重要的意义。

上述这些客户/用户需求在某一特定细分市场中，其个性特征达到一定普遍性的时候，就变成了产品包需求中的共性的市场需求。没有个性的客户/用户需求就不能体现我司新产品满足客户/用户的个性价值属性，没有共性的市场需求就没法做到我司新产品的平台化和模块化特征，二者是对立统一的。这就要求我们在研讨外部市场需求时，做到以市场需求的普遍性推动产品更新换代，以客户/用户需求的个体性推动新产品良好的体验性。关于刚性需求和柔性需求的问题，将在后续著作中讲解。

外部需求不仅仅包含市场需求，也包含认证需求，又称标准约束。这些认证需求实际约束着新产品必须符合某些规则和要求，在研发新产品时是必须遵守的。认证需求包含以下三个方面：

方面一：法律和法规需求。法律和法规是一个国家或者地区强制或者半强制推行的约束性文件，新产品开发过程、营销过程和使用过程必须符合所在国家和地区法律和法规的要求，否则将会受到法律和法规的惩处。

方面二：标准和知识产权需求。标准化文件包括国际标准、国家标准、行业标准等强制性和推荐性约束文件。知识产权文件包括不同国家和地区的发明专利、实用新型专利、外观专利、软件著作权等，是保护集体或者个人知识产权的相关文件。专利需求和标准化需求也是新产品开发过程、营销过程和使用过程必须满足的需求，如果无法满足，则一般要付出一定的经济代价和法律代价。作为企业，一定不要刻意侵犯标准需求和专利需求，这样做是得不偿失和没有长远眼光的。

方面三：潜规则需求。任何一个行业都具有一些无法总结在相关官方文件上的潜规则，作为需要在这个行业中长期作战的企业和个人，都要遵守这些不成文的规定和规则。笔者不太赞同在一个行业中搞“一锤子买卖”，这样的企业和个人实际也做不好需求管理。

上述中的外部需求不是一成不变的，其中共性需求的相当一部分就会转化成各种标准化文件，如国标、行标等，并最终演化成一种人类社会普遍状态。“车辆的轮子是圆形的”就已经从需求到标准，并最终成为社会普遍共识，不再列入需求和标准之中。

三、内部需求满足下游部门的标准和要求

所谓内部需求就是指新产品研发过程中应该满足来源于企业内部各个职能部门的需求，一般包括可制造性需求（又称可生产性需求）、可采购性需求（又称供应链需求）、可服务性需求（包括售前需求和售后需求）、可测试性需求、历史质量需求、可靠性需求、兼容性需求等。这些需求出现的本质，就是研发项目组要把小 IPD 产品开发流程后端的生产、采购、质量、服务等部门作为自己的客户来看待，满足它们的需求和满足外部需求是同等重要的。这些内部需求往往以强制性的标准和要求等形式存在，如果满足不了这些内部需求，在小 IPD 流程进入开发、验证等阶段时，很可能会产生较为严重的项目运作障碍，有时候会把企业研发过程搅得七零八落的。

1. 针对新产品技术方案提出内部需求

为了实现新产品技术方案，企业内部相关职能部门需要把新产品（产品包）做出来和交付出去。在此过程中，原有的产品生产和交付体系，一般都不会 100% 符合新产品技术方案的要求。这里包括两个方面的情况，一

个是新产品的技术方案一定要尽量满足企业原有的产品生产和交付体系，不能在生产、采购、质量、测试、服务等环节造成企业原有管理体系和业务体系的重大变化，这主要针对中等偏下难度的新产品开发类型；另一个是企业原有的产品生产和交付体系，一定要进行变革和突破，以尽量符合新产品（产品包）生产和交付的要求，这主要针对中等偏上难度的新产品开发类型。在实践中，大部分新产品开发项目都兼有上述两种情况，实际都是由新产品技术方案的创新性而演绎出的新产品内部需求。

2. 针对历史质量问题提出内部需求

乔治・桑塔亚纳说过："凡是忘记过去的人们注定要重蹈覆辙。"在新产品的开发过程中，一定不能忘却历史上曾经发生的新产品开发过程中的教训，有些教训是十分惨痛的。这些教训一般以历史问题的形式被提出来，一部分历史问题被整理成各个职能部门提供给项目组的内部需求，另一部分被归纳成 DCP 决策评审和 TR 技术评审的要素（要素表）。很多企业非常容易出现历史质量问题反复发生的现象，本质上就是没有把历史质量问题及时地总结和归纳成内部需求或者评审要素造成的。

3. 内部需求与外部需求出现冲突是一种正常现象

一家企业如果其新产品的开发过程完全适应原有的生产和交付系统，那么这家企业的新产品是不会有规模较大的创新的。因此，在新产品研发过程中，一定会有部分由外部需求导致的新产品技术方案革新，需要企业内部相关职能部门进行相当规模的业务变革和管理变革。很多企业会出现部分内部职能部门提出的内部需求与外部需求互相冲突的问题，这是中大规模技术创新过程中一定会遇到的问题，需要企业领导者站在企业战略目标的角度上，合理分配各项企业资源，综合解决这些冲突。如果非要总结出一条原则的话，那就是内部需求要尽量配合外部需求。

4. 内部需求需要包括提出者在内的全体 PDT 项目组成员通过积极工作来满足

内部需求是由小 IPD 产品开发流程中，PDT 团队的一些职能代表角色代表本职能领域/部门提出的，但是他们提出的这些内部需求，不仅仅是提供给 PDT 团队中的研发技术人员，同时也是提供给各个职能部门本身，作为本职能部门在本项目开展过程中需要满足的需求对象。换句话说，内部需求的对象是包含研发技术人员和非研发技术人员在内的 PDT 跨部门产品开发项目团队。

5. 内部需求未来会演化成企业的制度和规范

内部需求信息不是一成不变的，它们不仅仅针对每个个体产品开发项目而有所不同，而且随着时间的流逝，即使针对同一类型的、相似度极高的产品开发项目，也会逐渐变化的。这些内部需求会被提炼成企业工作的标准和规范，使得企业管理更加科学和规范。

近几年，企业内部相关部门及其人员的利益分配需求越来越引起研发管理咨询和实践工作的重视。

四、我国企业需求管理面临的挑战

本书与其他研发管理类书籍不同之处在于并不是一开始就阐述我国企业需求管理上面临的问题和窘境，而是先在需求管理方法论和基础知识上进行详细论述，保证读者在需求管理相关知识上与笔者的思维达成一致。这是因为对于小 IPD 产品开发流程来说，需求管理的体系和流程在国内推行的速度相对缓慢，知识的深度相对较浅，如果不在需求管理基础知识上阐述清楚思想和逻辑本身，仅仅去讨论我国企业需求管理上面临的问题，很容易得出偏离 OR 需求管理方法论的企业管理解决方案，而这种错误在我国各个企业中是相当普遍的。

下面本书就先阐明我国企业需求管理面临的问题和挑战，再来说明我国企业针对这些问题和挑战做了哪些背离需求管理方法论的事情。

1. 需求管理没有落实

很多企业把需求管理落在口号层面，而没有落实在具体的部门和人员的职责中。笔者在咨询和培训工作实践中，发现从来没有任何一家企业宣布不把需求管理作为企业管理工作的重中之重的。但是实际情况是大部分企业的高层在谈论需求管理的重要性时，仅仅是说说而已，既没有看到企业投入更多的力量和资源来管理需求，也没有看到企业投入专门人员去研究如何做好需求管理。当需求管理事项与生产管理、营销管理事项出现冲突时，一般都是让需求管理事项让路，甚至一部分企业的高层因患有“营销短视症”（西奥多・莱维特）而不断麻痹自己。

2. 缺乏需求调研的渠道和对应方法

很多企业缺乏需求调研的渠道和对应方法，仅仅依靠样本不足的一对一访谈，造成需求信息的可靠性和普遍性均不足。如在需求调研时，渠道和方法很少，几乎就只是依靠对友好客户 / 用户的一对一访谈等少数形式，没有充分思考如何才能更好地利用一切可以利用的需求收集渠道，没有充分思考应该采用哪些方法才能够把客户 / 用户的真实需求摸清楚。

3. 缺乏专业需求调研人才

很多企业缺乏专业的、具有一定水准的需求调研人员，所收集回来的需求信息质量不高。尤其是中小型企业，除了一把手等几位高管是合格的需求调研人员之外，实际上企业是非常缺乏好的需求调研人员的（有的企业把这些人员定位为产品经理，有的企业定位为需求工程师）。需求调研和分析是很需要依靠个人能力的，没有合格的、达到一定水准的需求调研人员，就不可能收集到高质量的外部需求。

4. 调研团队的职责模糊

很多企业没有把需求调研和分析的团队建设好，没有明确由谁来调研和收集需求。

由谁来进行需求调研和需求分析是每个企业都会遇到的大难题。大部分企业都是用研发人员来调研和收集需求，但是研发人员大部分不善于沟通，是不适合直接调研需求的。一部分企业用销售业务人员来调研需求，看起来好像是合理的，而实际上需求调研活动会占用销售人员大量的工作时间，短期内影响他们的收入，他们从内心中不愿意做需求调研的事情，而且他们收集来的需求多数是短期需求和紧急需求，如客户反馈问题、现场安装和维修状况等，缺乏中长期需求信息。高层是很适合收集客户需求的，但是他们的工作实在是太忙了，顾不上那么多需求调研工作。因此，如果不把跨部门需求调研团队组织好和运作好，高质量的需求是很难调研回来的。

5. 企业对内部需求的忽视

很多企业忽视了对内部需求的挖掘和收集，这是造成跨部门协作障碍的主要原因之一。企业内部需求的缺失，是比较令人痛心的事情，因为这一部分的需求实际是最容易收集的。很多企业没有充分进行内部需求收集的现状，实际是没有把 IPD 集成产品开发体系推广落地、企业中的部门墙比较严重、跨部门协同困难造成的。无论 IPD 研发管理体系是否建立起来，在研发项目的立项、概念阶段，把内部需求调研清楚，一定对项目的成功是十分有好处的。这个工作是相对容易做到的。

6. 没有建立良好的需求管理体系

大部分企业只能收集到短期和紧急需求，对影响企业长远发展的中长期需求则收集不足，不能保证企业在市场上取得持续领先地位。

对于企业长远的发展来说，中长期需求的重要性是大于短期需求和紧急需求的。由于需求管理体系没有很好地建立起来，大家只会重点反馈现有产品的问题、竞争对手新产品的优缺点，对于我司现有产品的改进有意义，但是对企业未来换代型新产品的研发帮助不大。

7. 缺乏需求激励机制

企业普遍缺乏需求收集和分析工作的激励机制，造成员工需求收集和分析的意愿性不足。一些企业甚至没有需求收集和分析工作的激励机制，或者所具有的需求收集和分析工作的激励机制相对幼稚，不太好用。这两种情况都会造成企业相关人员的需求调研积极性和意愿性下降。

8. 缺乏需求分析的方法和过程设计

很多企业缺乏需求分析的方法和过程设计，过于依赖少数“精英人员”的个人判断。如果企业中确实有一部分需求调研和分析的“精英人员”，那是这家企业需求管理体系的“福分”。但是过于依赖这种“福分”就会潜藏两个方面的问题：一是一些企业难寻这类精英人员，因为这些人员对于中小企业是难以培养、难以招聘、难以留住的；二是这些精英人员数量少，其工作又非常繁忙，那么过于依赖他们，就不仅可能造成项目需要一直停滞等待他们进入，也可能造成“成也萧何，败也萧何”的现象。

9. 缺乏对市场的调研，市场信息掌握不全面

缺乏需求调研和分析的理论框架，没有有效关注市场信息和需求信息的区别和联系，信息的全面性不足。很多企业在需求调研的时候，仅仅关注了其中的需求信息，而忽略了与需求信息相关联的市场信息，导致小 IPD 产品开发流程的两条线（商业业务线和技术实现线）中，对于商业业务线的关注度不足，造成新产品开发中存在严重商业风险，甚至造成项目商业失败。本书后续章节中以市场需求调研作为主题，包括两个方面的内容：一是市场信息调研，主要工具是 PESTEL、3C 和 5-POWER；二是需求信息调研，主要工具是 $APPEALS，二者相辅相成，缺一不可。

10. 过度依赖单一的产品

需求分配的过程中，总是倾向于将所有需求信息都在一个新产品上实现，“毕其功于一役”，这种万能产品一般都是失败产品。

进入二十一世纪第三个十年，那种一款新产品打天下的时代一去不复返了。“不细分，无市场”或者说“无细分，不市场”已经成为共识。但是目前仍然有一些企业顽固地想把所有的新功能和新体验，不考虑细分市场而分配在同一款新产品上，这会影响客户的购买决心和购买体验，一般都是会开发失败的。

11. 无序地变更需求

需求变更过于随意，缺乏充分评估和过程控制，会给产品研发项目带来严重影响。在需求执行阶段，也就是产品开发和实现阶段，大部分企业都会出现需求变更无序和混乱的现象，实际就是对需求的变更缺乏科学的管理。需求变更管理的缺失主要体现为没有对需求变更对各个职能部门产生的影响进行充分评估，变更过程把关不严格、缺乏统筹规划而随意变更等问题。

12. 缺乏可靠的需求验证过程

很多企业在新产品做出来以后，没有对新产品进行测试、试用和试销。缺乏试用过程，就是没有对新产品的技术和性能进行充分验证，也就是没有对新产品是否能够满足市场和客户需求进行充分验证。缺乏试销过程，就是没有对新产品的商业表现进行充分验证，没有对企业预设的由市场调研信息导出的营销策略和计划进行充分验证。很多企业不仅缺少外部验证，甚至连内部的测试和验证也是不足的，给新产品的上市带来巨大的风险。

五、我国企业需求管理变革过程中出现的问题

针对我国企业需求管理过程中出现的问题和挑战，很多有识之士进行了积极的探索，这是值得肯定的，但是在这些需求管理的变革中出现了很多问题，这些推进和落地过程中的失误和错误，使企业不但没有解决面临的需求管理问题，很多时候甚至加重了这些需求管理的问题。

为什么会出现这样的问题呢？到底应该怎样进行需求管理的变革呢？

1. 很容易陷入用传统的企业管理方法去管理需求的误区

很多企业没有意识到需求管理的方法与传统的生产管理、营销管理方法具有较大的不同，甚至与研发部门的管理方法也具有较大的不同，导致在需求管理体系建设和变革的过程中，企业没有注意到需求管理是一个“良心工程”。“良心工程”主要需要通过良心进行管理。如果用管理市场部门和生产部门的方法去管理需求体系，不注意呼唤企业相关需求管理人员的意愿和决心，总是想着利用绩效和激励的杠杆作用，实践证明，这并不能保证需求管理中那些非需求管理部门人员的需求调研和分析的积极性。需求管理有需求管理的规律，需要各个企业认真去研究和探索，用传统的企业管理方法去管理需求是不灵光的。

2. 需求管理很容易被组织框架、绩效和激励方法捆住手脚

很多企业推进需求管理体系变革的方法就是两条：一是调组织，二是推绩效。实践证明，其作用是有限的。需求管理最重要的七个方面，包括为什么进行需求管理？（WHY）、需求管理的内容是什么？（WHAT）、在哪里进行需求管理？（WHERE）、什么时间进行需求管理？（WHEN）、由谁来进行需求管理？（WHO）、怎样进行需求管理？（HOW）、需求管理的花费是多少？（HOW MUCH）。在上述需求管理的七个方面中，组织框架调整和绩效激励制度调整只解决了 WHO 的问题，还没有解决其他六个

方面的问题，尤其没有解决 WHERE 的问题和 HOW 的问题，而且也没有把 WHO 中的人的主观能动性和意愿性问题解决好。

3. 需求管理很容易被认为是 IT 工具的天堂

一些企业认为需求管理就是 IT 系统的事情，只要把 IT 系统建设好了，大家在 IT 中自觉提出需求信息即可，这仍然是没有认识到需求管理的“5W2H”是一个系统工程，实际仅仅解决了一部分需求调研渠道建设的问题，不可能彻底解决需求管理体系的建设和变革问题。

4. 需求管理极易受到企业本身不良文化的侵袭

需求管理是一个良心工程，也是一个系统工程。这就需要推行需求管理体系的企业有这样两种企业文化内核：一是广大员工大部分愿意积极投身到业务和管理工作中，无怨无悔地用良心的付出换取企业积极进步；二是核心管理团队具有系统工程的思维，积极倡导跨部门协同工作甚至跨部门联合工作。如果一家企业的部门墙很厚，需求管理体系是没法有效建立起来的，除非这家企业真的有能够扭转乾坤的行业精英，这对于广大中小企业而言是不现实的。

5. 需求管理很容易陷入“英雄主义”和“三个臭皮匠，顶个诸葛亮”的思想误区

需求管理工作（尤其需求调研和分析）是需要呼唤“英雄”出现的，总得有一些能够真正识别客户 / 用户需求的人，企业的需求管理才能成功。但是我们不能过分依赖这些英雄人物，那样就会导致需求管理体系运转不畅，不能持续“高质量”运行。需求管理工作是需要跨部门合作的，因为需求管理实际涉及企业的方方面面，不仅有价值选择，也有价值创造和价值传递。不进行需求管理的跨部门合作，需求是不容易顺利实现的，但是又不能过度强调团队的作用，这样会造成需求管理水平得不到提高。

6. 需求管理变革过程中很容易出现方法抄袭的现象

一些企业高层管理者不知道怎样才能管理好需求，于是他们就会到其他管理标杆企业去学习现成的需求管理方法和案例。这些拷贝来的所谓先进经验实际很难在另一家企业落地，这还是因为企业的需求管理是企业文化内核影响下的“5W2H”系统工程，需求管理的落地过程实际比所谓的标杆企业经验更重要，这才是需求管理体系成功推进的根本，不能搞“形似而神不似”那一套。

7. 需求管理部门人员的定位很容易不准确

很多企业为了推进需求管理体系建设都建立了需求管理部门，该部门的名称可以是需求管理部、产品管理部、市场管理部等，但是实践证明，这些新建立的部门大多数都在三年之内被撤销。当这些所谓的需求管理部门被撤销时，IPD 集成产品开发体系大概率就落地失败了。

需求管理部门最大的问题就是部门和人员的定位问题。如果这个需求管理部门人员所调研和分析的需求都在企业高层现有思维之内，那么高层就会觉得这个部门人员能力不行，部门的作用不大；如果这个需求管理部门的人员所调研和分析的需求有相当的部分超越了企业高层现有思维，高层又可能会觉得他们胡说八道，这是需求管理部门定位问题的第一个方面，也就是该部门人员应是企业高层的“老师”还是“学生”呢？

第二个方面，如果该部门的人员能力和眼界，没有企业高层的能力和眼界高，那岂不是表示企业的需求管理水平在下降吗？如果该部门人员的能力和眼界高于高层管理者，那为什么不让他们来坐高层的位置呢？

上述这两个问题在不同的企业，其答案可能是不一样的。在推进需求管理精英主义企业（以大型和超大型企业为主），需要把这些需求管理者定义为需求工作的承担者——“少将连长”“著名运动员”；在推进需求管理团队协作主义的企业（以中小型企业为主），需要把这些需求管理者定义为需求工作的组织者——“教练”“编剧”“导演”。如果一家企业对需求管理人员的定位不准确或者不合适，该企业的需求管理部门就会逐渐失去作用甚至消亡。

8. 需求管理部门很容易被认为工作没效果

需求管理的成果是需要产品开发项目来实现的，而产品开发项目是需要一定的时间周期才能被验证是否成功的，因此需求管理的有效性需要至少１～２年才能呈现。很多企业的高层管理者心态比较着急，等不了这么长的时间，很容易认为需求管理人员没作为。但是笔者也理解这些高层管理者的惶恐心态，所以在需求管理部门的 KPI 设置上，要过程指标和结果指标相结合，否则就会导致需求管理部门工作走偏的问题。

9. 需求管理部门很容易被认为“天马行空”“好大喜功”“不切实际”

需求调研工作是需要有企业 / 产品线战略（使命、愿景、价值观、战略目标等）作为基本输入的，如果没有这些输入或者这些输入不清楚，需求调研和分析的过程中就会失去中心思想，大家就会根据自己的设想和喜好自说自话。一些企业的技术人员和市场人员可能会提出与企业战略不一致的新方向性大颗粒度需求，这些需求不但难以落地，而且会在企业内部激起一些波澜，让这些需求调研人员被贴上诸如“天马行空”“好大喜功”“不切实际”的标签。

10. 需求管理部门的归属问题

需求管理部门总是找不到上级部门，也很难对其进行有效考核。

需求管理部门归哪个大部门来进行管理呢？这个是很大的问题。有的企业将需求管理部门设置在市场营销大部门之下，市场需求调研工作就会着重在市场信息方面，所收集到的需求信息就会以短期需求和紧急需求为主。有的企业将需求管理部门设置在研发大部门之下，市场需求调研工作就会着重在技术需求信息方面，所收集到的市场信息就不足，短期需求和紧急需求的收集会遇到一定的障碍。有的企业将需求管理部门列为企业一级部门，它就会与研发部门和营销部门都产生部门墙，跨部门团队运作比较困难。有的企业将需求管理部门放置在战略规划部门下面，对于企业中长期规划的帮助很大，但是会忽略一些小颗粒度需求的收集。总之，需求管理部门放在哪个大部门之下，都是优点和缺点并存的。

需求管理部门放在不同的部门之下，其考核和激励方案就会接近其所在大部门的考核和激励方案，需求管理部门的人有时候会被当作研发人员进行考核和激励，有时候会被当作市场营销人员进行考核和激励，有时候会被当作行政人员进行考核和激励，而实际的情况是无论哪种考核和激励的方法都是不合适的。

11. 需求管理过程很容易从一次“闭门造车”走向另一次“闭门造车”

需求管理是一项需要跨部门合作才能做得好的工作，任何单独一个部门都是做不好需求管理工作的（尤其需求调研和分析）。大家都在说让研发人员单独去调研需求是闭门造车，难道让市场和销售人员单独去调研就不是闭门造车了吗？很多企业把需求管理部门设置在营销大部门下面，让需求管理部门去单独负责市场和需求调研，这实际也是一种让单个部门负责跨部门团队工作的事例，无非是把闭门造车的场所从研发大楼转移到营销办事处而已，是不会取得好效果的。

12. 需求管理没有被当作一个体系来进行变革管理

综合上面的十一条内容，我们可以看出需求管理是一个系统工程，需求管理本身是一个集合流程、工具、方法、技巧、团队、绩效、激励、项目管理、文化建设等多个元素在内的大体系和大系统。需求管理体系的变革需要一个统筹性的变革管理规划来指导，需要按照需求管理的方法论认真做好变革的推进和落地，单独进行任何一个元素的变革都是不会取得成功的。

针对以上“需求管理问题十二条”和“需求管理体系变革问题十二条”，

在接下来的十九章内容里，将逐一向大家阐明需求管理体系建立的方法论和实践过程中的经验和教训。为方便大家阅读和使用，本书后续内容把市场信息调研和需求信息调研，统一简称为需求调研。

CHAPTER 2

第二章

需求管理流程的五个阶段及特点

众所周知，OR 需求管理流程由需求收集、需求分析、需求分配、需求执行和需求验证五个阶段组成，其中最为关键的就是需求收集阶段和需求分析阶段。这个传统的需求管理流程实际由两个层面组成，第一个是针对某一项目的专项性需求管理流程，第二个是针对企业日常运作过程中的日常性需求管理流程。日常性需求管理流程产生的需求信息需要进入专项性需求管理流程里进行处理，最终归于特定产品开发项目或技术开发项目。每个企业的需求管理流程是大致类似的，区别并不是很大。需求管理流程运作的关键就是需求管理人员的组织能力和个人能力，对流程的依赖性不是很大，这时候需求管理流程就起到一个串联需求相关工作的作用。

日常性需求管理流程涉及的需求总数量比所有专项性需求管理流程涉及的需求总数量还要多，但是日常性需求的质量远没有专项性需求的质量高。典型的“二八原则”，就是指对于企业实际有用的需求信息里，日常性需求只占总数的 20%，而专项性需求占总数的 80%；日常性需求管理的花费只占企业需求管理费用总额的 20%，而专项性需求管理费占费用总额的 80%；日常性需求涉及的人员占企业相关人员总数的 80%，而专项性需求涉及的人员占企业相关人员总数的 20%。虽然企业的产品开发和技术开发主要的需求来源是专项性需求管理，但是必须同步做好日常性需求管理工作，也就是说既要“重点捕鱼”，也要“广撒网”，不但要保证需求信息不被遗漏，更重要的是培养企业广大员工需求管理的思维和工作习惯。

下面我们就从日常性需求管理和专项性需求管理两个方面详细说明需求管理流程的内容。特别声明，笔者对于有些文献里把专项性需求管理叫作“游击队式管理”，把日常性需求管理叫作“正规军式管理”，是不认同的。本书认为上述两种流程是缺一不可、相辅相成的。只是在不同的行业、企业中，日常性需求管理和专项性需求管理在企业管理中的工作权重不同而已。

需求管理流程五个阶段的主要内容，如图 2-1 所示。

需求收集	需求分析	需求分配	需求执行	需求验证
□调研准备	□需求解释	□纳入需求库	□产品设计	□内部测试
□执行调研	□去伪存真	□转化为功能	□需求变更	□内部验证
□调研后工作	□分类和分级	□需求分发		□外部验证（试用和试销）
	□需求评审	□整理平台		□设计定型
	□初步概念设计	□制订需求演化计划		

图 2-1　需求管理流程的五个阶段

一、需求收集是需求管理流程的关键

首先，我们来看一下专项性需求收集的流程，这是各个企业最常使用的业务管理流程之一。下面按时间顺序，以某一次需求调研工作为例，说明需求收集阶段的相关关键性工作。一般来说，需求收集阶段与 CDP 立项流程和小 IPD 产品开发流程的概念阶段并行开展，如果项目规模不大，一般采取上述两个阶段（Charter DCP 立项决策评审之前、Charter DCP 与 CDCP 概念阶段决策评审之间，下同）共同进行一次需求收集的方法；如果项目规模比较大，一般采取上述两个阶段分别进行一次需求收集的方法。

第一步：进行需求调研的准备工作，这个步骤是需求调研工作的重中之重，也是最消耗时间和最消耗精力的环节。有的文献把整个的需求调研和分析过程总结为 FOCUS 模型，也就是制订项目计划 Frame、组织调研资源 Organize、收集需求信息 Collect、理解用户心声 Understand、制订行动计划 Select。

（1）明确需求调研的目的

很多企业反映在需求收集过程中，总是有很多职能部门不愿意投入资源参与需求调研活动，导致企业不得不依靠单一部门，如研发部门或者需求管理部门，来进行需求调研工作。这样就会导致需求调研不是跨部门协同进行的，效果就会很不好。解决这个问题的方法就是明确需求调研的目的，也就是为什么要进行本次需求调研？这次需求调研的目的是什么？这次需求调研的重要性是什么？这次需求调研为什么需要这么多资源？这个需求调研目的来源于有效的企业整体经营战略规划，以及有效的各个部门对齐的市场规划、产品规划和技术规划，这对于促进各个职能部门提供资源支持具有重要的意义。

（2）编制需求调研的方案和计划

实践过程中我们发现，好的需求调研准备就是需求调研成功的一半，这就是说做好需求调研的方案和计划是需求调研活动中最为重要的工作环节。需求方案和计划的设计工作，主导者和组织者是市场代表（或称产品经理），参与者是以 PDT 或者 RMT 团队为主的，范围可以扩展到全公司的每一个人。千万不能只有少数代表或者个人去调研需求，那样的话，调研所得的需求会得不到大家的认可，无法得到真正的落实。

需求调研方案和计划应该是全体项目组成员在引导者的组织下，共创出来的，是广大需求调研参与者的共同智慧结晶。这个共创过程的设计和组织是十分重要的，实际是 IPD 管理体系推进的核心——以过程的确定性应对结果的不确定。

执行需求调研方案的诀窍就是项目组集体讨论每个方案，由企业中最合适的人根据每个方案的要求前往调研，这就叫作“集体讨论，分别实施”。每次外出做需求调研都至少要有来自两个不同部门的人员参加。

（3）组织需求调研的资源

无论在什么时候，职能部门的人都会说他们工作繁忙，缺少资源参与需求调研；但无论在什么时候，职能部门都可以通过对人力资源的有效筹划和调配，抽出人员参与需求调研。在明确了此次需求调研的重要性以后，一般的职能部门都会积极配合需求调研的，因为它们实际也非常认可“需求管理是企业最重要的事情”这句话。具体的需求调研人力资源安排，根据已经编制好的需求调研方案和计划来配齐，并明确所有参与需求调研的人员的职责和任务。

（4）编制调研问题清单和相关工作表格

每次需求调研都会涉及若干需求调研小组，每个需求调研小组都应该自己进行需求调研问题清单的整理，进行需求调研表格和相关工具的准备。

在这个过程中，产品经理应该根据自己的专业经验，指导各个需求调研小组做好调研准备工作。如江苏苏州某公司在做 IPD 试点项目需求调研时，针对 22 次外出调研，制定了 22 份需求调研的具体方案，保证了需求调研结果的高质量。

这里的调研问题清单应当根据企业已有的需求问题库，针对具体的产品开发项目的实际情况进行编制，随后一定要进行 RMT 团队的综合交叉评审。调研问题清单有两种形式，一种是访谈问题清单，另一种是调研问卷，需要各个 RMT 小组根据具体情况选用。所谓的调研工作表格，就是记录整个调研过程的记录表，有访谈会议纪要、单项需求采集卡、场景/工况记录表、需求汇总表等多种形式，需要各个 RMT 小组根据具体情况选用。调研的工具可能包括录像机、录音笔、汽车、现场测量仪器（如噪声仪、风速计等）、笔记本电脑、雨伞等。

（5）进行需求调研过程的排练

对于重要的需求调研活动，如高层访谈、客户集体拜访、标杆企业研究等，都需要我司参与的同事们提前对整个调研环节进行排练和预演。预演的内容包括调研团队的进场过程、破冰过程、访谈过程、紧急问题处理、访谈后过程等，保证让受访者认为调研团队准备充分、井然有序、思路清楚、礼貌有加、办事到位。笔者在江苏苏州某公司进行需求访谈时，不但准备了内容翔实的访谈清单，而且准备了一份详细的现场突发问题处理方案，现场调研效果很好。

在需求调研的准备阶段，没有任何诀窍，如果读者朋友们想询问成功经验，那就是七个字：准备、准备、再准备。

第二步：实际执行需求调研，这是容易出差错的环节，需要调研人员在充分准备的基础上，能够应付现场突发情况，做到心中有数，遇事不慌。这个环节对调研人员的个人素质要求很高，也就是要求需求调研人员“懂人话、懂人味、懂人事”，这就要求他们智商、情商俱佳。

（1）需求调研的预约

需求调研预约（又称约访）是指我司需求调研团队与受访问客户团队之间，对需求调研的时间、地点和参与人员，进行互相明确的过程。在这个过程中，需要充分发挥我司先前建立的良好的客户关系，需要我司的销售人员、售后服务人员充分发挥自己的主观能动性，才能够真正预约到最合适的访谈对象，尤其是客户中的高层领导。如果我司没有在前期就建设和维护良好的客户关系，就会预约不到最合适的访谈对象，导致调研的效果大打折扣甚至调研失败。

（2）需求调研全部过程

需求调研的执行过程（以访谈为例）包括前往预约点、破冰、开始、主体、收尾、感谢、访谈结束、从预约点返回等环节，每个环节都要按照流程要求认真操作，避免差错。公司最好对每个环节都有明确的操作须知或者操作手册，让广大调研人员遵照执行。

前往预约点环节要注意交通的便捷性、饮食的安全性，并充分利用路途时间进行调研准备和演练。破冰的过程需要我方的调研组长与对方利用手办礼物、互相介绍等方法达成情感上的迅速接近，笔者咨询过的浙江台州某公司专门对礼品方面进行了规划和设计。开始环节一般都是利用正式的介绍材料勾起双方共同的意识和回忆，这个正式的介绍材料可以是书面的，也可以是口头的，但是无论书面的还是口头的都是经过精心准备的。调研访谈的主体环节就是按照需求调研方案和访谈清单的要求，与受访客户进行详细的讨论，这个过程不可以只按照访谈清单的顺序机械地进行，而是要根据每名受访者的实际表现，灵活运用，做到要问的问题一个不少、现场的气氛热烈而融洽。调研的收尾环节要顺畅一些，做到礼貌有加，让客户对我们的表现竖起大拇指。感谢环节就是可能进行的双方进一步的线下交流（如茶话会或者感恩晚宴），这个环节实际是继续进行需求调研的好机会，很多不好拿到台面上说的话题在这个时候就可以讨论了，但是应注意不得违反相关的法律和法规规定。访谈结束以后，一定要编写并发送感谢微信或者感谢短信。在从预约点返回的过程中，应该抓紧一切时间回顾需求访谈的关键点，及时在调研小组内达成一致，这个时候，信息和感受还很新鲜的，在此时进行深入讨论能够避免信息遗漏。

（3）需求调研过程中应该防止走偏

需求调研的过程中很容易在主要访谈问题上走偏，这个走偏是导致需求访谈效果不好的罪魁祸首，其产生的原因包括调研小组没有充分准备问题、选择了不合适的受访人员、现场突发情况没有及时化解等。在需求访谈过程中，最怕遇到三种人：一是话匣子型，滔滔不绝，没完没了，带着访谈者跑偏；二是石头型，无论任何话题都不回应；三是牙膏型，问一句答一句。调研访谈过程中应有充足的应对这些问题和对象的方法和准备，后续章节会具体分析这些问题及其解决方案。

第三步：需求调研后的相关工作，充分体现出需求调研是一个完整的过程。

（1）对需求调研的及时总结

需求调研有条“红线”，就是在调研结束的当天晚上，调研小组必须召开需求回溯会，对当天调研的结论在调研小组内部达成统一。所有需求调研小组完成工作回到公司后，也需要及时召开总结会。

（2）可能要进行的补充调研

在需求总结会上，需要项目组迅速判断还有哪些需求内容没有调研清楚或者哪些需求内容有遗漏，抓紧时间进行补充调研。这个补充调研在后续环节可能还有几次。补充调研的次数并不与有效市场/需求信息的收集数量成正比，一般来说，第一次需求调研能够拿到所有有效需求的50%，第二次需求调研仅能够拿到所有有效需求的25%，第三次需求调研仅能够拿到所有有效需求的12.5%，第四次需求调研仅能够拿到所有有效需求的6.25%，以此类推，这个规律有点像放射性元素的半衰期。

与专项性需求调研不同的是日常性需求调研，即在每一个工作日和加班日都在进行的需求调研活动。很多企业都采取以绩效制度或者激励手段驱动日常性需求调研的方法，效果不是很好，原因包括以下几个方面。

（1）大家对日常性需求调研的积极性和意愿性不足

这种积极性不足有两个方面的原因，一方面是企业对于需求调研的拉动性不足，没有在物质激励和非物质激励两个维度对从事需求调研的人员进行鼓励，这里尤其要强调非物质激励的重要作用，而不能仅仅依靠单纯的物质激励；另一方面是企业对于需求调研的推动性不足，没有在各个职能部门中规定清楚需求调研工作的绩效考核制度，没有让大家养成一种自觉收集需求的工作习惯。

（2）大家收集到的需求信息质量普遍不高

出现这种问题的主要原因是广大员工不知道怎样收集需求信息，缺乏需求信息收集的技巧和方法。

（3）大家收集到的需求偏离企业战略太远，一部分需求甚至牵涉到企业重大战略转型，让高层很为难。

出现这个问题的原因是大家在需求调研的过程中，没有得到公司有关发展战略的指示，也就是说公司没有规定好年度日常性需求调研的主要方向和要求。

日常性需求收集流程和专项性需求收集流程的内容大致相同，但是为了解决上述问题，它们还需要有以下几个方面的不同点。

不同点 1：一般定期制定需求调研方案，而不是按项目制定。

一般在年度需求调研准备会上，需求管理部门需要根据年度公司战略目标，制定公司级的年度日常性需求调研方案，按月份对每个职能部门的需求调研方向提出明确的要求，不让大家在需求调研过程中跑偏，同时做好年度需求调研的绩效考核和激励制度宣贯工作。

不同点 2：将日常性需求调研融于各个职能部门相关人员的具体职责之中。

在每一年度的职能部门绩效考核事项中，应该清楚规定每个职能部门及其人员的需求调研职责，这个职责有两种规定形式：一种是以 KPI 考核指标和职责说明书的形式，要求必须做到哪些性质的工作；另一种是以重要工作事项的形式说明要在哪些具体的工作和产品开发项目中，做到哪些具体的需求管理工作。

不同点 3：日常性需求调研需要定期总结。

日常性需求收集工作应该定期进行总结和评奖，这个周期一般为一个月或者两个月，以需求月报或者需求双月报的形式通报日常性需求收集的成果，并按半年度或者年度进行日常性需求收集工作先进分子的评定和奖励。

特别需要强调的是新产品需求调研所涉及的子系统需求调研具有特殊的情况，那就是外观需求调研和工艺子系统调研，前者不仅需要对客户 / 用户需求进行调研，还需要对社会和行业外观流行趋势进行调研；后者不仅需要对客户 / 用户需求进行调研，还需要对行业工艺发展趋势进行调研，这两种特殊情况需要由各自职能领域代表制定独立的需求调研方法，这就是所谓的“双调研”现象。

二、需求分析保证需求管理的正确性

无论是专项性需求管理还是日常性需求管理，需求分析阶段的工作都是类似的，主要的区别在于前者根据项目计划来进行，更有重点性；后者根据企业会议日程表定期进行（一般为每一个月或者每两个月进行一次），更有普遍性。在产品开发项目中，需求分析阶段一般与小 IPD 流程的概念阶段并行（CDCP 评审点之前）。

在讲述需求分析流程之前，先明确几个概念。原始需求（或称原始问题）就是对市场机会、客户 / 用户所面临的问题和挑战的原始记录，大部分以客户 / 用户实际场景、工况和反馈原文来表现。原始需求需要由需求调研人员进行初步的过滤（粗滤）和简单的转化，形成大家看得懂的语言，这就是初始需求，大部分情况下原始需求可以等同为初始需求。特性需求（又称需求特性）是从初始需求转化而来的，阐述新产品为解决客户问题需要展现什么样的能力。产品需求（又称系统需求，是狭义上的产品需求包）从特性需求转化而来，并对需求特性进行加工，形成针对新产品的黑盒交付需求，是新产品研发的直接输入。针对一个新产品开发项目的产品需求，组成了这个新产品开发项目的产品需求包（广义上的产品需求包）。有些文献关于以上几种不同的需求，有其他的叫法，请各位读者自行对应。

下面阐述一下需求分析过程的主要步骤。

第一步：原始需求解释。

在需求调研阶段结束以后，RMT 团队首先就需要对收集来的这些原始需求（由客户问题转化而来的）进行解释，目的就是将它们转化成初始需求，供后续需求管理流程选用。在原始需求解释的过程中，需要利用单项需求采集卡等工具，把这些原始需求记录清楚，并争取从多个角度或者渠道证实是否存在此情况。在原始需求传递的过程中，需要做好保真式记录和需求串讲，防止需求在传递过程中失真。

原始需求解释的结果就是将它们都转化成初始需求。

第二步：需求粗滤（去伪存真）。

一般来说，需求管理部门（日常性需求管理）或者市场代表 / 产品经理（专项性需求管理）对解释后的原始需求也就是初始需求，进行初步的过滤，也就是粗滤。需求粗滤的目的就是去伪存真，把伪需求过滤出来，在此过程中不允许管理者和操作者对需求自主进行更多的分析，不允许绕开 RAT 需求分析团队而自行决策。LTC 流程所涉及的所谓线索、机会点并不属于需求管理的范畴，而应该属于营销管理的范畴，其去伪存真的工作不在本需求管理流程范围内。

当粗滤操作者对某条需求信息产生怀疑时，可以采取以下几种方法中的一种进行论证。

（1）不同路径法：从两个或者两个以上不同的渠道和路径，探索是否能够收集到同一条市场信息或需求信息。

（2）试验验证法：对需求信息反馈出来的现象和状态，在我司进行相关试验验证，看看该需求所反馈的状态能否复现。

（3）计算验证法：对需求信息反馈出来的现象和状态，在我司进行理论分析和计算，看看计算结果能否验证需求现象的存在。

（4）案例证明法：请现场调研人员与客户 / 用户一起提出新的证据或者能够证明需求存在的相关实际案例。

（5）再次调研法：到需求发生现场实地查看，或者要求需求调研人员针对具体的疑问点进行补充调研。

第三步：需求分类和优先级分级。

对于已经经过初步过滤的需求，需求管理部门（日常性需求管理）或者市场代表 / 产品经理（专项性需求管理）需要对它们进行进一步的分类和分级，并再次进行过滤（精滤），形成特性需求。需求分类的目的是通过详细的扫描，防止某些类别的需求信息有所遗漏，并为后续的需求分配打下基础。需求分级的目的一方面是为了做好需求信息的分级管理，防止需求一拥而上地全部冲到高层面前，造成高层工作压力过大；另一方面是为了防止重要的和关键性的需求全部落在执行层，造成基层人员对需求的分析决策出现失误。需求分类一般按照 $APPEALS 八个维度及其子维度进行扫描和分类。需求分级的方法有 KANO 模型、BSA 法、Delphi 法、ABC 法等，后续章节将详细论述它们的使用方法。需求分类时，如果发现某个维度的需求收集太少，可以要求 RMT 调研团队进行需求的补充调研。最后形成可接纳需求和不接纳需求，并及时通知相关人员。

笔者在需求分级时，一般采用 ABC 分级法，如表 2-1 所示。

表 2-1　某企业需求分级 ABC 方法（举例）

需求等级	等级描述	变更决策者	举例说明
核心需求 A	如果该项需求完不成，则产品完全偏离原定轨道，产品失败	IPMT	第五代隐身战斗机的“隐身”功能需求
重要需求 B	如果该项需求完不成，则产品带给客户的体验将大受影响，严重影响产品成功	LPDT	第五代隐身战斗机的销售价格需求
一般需求 C	如果该项需求完不成，则产品价值无法进一步提高，但不太影响产品成功	SE	第五代隐身战斗机的方便型登机梯把手需求

本步骤所述的需求分类和需求分析过程的结果不是需求的最终状态，还需要进行进一步的评审决策和确认。

第四步：需求评审会。

对于明确接纳和重新调研后接纳的需求，应该由 RAT 团队或者 PDT 项目组组织需求评审会议进行确认，并由公司级 / 产品线级的 TRG 会议或技术委员会会议进行需求决策。RAT 需求评审会议和 TRG 需求评审会议是两个级别的两次需求评审会议，前者为项目级，将特性需求转化为产品需求，并明确这些需求的分类和分级结果；后者为公司级 / 产品线级，对所有产品需求及其分类和分级情况进行最终决策评审，这并不是决策是否最终执行该需求，而是评审需求的准确性和是否接纳的正确性。如表 2-2 所示，两级需求评审会 ORR 都应该评审以下内容。

（1）评审产品需求信息的完整性。

（2）评审产品需求信息的正确性。

（3）评审产品需求信息与企业战略的一致性。

（4）评审产品需求信息的科学性。

（5）对每条需求信息给出采纳（本项目采纳、其他项目采纳、后续项目采纳）、补充调研、不采纳（伪需求、非战略、做不出来）等三种结论，公司级 TRG 团队给出的结论为需求收集与分析阶段的最终结论。

表 2-2　某企业需求评审要素表（举例）

评价维度	评价项目	需求 1	需求 2
完整性	所描述的需求是否记录了需求的来源和提供者		
	所描述的需求是否记录了需求发生的场景和工况		
	所描述的需求是否记录了需求期望的实现和交付时间		
	所描述的功能性需求是否明确了原理、规格、技术参数和质量属性		
	所描述的非功能性需求（含情感性需求）是否准确定性		
	所描述的需求是否完整记录在 OA 系统中 / 编号是否准确 / 是否经过初步审批		
正确性	所描述的需求是否表达了客户和用户的真实需要		
	所描述的需求是否清楚竞争对手是如何应对的		
	对开发和设计工作的约束是否正确		
	对用户任务或者操作流程的描述是否正确		
	需求是否清楚明确且没有歧义		
一致性	所描述的需求是否与公司的战略一致		
	所描述的需求是否与本产品的定位一致		
	对所描述的需求与原设想内容的差距是否清楚描述了原因		
科学性	所描述的需求是否清晰并可通过有效的方式验证（评审、原型、测试）		
	是否说明了需求的验收方式、验收人员要求和验收依据		
	每条需求对于公司的价值和客户的价值是否分析清楚		
	每条需求是否已经经过一定的验证而能保证其准确性		

续表

结论	对每条需求的结论是什么（采纳、补充调研、不采纳）		
	对已采纳需求的分类是什么（$APPEALS）		
	对已采纳需求的等级判断是什么（A/B/C）		
	是否被评为优秀需求信息		

以上需求分析过程也是需求精滤工作的一部分，所以，实际每条需求都经历了一次粗滤、两到三次精滤。

第五步：进行难度评估和初始概念设计。

RAT 团队或者研发项目组在需求分析阶段的工作是类似的，前者主要服务于日常性需求管理流程，后者主要服务于专项性需求管理流程，实际 PDT 在此时也扮演着 RAT 团队的角色。在需求分析阶段的最后一个步骤，需要将已经明确下来的产品需求——又被称为系统需求（大部分为产品需求包的内容，主要指外部需求，还有一小部分等待进入其他的产品包）进行难度评估和初始概念设计。

（1）进行难度评估主要涉及日常性需求管理流程中 RAT 需求分析团队的一些职责，其目的是为日常性需求的分配进行技术准备，是需求分析阶段和需求分配阶段的“交接棒”性质的工作。

（2）进行初始概念设计主要涉及专项性需求管理流程中的 PDT 项目团队的一些职责，其目的是对整理和接纳的产品需求进行最后一次复核，并为 PDT 项目团队的后续相关 TR 技术评审工作做好铺垫，是 OR 需求管理流程和小 IPD 产品开发流程的“桥梁”。

从上面的叙述可以看出，需求分析团队不但应该包括市场人员，更应该包括企业的技术专家和技术骨干，只有他们才有能力对需求信息进行过滤和评审。

需求分析阶段的几个步骤之间的时间界限和逻辑界限有的时候不是那么分明，甚至有的企业会把一些步骤、层次进行组合或者颠倒次序，这些做法实际都是合理的。

三、需求分配与产品/技术规划互动

需求分配的过程实际和产品 / 技术规划的活动是同步开展的。专项性需求管理中所接纳的需求在实际开发项目中直接分配完毕，而调研中发现的其他产品线 / 族的需求则进入日常性需求管理流程。所有的日常性需求都会在企业中定期（瀑布式开发类型产品一般为一年一次，敏捷性开发类型产品根据具体行业情况而定）进行需求分配，也就是产品规划和技术规划。需求分配阶段的流程步骤如下。

第一步：将所有已分析需求纳入需求数据库。

所有的产品需求都应该在需求分析阶段结束后纳入需求数据库，其中既包含接纳的需求，也包含不接纳的需求，它们都应该明确地在数据库中录入清楚。如表 2-3 所示为某企业需求数据库的需求数据录入格式。

表 2-3　某企业需求数据库数据录入格式

需求编号	隶属产品线	需求产生场景	原始需求描述	需求特性描述
内外部类型	相关市场信息	$APPEALS 类	竞争对手方案	需求等级 ABC
需求调研时间	需求调研人员	人员所属部门	人员岗位级别	人员联系方式
客户单位名称	客户名称	客户所属部门	客户岗位级别	客户联系方式
需求传播载体	真伪检查结果	接纳与否原因	系统需求	基线验收标准

续表

承载项目安排	需求负责人	需求解决计划	PDT 优先级	初步解决方案
粗滤负责人	各精滤负责人	需求评审意见	需求评审会签	当前状态
需求文档处理过程记录（图片、视频、文字等）				

如表 2-3 所示的需求数据库录入格式实际是一个需求汇总表，它在需求管理的每个阶段都可以使用到，包括需求收集阶段和需求分析阶段，最后正式的需求发布时间为需求分配阶段的结束。

第二步：将所有需求转化为功能特性。

在对产品需求进行汇总以后，就需要对所有的产品需求信息进行功能化转化，实际形成基线验收标准，也就是该需求在产品上做到什么程度就算满足客户 / 用户需求了。虽然产品需求中有功能性需求和非功能性需求之分，有情感性需求和非情感性需求之分，但是所有的非功能性需求尤其是情感性需求都应该转化为新产品的功能特性，只不过有些功能特性以数字形式展现，有些以文字形式展现，如所谓的“品牌需求”就要转化成一个有明确要求的品牌故事、一系列有专门要求的广告、若干场有明确要求的品牌推广活动等。

第三步：将所有功能特性分发到某个细分市场的特定新产品中。

依托 MM 市场与产品规划流程和 TPP 技术规划流程，需要将上述需求功能分发到不同的产品 / 技术开发项目中，这种分发可以是一条需求分发到一个项目中去，也可以是同一条需求分发到不同的项目中去。需求分发的注意事项包括以下几个方面。

（1）每条已采纳需求都应该分发到某个产品开发项目或者技术开发项目中去，这些分发到某个项目中的需求，组成了产品需求包的主体，有的文献称为产品包需求。

（2）需求的分发以实现企业/产品线战略目标为第一要务，而不是能够在什么时间完成就就近分配到某个项目中去。如果预估某项需求不能按时完成，就必须要采取包括技术购买等措施来解决问题。

（3）产品需求的分发与公司/产品线细分市场的划分密切相关，也就是说每条产品需求都应该分发到相应的细分市场所规划的特定新产品开发项目中。既然需求的分发是根据细分市场的产品开发项目进行的，那么就不可能存在将所有的需求分发到同一款新产品的情况，也就不可能出现“万能产品”。

第四步：整理产品平台和技术平台。

在进行需求分发的过程中，大家要注意整理产品平台和技术平台。具体做法就是，在不同的细分市场中将那些相同或者类似的需求所演化而成的功能特性整理到一个或者几个产品平台中。如果是几个产品平台，那么这几个产品平台应该在产品规划中按照迭代进行处理。在产品平台整理的过程中，应该对关键性技术、工艺技术、测试技术、生产技术、服务技术等进行技术平台的整理。通过上述活动，市场规划、产品规划、技术规划、需求分发就形成了互相对齐的统一体。

第五步：每条产品需求都需要制订需求执行（演进）计划。

对于需求数据库中的每一条已采纳需求都需要清晰地标明大致的需求执行计划，这个计划制订的依据包括产品规划的时间要求和技术规划的时间要求。每家公司的产品规划结果——产品路标和技术规划结果——技术路标，都要求标明每个 DCP 点和 TR 点的大致时间（月度）。

四、需求执行需要严格监控和管理

需求执行的过程实际就是新产品和新技术的开发实现过程，这个过程大家都是比较熟悉的。下面，阐述需求执行过程中需要注意的关键点，这里不去区分日常性需求管理和专项性需求管理。

关键点 1：严密的需求跟踪，以防止需求失真和需求丢失。

需求在执行的过程中，一般都会出现需求失真的情况，也就是需求在传导的过程中，可能偏离预设的原始需求轨道。解决这个问题的办法有以下几种。

（1）由 SE 组织一张需求跟踪表，不断地对每条需求的状态进行跟踪，并由 PQA 加强对项目组需求失真的考核。

（2）依靠每一个 TR 技术评审会议，由 TRG 和 PQA 对需求的一致性严格把关，TRG 主要把关技术内容方面，PQA 主要把关技术成套性方面。

关键点 2：严密控制需求变更，防止需求变更的无序和混乱。

需求变更是一种正常的现象。试图去将需求变更次数清零是不科学的。为保证以上两个论断的正确性，就一定要对需求变更进行严格的管理和控制，这就是所谓的“拥抱变更”（华为）。在控制变更的过程中，项目组要对需求变更所导致的项目变化（人员、计划）、设计变化、工程变化（工艺、模具、工装、生产线、测试、试制等）进行综合评估，形成系统性的需求变更解决方案。

五、需求验证是需求正确性的保障

严格意义上说，需求验证工作并不是都在需求验证阶段进行，而是在需求管理的每个阶段都伴随着需求验证工作，当然主要的需求验证工作发生在需求执行阶段以后。从企业外部来说，市场是不断变化的，客户是不断变化的；从企业内部来说，需求调研的结果也并非一定准确，新产品也不一定符合原始需求所期望，因此必须进行需求验证的工作，这里不去区分日常性需求管理和专项性需求管理。需求验证阶段相关流程工作的关键点如下。

关键点 1：内部测试是需求验证的基础。

需求是否被满足是需要有明确的内部测试报告的，这就是为什么本书要求所有的功能性需求、非功能性需求和情感性需求、非情感性需求都要有明确的基线验收标准。这里所说的内部测试（又称 α-测试）要注意以下几个方面。

（1）根据国际、国家、行业、企业的相关标准文件，编写测试大纲，对新产品进行内部测试，判断新产品是否满足本项目认证需求（标准约束）。

（2）根据由客户/用户需求转化而来的基线验收标准，编写测试大纲（含测试用例，与上面的测试大纲是同一个文件），对新产品进行内部测试，判断新产品是否满足本项目市场需求、客户需求和用户需求。

（3）如果内部测试的对象具有明确的数字型验收标准，则测试新产品的相关参数是否满足该理性的数字型验收标准即可。

（4）如果内部测试的对象仅具有文字型验收标准，则需要基于足够的样本测试新产品在特定细分市场（特定客户群）中感性的客户/用户体验。

关键点 2：需求内部验证先行。

在新产品经过内部测试以后，就可以在企业内部进行内部验证了。部分设计方案的验证可以在前期进行。这个内部验证可以与 TR4A 样机/样品技术评审会和 TR5 小批量产品技术评审会结合起来，也可以在这些公司级技术评审会前单独进行。参加内部验证会议的人员主要是公司内部营销领域的领导、产品经理、市场人员、销售人员、售前/售后服务人员，由他们代表客户/用户对新产品是否满足产品需求包的规定，提出自己的意见和建议。

关键点 3：需求外部验证后行。

对于内部验证过程中，存在异议或者模棱两可的地方，才需要项目组组织需求的外部验证（第一轮），也就是将新产品或者新产品上需要验证的需求点拿到公司以外的地方进行小范围验证。验证工作的对象必须是与我司关系良好的外部客户 / 用户，尽量防止泄密。

关键点 4：试销和试用都是外部需求验证的最终方法。

在第一轮外部验证结束以后，PDT 项目组会对整个新产品进行设计优化和工程优化，使其达到一个暂时稳定状态。这个处于暂时稳定状态的完整新产品（产品包）需要送到公司外部进行进一步工业型测试，也就是 β－测试。β－测试有两个方面的内容，分别是试用和试销。试用就是小范围内由外部客户 / 用户对新产品进行一定时期的实际使用，以测试出新产品在技术和质量方面的问题。试销就是由我司营销部门负责的小范围实际销售活动，以测试出我司的 4P（产品 product、价格 price、渠道 place、促销 promotion) 营销策略和一部分非功能性需求（尤其是情感性需求）、售后服务策略等是否满足市场和客户的需求。

关键点 5：设计定型。

在试用和试销工作完成以后，需要根据 β－测试的结果，对新产品进行最后一轮的技术完善和优化，然后将所有的图纸、代码、BOM 清单等技术载体文档进行归档，并在通过 TR6 评审会后，实现最终技术定型（产品定型）。

六、需求管理的“5W2H”（WHY、WHAT、WHERE、WHO、WHEN、HOW、HOW MUCH）

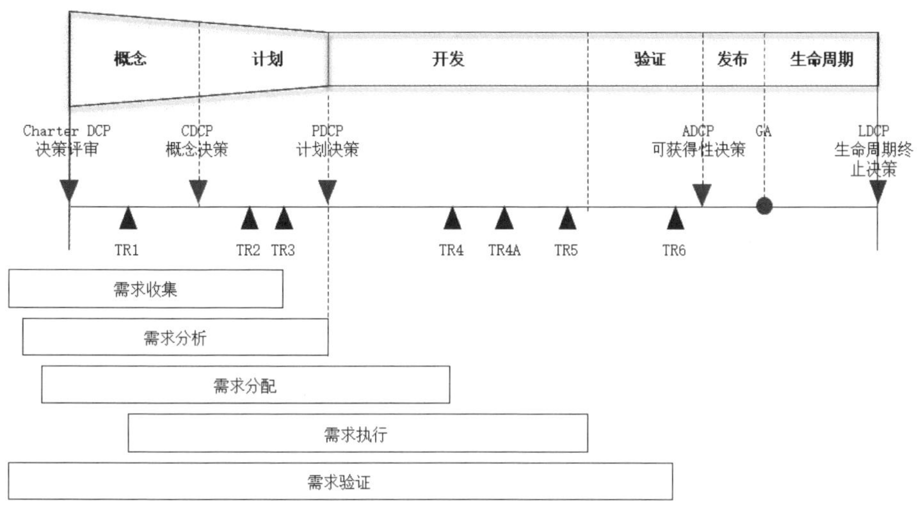

图 2-2　需求管理各阶段与小 IPD 产品开发流程各阶段时间对照图

无论 B2B 公司还是 B2C 公司，它们的专项性需求管理流程都一定由需求收集、需求分析、需求分发、需求执行和需求验证五个阶段组成，而且各个公司的需求管理流程内容都很类似，其与同步运行的小 IPD 产品开发流程的时间对照，如图 2-2 所示。

需求管理的每个阶段都包含着七个方面的内容，那就是为什么（WHY）、是什么（WHAT）、在哪里（WHERE）、什么时间（WHEN）、谁来干（WHO）、怎么做（HOW）、多少钱（HOW MUCH），如表 2-4 所示，五个流程阶段和七个方面内容形成了一个矩阵，这就是需求管理流程的核心框架——“五七三十五”。后续的所有章节都是按照需求管理流程的“五七三十五”框架展开的，并最终组成了需求管理体系，这就是需求管理的系统工程。

表 2-4　需求管理流程各个阶段的“5W2H”（“五七三十五”）

5W2H	需求收集阶段	需求分析阶段	需求分配阶段	需求执行阶段	需求验证阶段
WHY	为什么要进行本次需求调研和收集	为什么要用如此规则分析需求	为什么要用如此规则分配需求	为什么要进行需求变更	为什么要用如此规则验证需求
WHAT	我们需要收集什么样的需求	我们需要分析哪些需求	我们需要对哪些需求进行分配	我们进行需求变更的内容是什么	我们需要验证哪些需求
WHERE	需求收集的渠道是什么	需求分析过程由哪些会议组成	需求分配过程由哪些会议组成	需求更改都涉及哪些方面	需求验证的渠道是什么
WHEN	需求收集的时间和计划是什么	需求分析的时间和计划是什么	需求分配的时间和计划是什么	需求更改的时间和计划要求是什么	需求验证的时间和计划是什么
WHO	谁来进行需求收集	谁来进行需求分析 / 团队组成是什么样子的	谁来进行需求分配 / 团队组成是什么样子的	需求更改涉及的人员角色是什么	谁来进行需求验证（内部和外部）
HOW	需求收集的方法有哪些	需求分析的方法有哪些	需求分配的方法有哪些 / 遵循哪些战略约束条件	如何评估需求变更影响 / 如何执行需求变更	需求验证的方法有哪些
HOW MUCH	需求收集的花费是多少	需求分析的花费是多少	需求分配的花费是多少	需求变更对于产品成本、研发费用、盈利分析有多大影响	需求验证的花费是多少

七、需求管理流程的本质就是以过程管理促进个人能力发挥

既然每个行业的每家企业的需求管理流程都是类似的，那如何体现需求管理流程在不同企业的价值呢？这个问题实际就涉及需求管理流程的本质，也就是需求管理人员的个人水平决定了需求管理流程的运作水平。

需求管理流程的运作水平发展是永无止境的，需求管理人员（尤其是

需求调研人员和需求分析人员）的个人水平和能力发展也是永无止境的。对企业来说，需要不断地提升需求管理人员的工作能力，这个工作能力的提升需要依靠整个需求管理流程体系的不断完善，即需求管理流程体系的完善和优化会促进需求管理人员工作能力的提升，二者相辅相成，互相促进，共同助推企业核心竞争力的发展。

需要特别注意的是，在小 IPD 产品开发流程的最后一个阶段——生命周期阶段中的 LDCP 生命周期终止决策评审会议之前，还需要再进行一次市场需求调研，为 LDCP 会议决策做好市场信息、外部需求信息和内部需求信息方面的输入。

本章简要地叙述了需求管理流程的五个阶段，以及每个阶段都涉及的“5W2H”等七个主要方面，它们不仅适合 B2C 企业，也适合 B2B 企业。后续各个章节将像剥洋葱一样，把本章所述的各项内容进一步阐述清楚。

CHAPTER 3

第三章　专项性需求调研的操作方法

从本章开始，将详细地叙述需求管理流程各个阶段的“5W2H”，以及支持需求管理流程运作的各项管理措施和人员能力培养与建设方法。本章会叙述专项性需求调研的操作方法，其最后的成果载体就是需求调研方案和计划，需求调研方案和计划大大影响着需求调研结果，可以说需求调研的准备工作就是需求调研操作过程的预演，决定着需求调研结果的实际水平。关于个人需求调研技巧，本章是不涉及的，将在后续章节中讲解。

本章内容是以需求调研中的客户／用户访谈为基础，展开相关论述。

一、明确需求调研的原因（WHY）是调研成功的基础

需求调研的原因是需求调研的根源所在，只有明确了需求调研的原因才能保证需求调研不走样、不跑题，只有明确了需求调研的原因才能保证各个部门对于需求调研有足够的重视，从而派出得力的需求调研人员。

1. 需求调研原因的来源

专项性需求调研的目的一定是为了产品 / 技术规划项目、产品 / 技术立项项目、产品 / 技术立项项目。这些项目一定是来自企业的整体战略目标和战略计划 BP 指导下的初始项目构想。即使是偶然出现的产品开发项目，也要检查这个项目和企业战略是否具有一致性，那些与企业战略方向不一致的偶然出现的产品开发项目（俗称“从石头里蹦出来的项目”），一般都是要失败的。

企业年度总体战略目标和战略计划一定是根据企业面临的行业宏观环境和微观环境来决定的，其根源一定是企业实际的使命、愿景、价值观。为了实现企业中长期战略和年度战略目标，就一定要进行一些新项目的立项和开发，这种关乎企业年度业绩能否完成甚至企业生死存亡的项目，在明确了其重要性的前提下，相信各个职能部门的领导一定会大力支持的。

2. 需求调研原因的内容

需求调研原因（或称目的）是需要用文字（包括图片）来详细、客观地表述的，这样做有利于确保需求调研资源利用的有效、需求调研计划的合理、需求调研过程的顺畅、需求调研结果的可靠。如果需求调研原因和目的的表述出了偏差，需求调研的结果就一定是“歪”的。这种表述有以下几个注意事项。

一是在陈述中不能包含调研团队从访谈中总结出的技巧，不要限制调研团队的水平发挥。

二是在陈述中不能包含调研团队渴望得到的最终结果，要让调研人员“空杯”上阵，而不是拿着“答案”上战场。

三是在陈述中不能包含新的技术解决方案，限制调研人员的思维创造性。

四是避免出现实施、创造、改变、修订等词语。

浙江某企业某次需求调研目的的陈述（案例）

本次需求调研涉及的 ×× 产品开发项目是 ×× 公司年底重点项目，该项目如果成功，将帮助 ×× 产品线打开市场局面，助推该产品线实现公司制定的年度战略目标，是该产品线年度重点工作中的重点，×× 公司董事长批示必须调集最优资源在 2 个月内结束调研。

本次需求调研所涉及的 ×× 项目属于降成本型项目，降成本的最终目的是降低销售价格，以价格因素实现市场突破，抢占竞争对手市场份额，同时满足主体市场客户对于该改进型产品的需求。

3. 就需求调研原因与各部门领导进行沟通

在明确需求调研的原因和目的后，需求调研项目的项目经理和产品经理（市场代表）就需要与相关的各个职能部门的领导沟通调研人力资源问题了，必要时要请求公司级领导给予指示。

4. 需求调研项目启动会

专项性需求调研团队的组建主要基于 PMT 团队 /TMT 团队（规划项目）、CDT 团队（立项项目）和 PDT 团队 /TDT 团队（开发项目），再加入一些必需的人员即可。这些人员需要集合在一起开一次需求调研的启动会。

需求调研启动会的作用包括以下几条：一是公布本次需求调研的原因和目的；二是提出本次需求调研的根本要求；三是听取大家对本次需求调研的初步想法；四是解决一些大家提出的担忧的问题；五是对本次需求调研的纪律、考核和激励达成一致意见；六是进行相关的一些先进调研知识、市场知识、技术知识的培训交流等。

二、需求调研内容（WHAT）的第一个方面：市场信息

需求调研实际上应该叫作市场需求调研，它包括两个方面的调研：市场信息调研和需求信息调研。市场信息是整个行业市场的表现和发展趋势，属于商业范畴；需求信息是具体客户/用户的期望和要求，属于技术范畴。脱离市场信息，而仅仅研究需求信息，是忽略了 IPD 体系中的商业业务线；脱离需求信息，而仅仅研究市场信息，是忽略了 IPD 体系中的技术实现线，两种情况都会使项目遭受惨重的损失。市场信息和需求信息既有关联，又相对独立。

下面，我们首先看一下市场信息都有哪些内容维度。

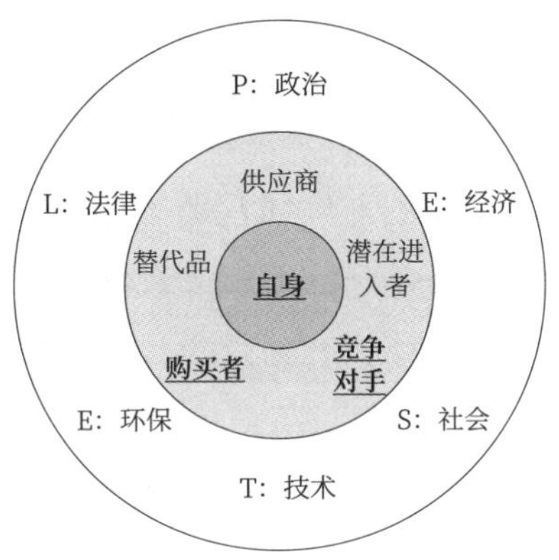

图 3-1　市场需求调研中的市场信息模型

如图 3-1 所示是市场需求调研中的市场信息模型，它包括三个主要的部分：宏观环境分析模型 PESTEL、行业微观分析模型 5-POWER（5-POWER 模型）、自身环境分析模型 3C。对于中小企业来说，每次需求调研之前都需要由企业内部组织人员进行内部研讨，看看哪些维度的内容是清楚的，

哪些维度的内容是不清楚的，有的放矢地去进行市场需求调研，就好像先把海水中洋流的走向判断清楚，再去有重点地捕鱼。虽然这种方法会丢失一部分市场需求信息，但是投入的资源相对较少。对于大型企业来说，可以在上述调研模型的指导下，通过日常性的大范围市场需求调研，将所有重要信息一网打尽，就像是把海洋分成很多区域，每一区域都撒下大网，也就是所谓的“广撒网”，虽然这种方法对市场需求信息的收集最彻底，但是投入资源相对较多。目前，我国很多公司的需求管理流程运作得不好，最主要原因中就是借鉴了不适合自身实际情况的“广撒网”策略。

1. 宏观环境分析模型 PESTEL

宏观环境分析模型 PESTEL（从 STEP 模型优化而来）的六个宏观市场环境分析的维度 / 因素包括：P 代表政治因素 （Political），是指对组织经营活动具有实际与潜在影响的政治力量和有关的政策、法律及法规等因素；E1 代表经济因素（Economic），是指组织外部的经济结构、产业布局、资源状况、经济发展水平，以及未来的经济走势对经营活动的影响；S 代表社会因素（Social），是指组织所在社会的历史发展、文化传统、价值观念、教育水平及风俗习惯等影响因素；T 代表技术因素 （Technological），不仅仅包括那些引起社会革命性变化的发明，还包括与企业生产有关的新技术、新工艺、新材料的出现、发展趋势及应用前景；E2 代表环境因素（Environmental），是指一个组织的活动、产品或服务中能与社会环境、自然环境发生相互作用的要素；L 代表法律法规因素（Legal），是指组织外部的法律、法规、司法状况和公民法律意识所组成的综合系统。

PESTEL 模型具体的分析维度可参考表 3-1。RMT 需求调研项目组具体的调研工作就是去回答这些维度要素中，哪些关键性事件对本项目的开展具有重要影响。

表 3-1　某企业 PESTEL 分析维度库（参考）

方向	维度	机会 / 威胁
政治 Political	· 政治体制条件和变化趋势 · 战争和地区冲突 · 政党斗争 · 民族和宗教矛盾 · 大选形势 · 军队管理方式 · 外交变化趋势 · 政府的管制和管制解除 · 特种关税 · 政治地缘关系 · 恐怖主义和极端民族主义程度 · 财政和货币政策的变化 · 特殊的地方及行业规定 · 世界原油、货币及劳动力市场 · 进出口限制	……
经济 Economic	· GDP 变化情况和趋势预期 · 经济规律影响预期 · 政府计划经济发展方向 · 股票和金融市场变化因素 · 投资热点变化情况分析 · 整体消费观和消费模式 · 劳动生产力水平 · 劳动力及资本输出 · 进出口因素 · 地区间的收入和消费习惯差别 · 财政政策 · 居民的消费趋向 · 通货膨胀率 · 货币市场利率 · 汇率变化情况 · 进出口关税 · 普遍负债水平	……

续表

社会 Social	· 国家和企业市场人口的迁移和变化 · 风俗习惯 · 虚拟社会和现实社会 · 生活方式 · 公众道德观念 · 社会责任 · 价值观、审美观 · 地区性趣味和偏好评价 · 宗教禁忌 · 种族矛盾 · 疫情	……
技术 Technological	· 全球性行业技术发展热点 · 和本行业相关的跨领域技术 · 未来技术预研的热点 · 可替代性技术发展情况 · 技术发展涉及的伦理道德情况	……
环境 Environmental	· 本行业产品的安全、环境影响 · 上游零部件对相应产地的安全、环境影响 · 废品回收和处理现状 · 各区域政府、媒体、社会民众、利益相关者对环境影响的态度和采取的措施 · 特定时间段内，环保热点和发展趋势、环保产业的新发展给本行业带来的机遇	……
法律 Legal	· 世界性公约条款 · 基本法（宪法，民法） · 劳动保护法 · 公司法和合同法 · 行业竞争法 · 环境保护法 · 消费者权益保护法 · 行业公约 · 相关授权专利 · 相关授权知识产权文件 · 与人权相关的法律条款	……

2. 行业微观分析模型 5-POWER

五力分析（5-POWER 分析或 5-FORCE 分析）的五个维度分别是供应商、购买者、潜在进入者、替代品和行业现有竞争者，3C 分析的三个维度分别是客户（Customer）、竞争对手（Competitors）、自身能力（Capability），后者中的客户和竞争对手两个维度与 5-POWER 分析是重复的。

表 3-2 所示是 5-POWER 分析模型所涉及的具体分析维度及其内容，需要 RMT 项目组认真回答这些问题，找出哪些关键性事件对本项目的开展具有重要影响，并把它们表达出来。

表 3-2　5-POWER 分析模型的各个维度及其内容（参考）

维度	主要内容	优势 / 劣势
供应商分析	· 关键零部件（包含关键材料）核心供应商的布局，其基本特征为独家、稀缺、长周期、质量要求高、成本高等 · 关键 / 核心供应商所在行业的市场态势和技术发展趋势 · 关键零部件 / 材料的历史发展轨迹、现状和趋势 · 关键 / 核心供应商的企业发展战略 · 关键 / 核心供应商的技术能力 · 关键 / 核心供应商产业集中度及其上游产业链布局 · 关键 / 核心零部件（材料）成本控制情况 · 切换关键 / 核心供应商可能会带来的成本消耗 · 供应商新产品的平台化和模块化程度 · 供应商的市场行为和动态 · 供应商的业务数据和财务情况	……
购买者分析	· 本企业产品主要的购买者都是谁，他们都有什么特征 · 竞争对手企业产品主要的购买者都是谁，他们都有什么特征 · 不同购买者在销售额中的占比情况如何 · 本企业的种子客户和天使客户是谁 · 竞争对手企业的种子客户和天使客户是谁 · 客户为什么买我们的产品而不买竞争对手企业的产品 · 客户为什么不买我们的产品而买竞争对手企业的产品 · 购买者购买的动机是刚需还是非刚需的 · 未来购买者有无更换供应商的可能 · 集体采购工作是怎么安排的 · 本企业能够给购买者带来什么样的价值 · 关于新产品购买者主要的关注点有哪些 · 购买者的市场行为和动态 · 购买者的业务数据和财务情况	……

续表

潜在进入者分析	·有哪些可能进入行业的潜在竞争对手（上游供应商的前向一体化、下游购买者的后向一体化、技术类似的相关企业、掌握颠覆性技术的新兴企业、可能被大公司收购的小公司） ·潜在进入者的优势和劣势有哪些 ·潜在进入者的关键性资源有哪些 ·潜在进入者的可能战略意图有哪些 ·潜在进入者的市场行为和动态 ·潜在进入者的技术能力 ·潜在进入者的业务数据和财务情况	……
替代品分析	·有哪些能够替代本公司产品的功能相似产品和技术 ·有哪些能够替代本公司产品的技术升级性产品和技术 ·有哪些能够替代本公司产品的跨行业/跨产业的产品和技术 ·替代品在投资市场中的热度值是怎样的 ·用户使用替代产品的切换成本 ·替代产品技术成熟度、质量、成本是什么情况 ·替代品生产企业的盈利能力如何，经营战略是什么 ·替代品生产企业的经营业绩如何，趋势是什么 ·替代品生产企业的市场行为及动态有哪些 ·替代品生产企业的财务状况	……
竞争对手分析	·谁是主要的竞争者/谁是潜在的竞争参与者/谁能够在技术上替代我们的产品 ·竞争对手（主要指直接竞争对手，下同）的规模、资源、市场份额如何 ·竞争对手提供的产品及这些产品的定位是什么/他们如何为客户提供价值 ·竞争对手未来的战略目标是什么 ·客户为什么从/不从竞争对手那里购买新产品 ·竞争对手在哪些细分市场里有优势或劣势 ·竞争对手的活动将如何影响本企业的战略设定和执行	……
竞争对手分析	·本企业如何能够从竞争对手手中赢得市场份额 ·竞争对手对本企业的战略反应和态度如何 ·竞争对手的技术能力如何/竞争对手的财务状况如何	……

3. 自身环境分析模型 3C

3C 分析中的购买者分析和竞争对手分析在 5-POWER 模型中是有重合的，但是在进行 3C 分析时，还需要对购买者群体，也就是整个市场的情况进行归纳和总结，包括以下几个方面。

市场正在或者可能产生什么发展变化?

上述变化中的哪些会影响到营销的选择?

市场整体容量是多少？都包含在哪些细分市场中?

每个细分市场吸引我们的因素是什么？（规模 / 增长 / 利润率 / 其他）

整个市场的需要和欲望是什么?

为了赢得客户需要设计什么样的产品包?

促使客户做出购买决定的关键因素是什么?

哪种形式的中间渠道（可能）对你来说很重要？为什么?

哪些企业注定会成为或继续作为竞争对手?

未来的市场总量预估是多少?

在 3C 和 5-POWER 分析中，最难的也是最重要的，就是对自我的分析。自我分析需要的是客观和公正，既不能妄自菲薄，也不能狂妄自大。企业对自身（所有职能部门，包含人力资源部门）认识程度是多少，实际决定了企业的发展道路和最终能够达到的高度。为此，企业可以进行自上而下或者自下而上地进行批评和自我批评，也可以从企业外部人员处调研自身的优点和缺点。

每家企业的自我分析都需要从以下这些方面进行分析。

本企业 / 产品线未来 3 年有什么样的战略目标?

本企业 / 产品线的财务状况是什么样的？（变现能力比率、资产管理比率、负债比率、盈利能力比率、流动资金等）

本企业在行业所在的细分市场中已经或者将要有哪些产品?

本企业在行业中的市场地位、市场份额、技术地位和普遍客户口碑如何？

本企业产品的优势和劣势是什么？（市场、技术、质量、生产、售后、财务、优惠政策等）

本企业曾经失去的关键客户是谁？为什么？

本企业曾经采用什么办法赢得关键性客户？

限制本企业发展的因素有哪些？

本企业各个职能部门与竞争对手相比，优势和劣势各是什么？

本企业的运营模式准备如何强化？

三、需求调研内容（WHAT）的第二个方面：需求信息

市场需求调研工作的第二个需要调研的主要内容就是新产品/产品包的需求信息，也就是满足客户/用户的要求和期望，解决他们痛点的内容。IPD 集成产品开发管理体系一般采用 $APPEALS 模型来梳理和分析客户/用户的需求信息。无论哪个行业的新产品研发，都可以采用 $APPEALS 模型，如图 3-2 所示。

RMT 需求调研项目组具体的调研工作就是去回答这些维度的各个子维度应该是什么样的，并用数据或者文字表述。一般在外出调研之前，RMT 项目组先在内部对这些子维度内容进行回答，对没有明确答案和模棱两可的子维度内容进行进一步的调研，这就是外部需求从内部调研开始。

需求信息的 $APPEALS 模型包括的八个维度定义是什么呢？它们一般都包含哪些子维度呢？

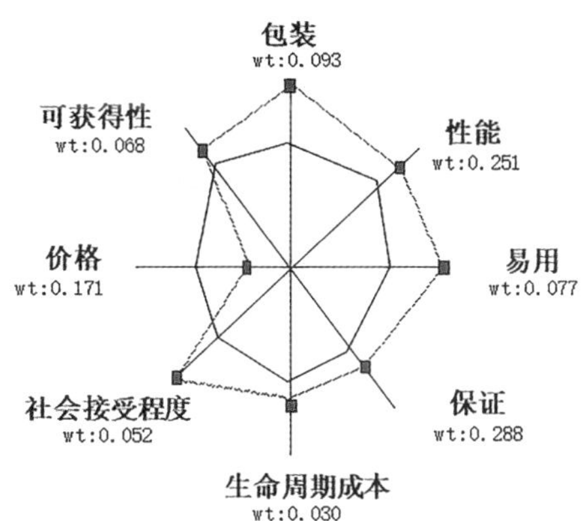

图 3-2　市场需求调研中的需求信息模型

1. 价格 $（Price）

价格要素反映了客户对一个满意的产品 / 服务所希望承担的价格，也包括一些商务条款的需求。价格维度是决定客户是否购买的第一维度，没有一个客户 / 用户是不在意价格的，这里并不是说价格低就是好，而是价格越接近客户的心理预期（比优法）或者价格比竞争对手更接近客户的心理预期（比烂法）就越好。

2. 可获得性 A（Availability）

可获得性反映了客户对于容易和有效购买过程的需求，也包括对于容易和有效售后服务的需求。可获得性维度涉及很多非功能性需求，这些非功能性需求给客户 / 用户打开获取、沟通和反馈的通道，促进企业与客户 / 用户之间的亲密关系，为客户的二次购买和企业口碑传播打下坚实的基础。

3. 包装 P（Packaging）

包装要素描述了客户所期望的外形、外观等视觉特征的需求。包装维度体现的是新产品的外界印象，主要是非功能性需求和情感性需求，但是也包含一部分功能性需求。近些年，包装和外观无论在 B2C 生活资料产品中，还是B2B生产资料产品中，都获得了越来越多的重视。

4. 性能P（Performance）

性能要素描述了新产品本身的尺寸、性能和功能特性。性能维度是传统意义上的产品需求包的主要内容，主要满足客户/用户对产品的功能性需求。

5. 易用性E（Ease of Use）

易用性要素描述了用户对新产品的人性化和易用性需求。新产品的更新换代带来了用户在新产品使用和操作上的更新换代，对新产品易用性方面的要求越来越高。

6. 保证A（Assurances）

保证要素反映了客户/用户对于新产品可靠性、安全性、兼容性、冗余性方面的需求，让客户和用户放心使用的质量需求，代表着新产品功能和性能满足市场需求的下限。

7. 生命周期成本L（Life Cycle Costs）

生命周期成本要素反映了客户/用户在产品全生命周期的成本花费，包括产品从购买到报废或停止使用所支出的所有费用。生命周期成本维度要求需求调研和产品开发的范围涵盖产品从生到死的全生命周期。

8. 社会可接受程度S（Social Acceptance）

社会可接受程度要素反映了社会其他人员对客户/用户使用产品的一些舆论和看法，如风俗、习惯、品牌等，是情感性需求的主要体现。

各个企业在外部需求调研之前，一定要明确新产品开发项目所在产品线/产品族的$APPEALS各个子维度的内容，也就是外部需求调研需要明确的新产品开发的各项功能和非功能内容，如表3-3所示。RMT团队会召开过程设计科学而合理的需求子维度研讨会，这种研讨会一般每三年在产品线/产品族范围内召开一次。

表 3-3　某企业 M 产品线 $APPEALS 各个子维度定义（举例）

	维度	主要内容（部分）
$ (Price)	价格	原料成本、人工费用、管理费用、技术转让费、生产费用、库存消耗、废料费用、可接受售价等
A (Availability)	可获得性	行销工作、销售行为、分仓库、分销渠道、交货期、广告、订购过程等
P (Packaging)	包装	外包装样式、外观尺寸、风格、颜色、包装物质量、物流运输、销售界面等
P (Performance)	性能	速度、力、黏度、容量、精确度、热量、功率、功能等
E (Ease of use)	易用性	安装、使用、维修、回收、人机功效、显示、文档等
A (Assurances)	保证	可靠性、可用性、安全性、冗余性、稳定性、完整性等
L (Life cycle costs)	生命周期成本	寿命、无故障工作时间、调整校对费用、备件费用、服务费等
S (Social ceptance)	社会可接受程度	风俗、习惯、民族文化、环境、法律、法规、保密、品牌、责任担当等

四、需求调研18种渠道（WHERE）的选择方法

需求调研的渠道都有哪些？应该如何进行选择？这就是本小节讲述的内容。关于这些需求调研渠道的建设问题，在后续章节中再详细讲述。

需求调研的渠道就是需求调研的场所、空间，也就是通过哪些媒介能够找到和获取对企业新产品开发有用的市场信息和需求信息。经过国内外众多专家和企业的归纳总结，我们把需求调研的渠道规定为如表 3-4 所示的 18 种，包括 11 种一手渠道——需要我司人员直接调研的渠道，虽然投

资较大，但是可靠性较高；7 种二手渠道——需要我司人员参考外部其他人员的调研渠道，虽然投资较小，但是可靠性较低。

表 3-4　需求调研的 18 种渠道

渠道编号	渠道性质	渠道名称	渠道解释	需求类型
01	一手渠道	用户 / 经销商大会	将重要和典型的用户 / 客户集中起来，使其在充分互动气氛下合理地表述对新产品的需求	长、中、短
02		专家顾问团	一种行业专家齐聚一堂共商需求信息的会议	长、中
03		高层拜访	公司领导拜访、营销领导拜访和研发领导拜访等三种形式	长、中、短
04		展览	通过展览会现场对竞争对手进行需求调研	中、短
05		用户探针	企业派出人员到用户 / 客户实际工作和生活环境中进行日常体验，以获取用户需求的过程	长、中、短
06		标杆和竞争对手研究	对标杆企业和竞争对手企业进行全方面的调研	中、短
07		用户访谈	对各种类型的用户进行访谈	中、短
08		产品介绍和投标	在产品投标过程中，了解到的竞争对手产品的性能和非性能描述，以合法地拿到竞争对手的标书为第一目的	中、短
09		客户反馈	客户在使用新产品时不断通过各种形式反馈问题和提出建议	中、短
10		现场问题解决	包括定期维护过程中的问题解决和偶然发生的问题现场解决两种形式	短
11		网上设备巡检	在客户不知晓的情况下，企业通过网络大数据将新产品运行的相关数据收集回来并进行分析	长、中、短

续表

12	二手渠道	新闻剪报	派专人对行业、标杆企业、竞争对手企业的各项新闻进行分析以得出需求的方法	中、短
13		统计报告	包括国家级、省部级、行业等的月度、季度、年度统计报告	短
14		订阅的报告和文献	包括专利公开文献、定期刊物、会议刊物等，需要派专人进行定期收集和整理	中、短
15		报告交流	无论在展览会上还是在其他场合，总是存在一些行业精英和专家发布的收费或者免费的报告	长、中、短
16		竞争者信息	竞争者信息的来源可以是共同的供应商、共同的经销商，以及人员招聘等渠道	短
17		第三方数据	包括社会数据和研究机构的数据	短
18		专业调研服务	一些专门的机构负责专门的调研服务，可以花一定的费用去购买	中、短

每个规划项目、立项项目或者产品开发项目，若不细分市场，最多只能一次性选择 5 个需求调研渠道进行需求收集工作，其中包括最多 3 个一手渠道和最多 2 个二手渠道，这样基本就能覆盖所需需求的 96.875%（原因见前文所述的“半衰期”原理）。RMT 项目组制定需求调研方案时，一般都已经对 WHAT 内容进行了研讨，发现有些市场问题和需求子维度需要进一步调研，而那些已经有明确答案的市场问题和需求子维度则不需要再次进行调研了。根据这些未知信息和模棱两可信息的实际情况，我们就可以选择采用哪些需求调研渠道了。

那么，在实际需求渠道的选择中，都要注意哪些方面的问题呢？

1. 调研渠道的选择要基于特定细分市场

新产品所面对的细分市场有时候是单个的，但大部分时候是多个的。每个细分市场特定客户的情况不一定是相同的，所以在不同的细分市场内，可能采用的需求调研渠道会有所不同。经验表明，不同的细分市场对应的需求调研渠道，仍然采用 3+2 的形式，就是最多 3 个一手渠道和最多 2 个二手渠道，各个细分市场所采用的需求调研渠道合计不能超过 8 个，尽量控制在 6 个之内。

2. 在不同的产品战略阶段，所采取的需求收集渠道侧重点不同

企业中不同的产品线 / 产品族所面临的市场情况是不一样的，也就是说这些新产品在市场中的战略位置是不一样的。我们把这种新产品在市场中的战略位置叫作产品战略阶段，一般分为 5 种：模仿创新阶段、创新改进阶段、市场拓展阶段、创新防御阶段、领先创新阶段。

如果产品处于模仿创新阶段，我司的主要任务是模仿标杆企业的产品，以低成本的策略实现市场份额的增长和技术能力的积淀，此时已具备仿制能力；如果产品处于创新改进阶段，我司的主要任务是在原有产品基础上不断地进行质量提升和成本降低，此时已具有初步创新能力；如果产品处于市场拓展阶段，我司的主要任务是利用已成熟产品不断争取新地理市场的突破，此时已具有相当的营销能力；如果产品处于创新防御阶段，我司的主要任务是不断增强技术能力和营销能力，产品在市场上基本处于前列地位，此时已取得技术上和市场上的相对领先地位；如果产品处于领先创新阶段，我司的主要任务是不断开拓新市场和新用户，在市场上做到绝对的技术领先和品牌领先，此时已具有行业“领头羊”的技术和营销能力。

表 3-5　产品战略阶段与需求收集渠道对照表

产品战略阶段	主要需求收集渠道（按重要性排序）	需求类型
模仿创新	标杆研究、展览、产品介绍和投标、新闻剪报、报告交流、竞争者信息	短期需求、紧急需求
创新改进	客户反馈、现场问题解决、展览、专家顾问团、标杆研究、产品介绍和投标	短期需求
市场拓展	用户大会、高层拜访、专家顾问团、展览、统计报告、第三方数据	短期需求、中期需求
创新防御	高层拜访、用户访谈、用户大会、用户探针、专业调研服务、统计报告	中期需求、长期需求
领先创新	用户探针、高层拜访、用户大会、专家顾问团、第三方调研	长期需求、中期需求

大家可以根据新产品所处的战略阶段，如表 3-5 所示，判断采用哪种需求调研渠道更为合适。

3. 处于不同生命周期阶段的产品所采取的需求收集渠道不同

任何一种新产品的一生都符合如图 3-3 所示的产品生命周期规律，都包含着婴儿期、成长期、成熟期、衰退期和退出期 5 个阶段，并在婴儿期和成长期之间存在一个鸿沟（或称裂谷）。每一种产品，其生命周期各阶段所包含的内容、意义和对应的创新方法都是不同的，如表 3-6 所示。在每一种创新类型之下，都会对应不同的需求调研渠道，大家可以在实际需求调研工作中根据情况进行选择。

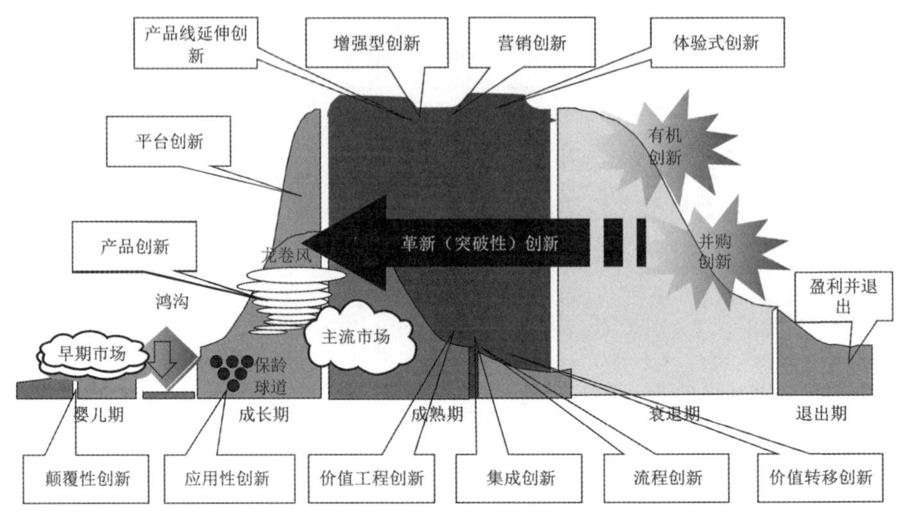

图 3-3　产品生命周期的五个阶段

表 3-6　产品创新类型与需求收集渠道对照表

创新类型	创新定义	主要需求收集渠道
颠覆性创新	基于不连续的颠覆性技术或颠覆性商业模式的创新	用户探针、高层拜访
应用性创新	挖掘已有产品的新用途，通过新颖的方式重新组合成新的解决方案	专家顾问团、用户访谈
产品创新	在当前的市场中继续关注已有的产品，提供当前产品没有的特性、功能以实现差异化	用户访谈、用户大会
平台创新	重置已被接受的产品，使其具备新的功能	用户大会、统计数据
产品线延伸创新	通过改变结构，从原来的产品中创新出若干新的品类，以更有吸引力的产品拓展成熟市场	用户访谈、标杆研究
增强型创新	在已有市场上，通过改变产品某单一维度来改进现有产品，以引起客户的兴趣	标杆研究、展览

续表

营销创新	关注购买过程和品牌影响，形成与竞争对手的差异化，争取销售更多的产品	用户访谈、竞争对手信息
体验式创新	亲近客户、尊重客户的产品与服务的新体验	用户访谈、竞争对手信息
价值工程创新	就是所谓的降成本	专家顾问团、标杆研究
集成创新	将分散的元件集合成为单一的中心化管理系统，减少顾客对操作复杂产品的付出操作和维护成本	专家顾问团、高层拜访
流程创新	在产品的研发、生产、销售等过程中通过流程优化减少浪费	专家顾问团
价值转移创新	商业模式的重新定位，转向更有利润的区域	用户访谈、专家顾问团
有机创新	将内部资源用于销量增长的品类，并将公司重新定义于该品类，重新联系最有价值的客户，为客户解决不断出现的新问题	统计报告、行业数据
并购创新	以合并、并购等外部方法解决产品品类的更新问题	新闻剪报、行业数据
盈利并退出	在还盈利的时候，就应该及早退出该市场	统计数据

4. 根据产品预期表现，采取不一样的需求调研渠道

如图 3-4 所示，类似于 MM 市场与产品规划流程中的 SPAN（Strategy Positioning Analysis，战略定位分析）工具，把新产品在市场中的预期表现根据市场吸引力和竞争地位，分为四个象限。对于那些品类本身市场吸引力强且本企业产品竞争力强的新产品，我们称之为明星产品，这是各个企业对新产品的梦想和期望状态；对于那些品类本身市场吸引力强，但是本企业产品竞争力低的新产品，我们称之为问题产品，需要我司采取相应的管理和技术方法解决面临的实际问题；对于那些品类本身市场吸引力不强，但是本企业产品竞争力高的新产品，我们称之为金牛产品，一般是我司的基础性产品；对于那些品类本身市场吸引力不高，而且本企业产品竞争力也不高的新产品，我们称之为瘦狗产品，我司需要逐渐将其淘汰或者转化。

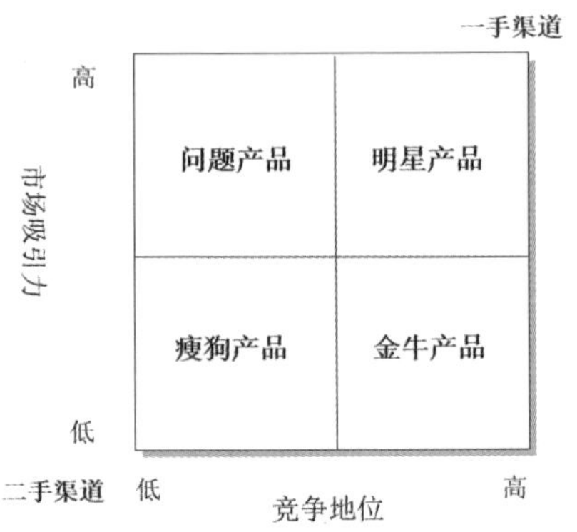

图 3-4　细分市场中的产品地位与需求收集渠道对应关系

对于竞争地位和市场吸引力相对较高的新产品，倾向于采用更为直接但是花费较多的一手渠道；对于竞争地位和市场吸引力相对较低的新产品，倾向于采用虽然间接但是花费较少的二手渠道。

5. B2B 行业和 B2C 行业的需求调研渠道侧重点不一样

所谓的 B2B 行业是指那些生产制造生产资料的行业，满足人们对于高效和高质生产过程的期望；所谓的 B2C 行业是指那些生产制造生活资料的行业，满足人们对于美好生活的向往。

如表 3-7 所示，B2B 行业和 B2C 行业的需求调研渠道的侧重点是不一样的。人们可以根据所在企业的行业特性进行需求调研渠道的选择。

表 3-7 B2B 行业和 B2C 行业的需求调研渠道

行业类型	主要调研渠道	关注点
B2B	高层拜访、行业研究、标杆分析、竞品分析、展览、统计报告、客户访谈等	行业趋势、竞品情况、客户关键干系人情况等
B2C	用户探针、用户访谈、焦点小组、竞品分析、用户大会、专家顾问团、第三方调研等	社会趋势、用户心理、用户行为等

在对上述所有的情况进行分析后，专项性需求调研 RMT 团队就可以选择出最适合的需求调研渠道了。

五、需求调研人员和受访人员（WHO）的选择方法

需求收集工作涉及的人员，包含需求调研人员和需求受访人员两种。需要派出哪些需求调研人员，是由需要访问哪些人员决定的，这就叫作“看人下菜碟”。因此，我们需要先去研究需求受访人员的情况，再来分析需求调研人员的选择方法。

1. 需求受访人员的分类

一般来说，根据需求受访人员的实际情况，把他们分为发起者、使用者、控制者、决策者、批准者、影响者和其他人员等七种角色，其中有些角色在实际购买活动中，可能同时扮演其他角色。

发起者：提出购买产品以满足生产需求或者生活需求的人。

使用者：具体使用产品以满足实际生产工况或者生活场景的人。

控制者：推动和控制新产品购买全过程的人。

决策者：对是否购买产品、购买哪家产品进行最后拍板决策的人。

批准者：具体地执行是否购买产品、购买哪家产品决策过程的人。

影响者：虽然无法决策是否购买产品、购买哪家产品，但是能够对最后决策起到重要影响的人。

对于每次需求访谈活动来说，都应该首先摸清楚客户内部关于上述七种类型人员的具体情况，可以采用的方法包括关键人法、高层指示法、组织结构分析法、初步沟通分析法等。在访谈活动前，需要对上述人员进行详细信息的获取，包括岗位、职责、话语权、年龄、性别、民族、性格、喜好、忌讳等。

2. 需求受访人员的不同性格特征

在上述对需求受访人员的分析中，最重要的是要分析他们的性格特征。关于性格分析研究的文献有很多，笔者先列举最简单实用的一种分类和分析方法——CSMP 方法，如图 3-5 所示，把受访人员分为四种性格：力量型 C、活泼型 S、完美型 M、和平型 P。访谈开始前，最好对关键性受访者进行性格分析。

力量型 C，又称能力型，关键词是外向、指导者、行动者、以事为重心、乐观。他们对一定要达成的目标充满动力和信心，面对困难时勇于攀登高不可攀的顶峰，总是认为人生必须超越自己的极限，否则人生在世就没有什么价值可言。力量型性格的人都是外向的人，他们一般心里会想：如果人们都按照自己的方法去做，一定能够创造这个世界上的伟大奇迹，人生就是为了达成目标和完成任务。力量型性格的人对待合作伙伴、同事、下属、朋友一般都想要有掌控权，在没有掌控权时就会特别不自在。

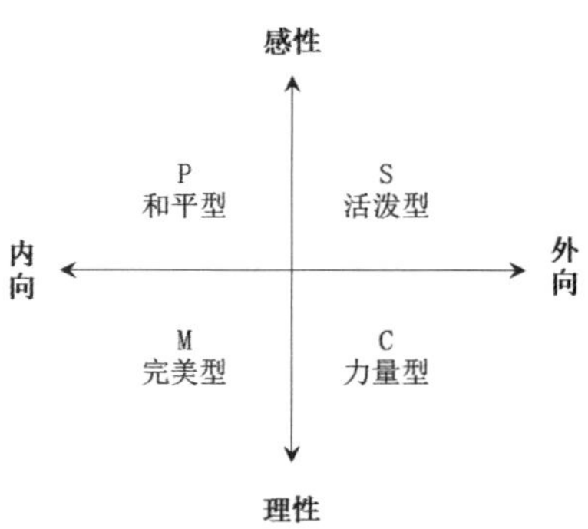

图 3-5　受访人员的四种性格 CSMP

活泼型 S，又称活跃型，关键词是外向、多言、推广者、以事为重心、乐观。他们最容易吸引人注意，热切地表达自己的想法，情感外露，热情奔放，懂得把工作变成乐趣，而且乐于与人交往，是聚会中的灵魂人物，非常幽默，最大的特点是健谈。他们认识一个新朋友非常容易，脑海当中总是充满了新点子，总能把工作中的事情变为乐趣，而且乐于助人。不过，活跃型的人有时宁愿夸夸其谈也不肯安心做事，说起话来声音特别大，且从来不在意别人的感受，即使别人已经不想再听了，他还是会坚持己见。他们有能力把没有发生的事情描述得跟真的发生了一样。

完美型 M，又称完善型，关键词是内向、思考者、分析者、以人为重心、悲观。天生追求完美，长于逻辑、理性、抽象思维，他们非常擅长对文字、数字、字母、公式等抽象事物进行推理分析。他们的思维具有相对的静态连续性，是最好的策划者和分析者；同时，他们的思维非常严谨，对事物要求非常严格。不过，完善型的人天生易于悲观和忧虑，因为他们总是在思考将来要面对的困难和问题。他们最懂得成本预算和量入为出，非常容易和活跃型的人闹情绪。

和平型 P，又称平稳型，关键词是内向、观察者、以人为重心、悲观。他们的天赋为他们造就了良好的人际关系。他们的性格随和、冷静、心态平衡、有耐心、讲究和平、不干预别人、不侵害他人并能保持心情愉快，拒绝过分欣赏能力型性格者的果断决策，对完善型性格者的复杂计划也不过于认真执行。他们是非常胆小而又细心的人，他们在认真工作时一般不爱多讲话，不像活跃型性格的人整天喋喋不休。平稳型性格的人也从不愿意给他人制造麻烦。

人是比较复杂的高级动物，有些人在不同的时间和不同的场合所表现出来的性格特征是有区别的，形成不同性格特征的组合，有时甚至像完全变了一个人。

3. 需求调研人员的匹配方法

各企业需求调研人员数量一般是有限的，且很难找到和所有访谈对象都性格相融的人，所以需要针对每位受访人员的性格特点，尽量安排合适人员前去访谈，并将访谈过程和访谈问题细化，毕竟通常访谈时间有限。

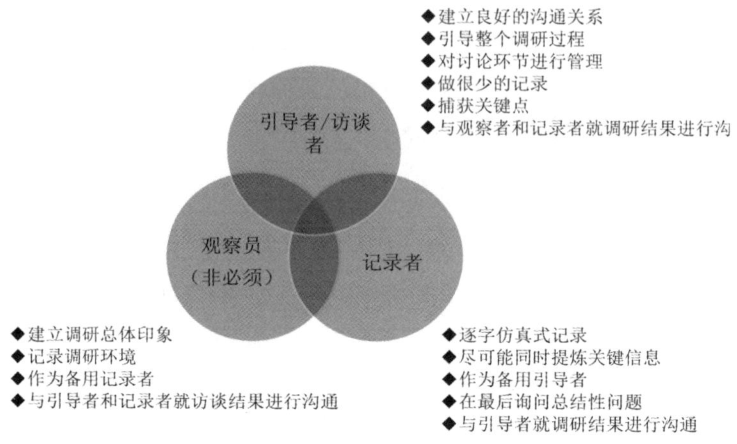

图 3-6　调研访谈三人组

根据关键受访人及其所在组织的实际情况，需要在 RMT 内部成立若干访谈小组，这些访谈小组在必要时，可以邀请非 RMT 成员临时参加和帮忙。如图 3-6 所示，调研访谈三人组一般由访谈者、记录者和观察员组成。访谈者一般由沟通能力较强、情商较高的人员担任，其作用是建立良好的访谈氛围，主要对受访者提出问题，并与受访者主动交流，捕捉关键点等，一般市场营销人员比较适合该角色。记录者一般由逻辑能力较强、技术功底深厚的人员担任，其作用是充分理解受访者的核心诉求，对整个交流过程进行保真式记录，补充一些访谈问题等，一般研发技术人员比较适合该角色。观察员一般是宏观观察能力比较强的人员，需要跳出调研访谈工作来看待整个项目需求，实际是三人小组里面调研水平最高的人。

六、需求调研时间计划（WHEN）的选择和控制

需求调研的时间是需求收集工作的七大要素（5W2H）之一，它包含两

个方面的内容，一是不同类型项目的需求调研，大致在什么时间开展；二是具体的需求调研时间计划制订过程中应该注意的内容。

1. 不同类型项目开展需求调研的时间安排

表 3-8 调研项目与开展时间对应表

<table>
<tr><th>需求调研项目类型</th><th>日常性调研开展时间</th><th>专项性调研开展时间</th></tr>
<tr><td>为了技术 / 产品规划的调研</td><td>每季度开展一次（辅助形式）</td><td>每年 8—10 月份开展（主要形式）</td></tr>
<tr><td>为了技术 / 产品立项的调研</td><td rowspan="3">随机开展
每月或者每两个月总结一次
（辅助形式）</td><td>按项目计划开展
不超过两个月周期
（主要形式）</td></tr>
<tr><td>为了技术 / 产品开发的调研</td><td>按项目计划开展
PDCP 之前结束并基线化
（主要形式）</td></tr>
<tr><td>无固定目的的调研</td><td>——</td></tr>
</table>

对于技术 / 产品规划项目来说，大部分公司都是每年 8—9 月份开展大规模专项性调研，10—11 月份制定未来 3 到 5 年的规划（期间有可能进行一小部分补充调研），12 月份更加详细地制订明年的计划。

对于技术 / 产品立项项目来说，一般都是根据技术 / 产品规划规定的时间路标来执行的，为了保证立项项目的顺利开展，整个调研过程不能超过两个月，要保证至少调研到整个技术 / 产品开发项目所需需求数量的至少 60%，并且一定要囊括所有的 A 类核心需求。本条原则不适合于技术 / 产品预研项目。

对于技术 / 产品开发项目来说，一般根据技术 / 产品规划和立项规定的时间路标来执行，在 PDCP 之前要对立项项目的需求信息进行细化和补充调研，调研到整个技术 / 产品开发项目所需需求数量的 90%；在 PDCP 计划阶段决策评审之前要完成所有需求调研工作，并将调研到的需求进行基线化处理，后续如需变更需求，则需要走严格的需求变更流程。本条原则不适

合于技术 / 产品预研项目。

2. 产品开发项目需求调研时间计划安排的注意事项

对于具体特定的产品开发项目需求调研时间计划安排来说，一般谨记如下几条，基本就能解决遇到的大部分计划排布问题。

（1）需求调研计划一定要由 RMT 团队集体共创式讨论后得出，达成一致意见的计划才可能顺利实施。

（2）需求调研计划对客户 / 用户的时间是有依赖性的，但是这种依赖性不是绝对的。整个需求调研计划还是以我方为主，给客户 2 ～ 3 个选择的时间，并提前 1 ～ 2 周打好招呼。对需求调研客户的约访很依赖平常与客户的亲近度。

（3）外出进行需求调研时，不要耽误大家的餐饮时间、午休时间。对非研发同事要有感激之情。

（4）外出路程安排应注意天气情况，以节省时间和节省费用为原则安排整个行程，注意安全，并多利用路途时间开展相关准备工作。

（5）外出调研时间较长或者跨越南北地域时，要注意准备足够的衣服和鞋。根据调研要求，工作服和非工作服要搭配携带。

（6）尽量做到一次外出调研就完成项目需求调研工作，不要来回跑或者跑冤枉路。

（7）要注意餐饮卫生，防止人员因为食物中毒而耽误需求调研工作，餐饮应尽量可口并具有地方特色，以提升调研小组人员的工作热情，但是不要重油、辛辣，以防止人员在路途上生病。如果要吃海鲜，请携带一定数量的胃肠药物。

（8）住宿应尽量保证环境安静、舒适且性价比高，最好有早餐。

七、需求调研51种方法（HOW）的选择过程

需求调研的方案和方法的七大元素（5W2H）是同步制定的，没有先后顺序。一般在进行需求渠道的选择和调研人员选择的过程中，就会同步制定具体的需求调研方法。这些需求调研方法一般包括51种，如表3-9所示，大家可以在需求调研时针对每个已选择渠道进行方法选择。这些需求调研的方法分为分析、观察、询问、尝试四个群组，由美国IDEO公司最早进行总结和归纳，各个企业在进行需求调研时，可选择其中合适的方法，并根据行业特点和自身特点，将其优化和细化，变成具体的需求调研方案。

表3-9 需求调研的51种方法（来自美国IDEO公司51张卡片）

序号	分组	具体卡片明细
1	分析	人体测量分析、故障分析、典型用户、流程分析、认知任务分析、二手资料分析、前景预测、竞品研究、相似性图表/亲和图、历史研究、活动研究/行为分析、跨文化比较研究
2	观察	个人物品清单、快速民族志研究、典型的一天、行为地图、行为考古、时间轴录像、非参与式观察、向导式游览、如影随形/陪伴/跟随、定格照片研究、社交网络图
3	询问	文化探寻、极端用户访谈、画出体验过程、非焦点小组、五个“为什么”、问卷调查、叙述/出声思维、词汇联想、影相日记、拼图游戏、卡片归类、概念景观、驻外人员/地域专家、认知地图
4	尝试	场景测试、角色扮演、体验草模、快速随意的原型、移情工具、等比模型、情景故事、未来商业重心预测、身体风暴、非正式表演、行为取样、亲自试用、纸模、成为你的顾客

在上述51种需求调研方法中，每个已选择的需求渠道可以选择一种方法，也可以选择两种或三种方法，但是一般不能选择超过三种方法。下面就叙述一下51种需求调研方法（其中很多调研方法与分析方法是合二为一的）的具体内容和使用场景，供各位读者在实际调研工作中进行选择。这51种方法排列的顺序为实践过程中各种方法应用频率的大小（由大到小）。

1. 场景测试

给予新产品工作和生活的若干场景，请大家分享“看到了什么”“听到了什么”和“感受到什么”。这是一个最常用的需求调研方法，其本质就是将客户/用户置于一个场景中，以便他们更好地反映自身的需要和要求。这个场景的产生需要一个前提条件，就是要有一个已经初步产生的产品概念，甚至原型机/原型样品（仅对预研项目），去激发客户/用户对于这个早期产品概念的反应和反馈。此种方法相对适合的新产品开发类型包括B2B公司和B2C公司的新基础产品、新解决方案产品、新行业/产业产品。

2. 人体测量分析

基于人机工程学原理，检查预想产品方案对于人体各部分的适应性和有效性，可以拓展成特定人群的测量分析。这是一个考察新产品用户体验性的需求调研方法，以我司人员为主对新产品是否符合人机工程学原理进行测试，如在鼠标设计过程中，测量不同特点人群的手掌形状，以使用户获得最良好的鼠标握持感。此种方法相对适合的新产品开发类型包括B2C公司的新改进产品、新衍生产品和新基础产品。

3. 个人物品清单，也叫私囊

它可以理解为个人可以携带的物品清单。此种需求调研方法的目的是了解用户的行为、价值观和认知，使得所设计的新产品更符合用户对携带装具的潜在需求（隐性需求），如女士逛街时的背包、售后服务人员的背包等。此种方法相对适合的新产品开发类型包括B2B公司和B2C公司的新改进产品、新衍生产品和新基础产品。

4. 文化探寻

在不同文化背景或者细分市场的人群和用户中，进行观点和行为举止的收集。这是一种为了更好地贴近客户/用户需求而产生的调研方法，其本质就是研究不同细分市场中、不同文化背景中的用户有哪些相同点和不同点，以便研发出基于平台的差异化产品，更好地满足客户需求。此种方法相对适合的新产品开发类型包括B2B公司和B2C公司的新改进产品、新衍生产品。

5. 角色扮演

让产品开发团队的人员扮演用户/客户实体单位中的不同干系人，实际就是由我司人员在一个真实或者模拟的场景中，以同理心去体会客户/用户干系人的产品使用感受，比如一家医疗器械公司成员扮演医生、麻醉师、护士等角色，去发现手术室中部分新需求。此种方法相对适合的新产品开发类型包括 B2B 公司的新改进产品、新衍生产品、新基础产品和新解决方案产品。

6. 快速民族志研究

快速与客户干系人群体建立相互信任关系，使得双方对于市场和需求的理解达成一致。很多时候 B2B 企业是难以调研到最终客户/用户的需求的，这个时候的最低要求就是我司要和直接客户在市场需求的理解上保持一致，了解直接客户所知道的市场信息和需求信息，这需要双方高层团队的相互信任。对于 B2C 行业产品，需要我司与不同种族、经济水平、教育背景的用户家庭相处，去了解他们的日常生活状态。此种方法相对适合的新产品开发类型包括 B2B 公司和 B2C 公司的新基础产品、新解决方案产品、新行业/产业产品。

7. 极端用户访谈

从购买意愿性上划分，有下列两种极端用户是需要访谈的，一种是一定会购买我司产品的用户，他们愿意将所知所想告诉我们；另一种是一定不会购买我司产品的用户，他们对我司产品的某项功能或者体验深恶痛绝。从产品使用熟悉程度上划分也有两种极端用户是需要访谈的，一种是非常熟悉本产品的用户；另一种是非常不熟悉本产品的用户。普通的用户访谈实际是极端用户访谈的一种特殊形式。此种方法相对适合的新产品开发类型包括 B2B 公司和 B2C 公司的新改进产品、新衍生产品、新基础产品、新解决方案产品、新行业 / 产业产品。

8. 典型的一天，也叫用户的一天

就是全程记录客户 / 用户一天内对产品的使用、维护、丢弃等场景实况，可拓展到客户 / 用户实际一天的各项生活与工作的内容。笔者曾经作为一位德国公司工程师的调研对象，与这位德国工程师共同生活和工作了三天，调研效果非常好。此种方法相对适合的新产品开发类型包括 B2B 公司和 B2C 公司的新改进产品、新衍生产品、新基础产品、新解决方案产品、新行业 / 产业产品。

9. 行为地图

特定用户在一定时期内，在不同空间内，对本产品的态度和行为。用户在产品生命周期内的活动分析就属于这种行为地图。此种方法相对适合的新产品开发类型包括 B2B 公司和 B2C 公司的新改进产品、新衍生产品、新基础产品。

10. 体验草模

用能获得的材料快速做一个表达概念的草模（如 3D 打印一个草模）并使用它，以便洞察用户真实使用产品时的体验，促进对最终市场信息和需求信息的理解，新时期出现的众筹也是一种“体验草模”。此种方法相对适合的新产品开发类型包括 B2B 公司和 B2C 公司的新基础产品、新解决方案产品、新行业 / 产业产品。

11. 快速随意的原型

用手边任何素材和材料快速表达出概念，以方便交流和评估。这是团队间交流设计概念的好方法，同时也便于评估如何进一步完善概念。此种方法相对适合的新产品开发类型包括 B2B 公司和 B2C 公司的新衍生产品、新基础产品。

12 移情工具

让工程师能够认识到特殊用户的需求，如男设计师扮演一个孕妇去体验孕妇使用产品的不便之处。此种方法相对适合的新产品开发类型包括 B2B 公司和 B2C 公司的新衍生产品、新基础产品。

13. 等比模型

使用等比缩小的模型去研究新产品的需求和解决方案，如做飞机设计时，会提前做一个等比例模型在风洞中进行试验。此种方法相对适合的新产品开发类型包括 B2B 公司和 B2C 公司的新基础产品、新行业 / 产业产品。

14. 画出体验过程

将客户 / 用户的感受和体验通过图表和图片进行视觉化展现，揭示假设可否成立，发掘用户如何感知以达成他们目标的活动过程，找出客户 / 用户在购买和使用体验上的痛点。此种方法相对适合的新产品开发类型包括 B2B 公司和 B2C 公司的新改进产品、新衍生产品、新基础产品。

15. 非焦点小组，还有一种叫焦点小组

非焦点小组就是不同背景 / 来源的组员进行头脑风暴或发挥创意，焦点小组就是同一背景 / 来源的组员进行头脑风暴或发挥创意。此种调研方法需要对整个共创过程进行科学的设计。此种方法相对适合的新产品开发类型包括 B2B 公司和 B2C 公司的新改进产品、新衍生产品、新基础产品。

16. 行为考古

从用户的表象中寻找用户购买和使用等行为的证据，如工作环境、着装风格、家居环境布置、物品摆设、人际关系等。此种方法相对适合的新产品开发类型包括 B2C 公司的新衍生产品、新基础产品。

17. 时间轴录像

设置一个有时间记录功能的摄像设备去记录被观察者在特定空间内的行为动作。笔者曾经和广东某企业员工一起在福建厦门某商场用此方法观察了三天，得出了比较可靠的用户画像。此种方法相对适合的新产品开发类型包括 B2C 公司的新衍生产品、新基础产品、新行业 / 产业产品。

18. 五个“为什么”

连续问用户五个“为什么”（最多可以问到七个“为什么”），以获得深度递进的答案。这是一种比较传统的需求调研方法，主要在于调研团队内部的不断反问和思考。此种方法相对适合的新产品开发类型包括 B2B 公司和 B2C 公司的新改进产品、新衍生产品、新基础产品、新解决方案产品、新行业 / 产业产品。

19. 情景故事

通过一个角色丰富而情节完整的故事，描绘用户使用产品或者接受服务的场景。此种方法有利于交流、测评基于特定使用场景的产品或服务的概念，尤其对评估服务概念非常有效。此种方法相对适合的新产品开发类型包括 B2C 公司的新改进产品、新衍生产品、新基础产品、新解决方案产品。

20. 非参与式观察

在真实环境下，观察并记录用户的行为和情境，但不要对他们的活动产生干扰。这个方法与“用户的一天”不同，后者是需要调研人员深度参与的。此种方法相对适合的新产品开发类型包括 B2B 公司和 B2C 公司的新改进产品、新衍生产品、新基础产品、新解决方案产品、新行业 / 产业产品。

21. 故障分析

项目组集体共创，绘制故障树，找出故障发生的原因，但不要理会超系统中的故障原因。此种方法相对适合的新产品开发类型包括 B2B 公司和

B2C 公司的新改进产品、新衍生产品。

22. 未来商业重心预测

请受访谈者给出行业或者单个企业的未来商业规划，以便研究未来应如何发展和维持客户关系。不过这种调研方法很有误导性，很多人都愿意选择这种方法，但是很容易忽略基本的需求信息，看待问题不客观，好高骛远。此种方法应用得好的前提是我司高层团队的“空杯的心态”。此种方法相对适合的新产品开发类型包括 B2B 公司和 B2C 公司的新解决方案产品、新行业 / 产业产品。

23. 典型用户

对细分市场内的典型用户进行用户画像的绘制，通过交流和研讨，找出特定人群的需求痛点。此种方法相对适合的新产品开发类型包括 B2B 公司和 B2C 公司的新基础产品、新解决方案产品。

24. 流程分析

用信息流或者工作流的方式，表现一个系统中所有流程的步骤和环节，通过假设后再验证，理解流程运作的痛点，这是工业工程学科的传统做法。此种方法相对适合的新产品开发类型包括 B2B 公司和 B2C 公司的新衍生产品、新基础产品、新解决方案产品。

25. 认知任务分析

了解客户 / 用户的感知层面、注意力层面和信息层面的需求，找到客户使用产品过程中的瓶颈和关注点，其核心还是在于对信息的观察。此种方法相对适合的新产品开发类型包括 B2B 公司和 B2C 公司的新基础产品、新解决方案产品、新行业 / 产业产品。

26. 身体风暴

通过设置情境和扮演角色，从物理层面寻找客户在产品使用过程中的直观反应，尤其是应激反应。此种方法是从用户的身体情况入手进行需求的采集和分析，与角色扮演不同的是，身体风暴更多用于 B2C 行业，而角色扮演更多用于 B2B 行业。此种方法相对适合的新产品开发类型包括 B2C 公司的新衍生产品、新基础产品、新解决方案产品、新行业 / 产业产品。

27. 向导式游览

陪伴用户游览与项目相关的特定空间，分享他们的活动体验，如构建试验局后，与客户共创需求的活动就属于这种需求调研方法。此种方法相对适合的新产品开发类型包括 B2B 公司的新基础产品、新解决方案产品、新行业 / 产业产品。

28. 二手资料分析

从报纸、杂志、论文、专利及其他合适的资料中，获取有根据的或者有价值的需求信息。此种方法相对适合的新产品开发类型包括 B2B 公司和 B2C 公司的新改进产品、新衍生产品、新基础产品、新解决方案产品、新行业 / 产业产品。

29. 前景预测

对宏观环境发展趋势、市场发展趋势、技术发展趋势进行头脑风暴，了解故事背后的故事。此种方法相对适合的新产品开发类型包括 B2B 公司和 B2C 公司的新解决方案产品、新行业 / 产业产品。

30. 非正式表演

通过“非正式表演”的形式进行角色扮演，将在研究中的洞察、见解及用户行为展示出来，和角色扮演的区别在于非正式表演主要用于集体行为，而角色扮演主要用于个人行为。此种方法相对适合的新产品开发类型包括 B2B 公司的新改进产品、新衍生产品、新基础产品、新解决方案产品。

31. 行为取样

对产品使用的环境、工况、位置、场所等进行需求分析。这种方式对于发现产品和服务是如何以意想不到的方式完全融入人们日常生活的，是非常有用的。此种方法相对适合的新产品开发类型包括 B2C 公司的新改进产品、新衍生产品、新基础产品、新解决方案产品。

32. 问卷调查

这是一种获得大样本市场调查数据的快捷方式，但是对于具体需求的调研具有局限性。此种方法相对适合的新产品开发类型包括 B2C 公司的新改进产品、新衍生产品、新基础产品、新解决方案产品、新行业 / 产业产品。

33. 如影随形 / 陪伴 / 跟随

跟随研究对象，观察及理解他们的日常生活、互动规律、所处环境，这需要与客户打成一片。此种方法相对适合的新产品开发类型包括 B2B 公司和 B2C 公司的新改进产品、新衍生产品、新基础产品、新解决方案产品。

34. 竞品研究

收集、比较、评估竞争对手的产品，包括外观、设计、工艺、品牌等各个产品包环节。此种方法相对适合的新产品开发类型包括 B2B 公司和 B2C 公司的新改进产品、新衍生产品。

35. 亲自试用

设计者使用自己设计的产品原型或者样机（最好设计者自己参与制造过程）。此种方法相对适合的新产品开发类型包括 B2B 公司和 B2C 公司的新衍生产品、新基础产品、新解决方案产品。

36. 叙述 / 出声思维

让第三方人员完成一项特殊任务，或者让他们模拟完成某项流程，然后让第三方人员大声说出在这个过程中他们的所思——不需要过多思考下的第一反应。此种方法相对适合的新产品开发类型包括 B2B 公司和 B2C 公司的新改进产品、新衍生产品、新基础产品、新解决方案产品。

37. 词汇联想

让用户对于各种设计概念和设计元素进行词汇联想，以便了解他们对于概念的感知和态度，特别适用于对新产品卖点的讨论。在此种调研方法的运用中，鼓励大家给新产品起个“绰号”，实践表明，有绰号的新产品销售情况一般都非常好。此种方法相对适合的新产品开发类型包括 B2B 公司和 B2C 公司的新改进产品、新衍生产品、新基础产品。

38. 纸模

通过对草图、设计原型、数学模型等的研讨，分析用户 / 客户需求。此种方法相对适合的新产品开发类型包括 B2B 公司的新改进产品、新衍生产品、新基础产品。

39. 定格照片研究

客户 / 用户进行现场照片记录或者录像记录，回来后（不要在现场）对记录进行头脑风暴。项目组可以运用这种可视证据去展示人们在使用特定产品时或在特定情景下的行为模式、感知情况等，同时激发设计灵感，对于外观要求比较高的新产品有较大的适用性。此种方法相对适合的新产品开发类型包括 B2B 公司和 B2C 公司的新基础产品。

40. 影相日记

让潜在使用者通过笔纸、相机、手机等记录下他们对产品的印象，这是生活资料产品革命性创新的好方法。此种方法需要调研人员融入潜在使用者的生活和工作，注意不是正式使用者。此种方法相对适合的新产品开发类型包括 B2B 公司和 B2C 公司的新基础产品、新解决方案产品、新行业 / 产业产品。

41. 拼图游戏

让参与者从我司提供的一堆图片中选择若干张，完成一幅拼图或者一张照片，并解释拼图或者照片的意义，以及他们的选择动机。此种方法有助于挖掘客户/用户的潜在需求。此种方法相对适合的新产品开发类型包括B2B公司和B2C公司的新行业/产业产品。

42. 相似性图表/亲和图

识别各种问题间的联系，发现新的创新机会，可以用脑图来进行分析。此种方法相对适合的新产品开发类型包括B2B公司和B2C公司的新基础产品、新解决方案产品、新行业/产业产品。

43. 卡片归类

将写有客户需求特征的大量卡片进行分类，反映客户需求的优先级，这对人机交互界面的设计非常有帮助。此种方法相对适合的新产品开发类型包括B2B公司和B2C公司的新基础产品。

44. 历史研究

对历史上存在的问题反馈进行分析研究，同时推测未来的产品和用户的行为模式。此种方法相对适合的新产品开发类型包括B2B公司和B2C公司的新改进产品、新衍生产品。

45. 概念景观

通过素描、草图、地图等形式，理解客户/用户的心智模式。此种方法相对适合的新产品开发类型包括B2C公司的新基础产品、新解决方案产品、新行业/产业产品。

46. 活动研究/行为分析

详细地列举和描绘客户/用户在某个流程中所有的任务、行动、对象、执行者及彼此间的输入关系和输出关系，发现一些未预期的需求和期望。

此种方法相对适合的新产品开发类型包括 B2B 公司和 B2C 公司的新改进产品、新衍生产品、新基础产品、新解决方案产品。

47. 驻外人员

从驻外人员处了解客户 / 用户的文化特征、生活和工作习惯、产品好恶和忌讳。驻外人员贡献自己的生活影像资料和所见所闻，以此解释产品在不同文化背景及场景下如何被使用。此种方法相对适合的新产品开发类型包括 B2B 公司和 B2C 公司的新改进产品、新衍生产品、新基础产品。

48. 认知地图

让客户 / 用户画出他们的认知内容，从中找出他们工作和生活的需求盲点。此种方法相对适合的新产品开发类型包括 B2C 公司的新改进产品、新衍生产品、新基础产品、新解决方案产品。

49. 社交网络图

将客户 / 用户的社会关系画成图，找到产品口碑传播的路线，这对于新产品销售渠道设计非常有利。此种方法相对适合的新产品开发类型包括 B2B 公司和 B2C 公司的新解决方案产品、新行业 / 产业产品。

50. 成为你的顾客

在难以了解用户需求的时候，想尽一切方法了解客户（客户是对我公司产品付费的人，用户是我公司产品的直接使用者）的需求，体验他们的真实经历。此种调研方法甚至鼓励我司人员自己购买我司的产品。此种方法相对适合的新产品开发类型包括 B2C 公司的新改进产品、新衍生产品、新基础产品。

51. 跨文化比较研究

通过个人的描述、叙述或者公开发行的报道、纪实文学、故事去揭示不同国家、不同民族或者不同文化群体之间的行为差异。此种方法相对适合合的新产品开发类型包括 B2B 公司和 B2C 公司的新基础产品、新解决方案产品、新行业/产业产品。

以上这些需求调研方法，只有在跨部门团队充分协作的情况下，才能发挥出巨大的力量，让调研工作更高效、更快乐。如果仅仅只有研发部门或者其他单个职能部门来设计和执行上述调研方法，不仅效果不好，而且会给调研人员带来沉重的负担，甚至会引起他们对 IPD 研发管理体系的反感和厌恶。

需求调研方法变化多端，笔者在此鼓励读者朋友打破禁锢、开拓创新、不断发展。“树是死的，人是活的”，也请大家不要受本文的限制，更加自由地发挥。

八、需求调研的费用预算（HOW MUCH）

需求调研是需要一定费用的，费用不足，会对调研工作产生比较大的限制；花费过多，会导致新产品实际纯利润的不足。因此，大家需要对每个需求调研项目进行认真的费用预算，相关的“二八”原则如下。

（1）根据企业产品战略关于项目重要性的规定，对于重点产品开发项目尽量安排一手调研渠道，对于非重点产品开发项目尽量安排二手调研渠道，其中的重点项目大约占企业产品开发项目总数的 20%，以控制企业总体需求调研经费的水平。

（2）对于整个企业来说，一手调研渠道的建设费用与二手调研渠道的建设费用之比应控制在 4 ∶ 1 左右。

（3）对于整个企业来说，专项性需求调研项目的整体费用与日常性需求调研项目的整体费用之比应控制在 4 ∶ 1 左右。

九、需求调研的捷径是“先内后外”

对于需求调研工作的总体布局来说，实际有两种策略：一种是“广撒网”，另一种是“重点捕鱼”，这个内容在本书前面的章节已经叙述过了。广撒网式的需求调研效果一定是最好的，但是“广撒网”所需要的人力资源和费用都是相对较多的，大部分中小企业承担不起。为了尽量保证需求调研的质量，也为了尽量控制需求调研的费用，广大中小企业可以采取“先内后外”的方法，就是外部需求的调研从内部开始，先对外部需求在企业内部进行评估，找出那些需要进一步外出调研的事项，再外出进行需求调研。

在企业内部提前进行的外部需求调研，可以包含以下内容（不分先后顺序）：

（1）用户反馈和投诉总结。

（2）产品/服务的工程或技术法规/规范。

（3）市场研究报告。

（4）历史用户调研报告。

（5）历史用户肖像报告。

（6）竞争对手评估报告。

（7）公开出版物。

（8）标杆研究报告。

（9）公司政策文件。

（10）供应商调研报告。

（11）改善提案/合理化建议。

（12）下游用户相关报告。

（13）内部出版物。

十、每次需求调研工作都是一个项目

每次专项性需求调研工作都可以视作一个临时性的项目，LRMT 需求管理团队经理（项目经理）可以用研发项目管理的通用做法进行需求调研项目的管理。就像每个研发项目都有一个技术方案一样，需求调研项目也应该有一个实施方案。江苏苏州某企业的一个新产品开发项目需求调研就有 1 份总体调研方案和 22 份分项的需求调研方案。

实践表明，只有下大气力做好需求调研方案，需求调研工作才会顺利和高效。这份需求调研方案除了包括本章所述的内容外，还包括需求调研记录表格和需求调研工具。下面就是某企业的一份需求调研方案交付件模板。

某公司市场需求调研方案模板

（1）调研目的

阐明本次调研在公司战略上的重要性，调研针对的大致细分市场 / 典型客户，并叙述属于证真式调研还是证伪式调研，服务于哪个项目的哪一种研发流程（预研、立项、开发、变形、配置等）。

（2）调研的渠道选择

A 内部调研的渠道和方法

阐明在公司内部如何调研市场和需求信息，如何整理现有信息珍珠，如何把这些珍珠串起来（开会、线上征集、线下征集）。

B 外部调研的渠道

根据本次调研特点，从 18 种调研渠道里面选取 3 ～ 5 种外部调研渠道。

C 外部调研的方法

针对每个选定的渠道，从 51 张卡片中选取若干种调研方法。

阐明各种调研方法如何设置、如何使用、如何准备物资和工具。

（3）调研对象及其问题清单

A 调研对象 A:

调研对象的姓名、岗位、特点；

针对调研对象的调研问题清单：从 PESTEL、3C、5-POWER、$APPEALS 等维度展开调研问题，要有针对性，不要泛泛而谈。

B 调研对象 B:

C 调研对象 C:

（4）调研计划

注明调研行程和住宿信息；

注明调研议程和人员；

注明调研所用的车辆和检测仪器；

注明内部总结会议时间。

（5）调研所需记录表格

（略）

（6）调研过程费用

（略）

上面所述的需求调研方案包含了需求调研项目的启动、计划工作，对于需求调研项目的执行、监控和收尾工作。读者朋友可以根据项目管理的方法自行研究，本书不再叙述这方面内容。产品研发和需求调研工作是比较枯燥的，只有经过艰苦卓绝的努力，才能赢得最后的胜利。

关于具体的需求调研过程，如约访、访谈中、访谈后的技巧，会在第十四章专门讲解。

CHAPTER 4

第四章

日常性需求调研的操作方法

上一章对专项性需求调研的操作方法进行了详细的叙述，本章则要对日常性需求调研的方法进行讨论。无论是专项性需求管理还是日常性需求管理，它们的流程在表面上看起来是差不多的，但是实际的操作方法和注意事项却有很大差别，很多企业把二者混为一谈，这是不正确的，当然把它们完全割裂开也是不对的。

在本章中，笔者将重点叙述日常性需求调研工作中，侧重那些与专项性需求调研不一样的地方，并以一些实际案例说明日常性需求调研的管理特点究竟如何，这些内容仍然以“5W2H”的七维度框架来进行叙述。

一、每年都应该明确日常性需求调研的方向和意义（WHY）

对于日常性需求调研来说，它所针对的需求信息是分散产生的，其中包含着大量的无用信息和误导性信息，而有用的信息的比例相对于专项性需求调研来说偏少一些。为了消除这些无用信息和误导性信息的干扰，保证日常性需求调研的质量和效率，应该在每一年都明确日常性需求调研的方向和意义。

1. 每年都需要对企业的使命、愿景、价值观、战略目标进行审视

企业的一切工作都是来自其使命、愿景、价值观的，一家企业即使没有把这些内容清晰地写在墙上，实际它也是具有这些核心战略思想的。每一年度的需求调研工作实际都是企业战略和文化内核的实际运用，一定要重新审视它们在新年度的重大意义，再对照企业制定的年度战略目标，才能明确新一年度企业需求调研的重点方向。

2. 明确企业年度重点立项和开发项目

日常性需求调研切忌员工各行其是，否则容易走向两个极端：一个极端是所调研到的需求颗粒度太小，对企业实际用处不大；另一个极端是所调研到的需求颗粒度太大，企业需要整体伤筋动骨才能承接下来，给企业经营带来不确定性和伤害。解决上述问题的方法就是在审视使命、愿景、价值观后，企业要明确年度的重点立项和开发项目，不要让大家在日常性需求调研过程中跑偏。

3. 明确企业年度重点预研探索项目

除了那些明确项目内容、方向的产品开发项目、技术开发项目需要进行日常性需求调研外，还需要对企业年度技术预研项目（或方向）、产品预研项目（或方向）进行日常性需求调研。这些项目和方向的大致情况，要让合适的人知晓，以便他们在日常工作中做好需求调研工作。对有保密

要求的事项的日常性需求调研人员的范围需要有所限制。

4. 明确年度需求调研渠道建设重点

对于 18 个需求调研渠道来说，它们是不可能在一年内都建成的，也不可能建成以后就可以一直不优化，而是在每一年都要进行重点调研渠道的优化甚至重建，这就是需求调研渠道的“重耕”。每年年初，公司都要明确当年的需求调研渠道建设重点，让员工清楚在哪里能够调研到日常性需求。

5. 明确年度不涉及的需求调研内容

每年年初，公司一定要明确哪些需求调研内容是不需要在当年调研和考虑的，防止员工调研过程跑偏。

6. 明确年度需求调研过程中的操作推荐和禁忌内容

每年年初，公司一定要明确在调研过程中有哪些新的调研方法可以给大家推荐，并对大家在调研过程中不应有的语言、动作、行为进行明确，比如在什么时候向客户赠送何种纪念品，在什么情况下不得与客户 / 用户单独相处，在展会现场禁止穿工作服，在高铁上严禁交谈调研工作相关内容等。

7. 明确年度需求调研的激励措施

每年年初，公司一定要明确当年的需求调研激励措施，包括评比目的、评比周期、评比规则、激励手段等，让员工在日常工作中能更积极主动地收集需求信息。一般来说，每年的需求激励措施都是有不同点的，各个企业不要每年的激励措施都一样，要与当年的需求调研重点相匹配。

上述这些内容，公司的需求管理部门不但要以文件形式下发通知，而且要召开专门的年度需求调研启动会。

二、需求调研内容与工作内容的有效结合（WHAT）

对于具体的每个需求调研自然人来说，如果他的需求调研任务与本身的职能工作是不相符的，那么他是很难收集到足够的日常性需求信息的。因此，一定要在需求调研任务下发时，注意调研工作与调研人员本职工作的有效结合。

1. 做好年度需求调研方法和技巧的培训

世界是不断变化的，新鲜的事物是不断涌现的，AI 技术、远程自动控制技术等层出不穷，需求调研方法和工具也要不断革新，因此在每年年初，需求管理部门都要做好对员工的调研方法和技巧培训，让大家跟上时代发展的步伐。

2. 调研任务分发到职能部门

日常性需求收集工作的一大忌讳就是让大家自行收集，需求管理部门只承担汇总的工作，这就是俗称的需求“放养”。企业中任何的管理和业务工作都需要科学设计过程和严格管控过程，放弃对日常性需求收集过程的管控，收集来的日常性需求信息大概率质量堪忧。

解决上述问题的方法就是把需求调研的任务在每个一级部门、二级部门中按照大家的岗位职责和能力进行分发，让每位需求收集人员都清楚地知道自己为什么要进行日常性需求收集（WHY）、都需要收集哪些方面的需求（WHAT）、在什么时候收集需求（WHEN）、通过哪些渠道收集需求（WHERE）、与谁合作收集需求和将需求传递给谁（WHO）、有哪些需求收集的方法可以采用（HOW）、收集需求过程中的费用应该怎样规划（HOW MUCH）。每一位需求调研人员都要明确自己的年度日常性需求调研方案和计划，该计划的制订采用上下结合的方式。

3. 不定时调研日常性需求内容

日常性需求调研是全公司各个相关部门所有员工的事情。大家在调研到需求以后，需要自己先核实一遍，保证需求的初步准确性，然后填写如表 4-1 所示的单项需求采集卡，提交后道工序处理者进行处理。这个需求采集卡是不定时提交的，但是要求后道工序处理者要根据相关规定，在规定时间内及时分析处理。

表 4-1　某企业单项需求信息采集分析卡（案例）

<table>
<tr><td>需求编号：</td><td>需求类型：（在进行评审时填写）
（功能 / 情感）——$ A1 P1 P2 E A2 L S</td></tr>
<tr><td colspan="2">需求来源：
需求提供者信息：姓名　年龄　学历　岗位 / 职位
需求提供者干系人地位：发起者、控制者、影响者、使用者、决策者、批准者、其他</td></tr>
<tr><td colspan="2">需求提供者背景：</td></tr>
<tr><td colspan="2">需求存在的场景或者工况：</td></tr>
<tr><td colspan="2">原始需求描述：（不加修饰的）</td></tr>
<tr><td colspan="2">需求特性描述：（以数据为基础进行描述，以形象描述为辅）</td></tr>
<tr><td colspan="2">竞争对手需求处理方案：（技术、非技术）</td></tr>
<tr><td>需求等级：（A/B/C）</td><td>需求分析者：</td></tr>
<tr><td>处理方式：（采纳 / 不采纳 / 重新调研）</td><td>需求审批人：</td></tr>
</table>

4. 调研内容定期汇总和发布

一般来说，每个月或者每两个月需求管理部门都要将收集到的需求信息进行粗滤后，汇总成需求月报或者需求双月报，提供给高层领导和相关部门主管领导，作为后续新产品研发和改进的基础材料。

某企业需求月报的目录（案例）

1. 本月主要工作
2. 上月遗留问题的处理
3. 本月需求收集与分析结论
4. 项目需求实现度跟踪

三、日常性调研的各种渠道选择方法（WHERE）

日常性需求收集也是要依托需求调研渠道的，这是毋庸置疑的。

1. 每个渠道应有自身的年度调研方案和计划

如表 4-2 所示是某企业日常性需求调研渠道的职责安排，它规定了每个渠道的主要管理单位和相关参与单位。依据此表，每个需求调研渠道都应该由主管部门制定一份年度需求调研渠道管理办法，也就是该需求调研渠道的年度调研方案和相关活动开展计划。这个需求调研渠道的管理方案应该得到各个参与部门的一致认同，并写入所有需求调研参与部门的年度任务和 KPI 考核计划中。

表 4-2　某公司日常性需求性调研渠道职责安排（案例）

渠道	职能部门							管理单位
	客户	研发	售前	售后	市场	销售	维修	
用户大会	√	√			√	√		市场
专家顾问团	√	√	√	√	√	√		市场、研发
需求探针	√	√		√				研发、售后
用户访谈	√	√				√		销售、研发
研发高层访谈	√	√						研发
售前 / 后高层访谈	√			√				售后
合作开发	√	√			√	√		市场、研发
产品使用反馈		√			√	√		市场、研发
现场问题反馈			√	√		√		售后
维修反馈						√	√	维修

2. 日常性需求调研人员所依托的需求调研渠道

对于每位参加日常性需求调研的人员来说，他们有两种方法去依托相关渠道开展好需求调研工作，完成自己的任务。

第一种方法是由公司规定好每个人大致的任务方向、大致的计划、开展工作的渠道，由大家自己去发挥，比如安排某人参与到高层访谈的会议纪要工作中去。

第二种方法是由每个自然人根据自己的工作特点和性格特点，自主报名参与公司计划举行的需求调研相关工作，比如某人自主报名参与某展览会的需求调研工作。

四、日常性需求调研人员的工作安排（WHO）

可以从以下两个角度来讨论日常性需求调研人员的工作应该怎样安排。

（1）下列人员可以参与到日常性需求调研之中。

A. 公司高层领导

B. 研发部门高层领导

C. 市场部门和销售部门高层领导

D. 市场部门人员（中央和地方市场部门）

E. 销售部门人员（总部和区域销售部门）

F. 售前和售后服务部门人员

G. 现场实施和技术支持人员

H. 代理商 / 经销商

I. 研发技术人员（含外观、工艺、测试、标准化等）

J. 采购经理 / 技术人员

K. 生产经理 / 技术人员

L. 质量、品质经理 / 技术人员

M. 财务和成本管理人员

N. 特邀专家

O. 第三方人员（需签约）

（2）日常性需求调研也应该成立日常性 RMT 需求管理团队。

从某种角度上，我们可以把年度内的日常性需求调研工作看成是一个整体的需求管理项目，也可以把每个需求调研渠道的年度调研工作看成是一个分项的需求管理项目。如图 4-1 所示，这是某公司成立日常性 RMT 需求管理团队成员组成图，建议各个公司成立这样一个日常性 RMT 需求管理团队，并进行项目团队化运作。如表 4-3 所示，这是另外一家公司规定的参与日常性需求调研的角色及其主要职责，也提供给大家参考。

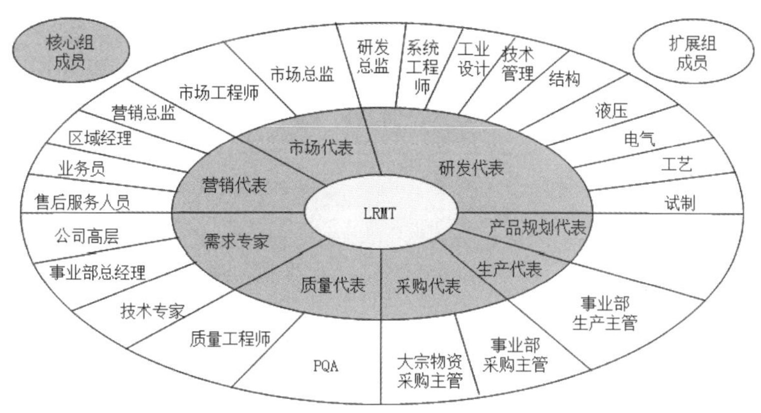

图 4-1　某公司日常性需求调研 RMT 团队组成图

表 4-3　某企业规定的日常性需求调研 RMT 团队角色（案例）

序号	角色	收集信息侧重点（主要）
1	董事长、总经理	宏观市场信息、竞争对手关键信息、中长期需求
2	研发副总	技术趋势、技术前沿信息、中长期需求
3	营销副总(含品牌)	宏观市场信息、竞争对手关键信息、中长期需求
4	生产副总	行业生产前沿方法、样机和小批量样机问题反馈
5	采购副总	供应商发展信息、竞争对手信息、敏感原料价格
6	质量副总	行业质量发展信息、中短期需求
7	售后副总	中短期需求
8	财务副总	行业投资者信息
9	人力资源副总	竞争对手人力资源变化情况
10	研发代表/骨干	竞争对手技术进步信息、中长期需求

续表

11	市场代表/骨干	竞争对手市场变化信息、长中短期需求
12	生产代表/骨干	中试和工艺进步信息、中短期需求
13	采购代表/骨干	供应商信息、长周期物料信息、中短期需求
14	质量代表	中短期需求
15	售后服务代表	中短期需求
16	其他	中短期需求

五、日常性需求调研的时间计划安排（WHEN）

对于日常性需求调研来说，它的时间可以安排在什么时候呢？

1. 公司应该有相关的调研时间窗口

对于公司来说，平常的业务工作和管理工作是比较繁忙的，但这并不是不给大家预留需求调研时间窗口的借口，需求调研对公司的重要性是不言而喻的，一定不能以所谓本职工作繁忙来拒绝日常性需求调研工作。

调研时间窗口有两种预留方式，一是整个公司在合适时候预留一个大型的集体调研时间窗口，比如在重要的展览会期间，允许大量的员工进行日常性需求调研；二是针对每位员工（尤其重点培养员工），公司可以安排他在某一时间、某一场所调研日常性需求，如派出某研发人员去国外某营销大区进行3个月的售后技术支持。日常性需求调研信息总数量的大约50%，是在调研时间窗口期间收集回来的。

2. 利用一些可以利用的时间

除了需求调研时间窗口以外，大家一定要利用能够利用的一切时间完成自己的日常性需求调研任务，这个任务应该是有相应考核（推）和激励（拉）规则的。

六、日常性需求调研需要企业开展相关活动（HOW）

类似上面所说的需求调研渠道年度计划所预留的调研时间窗口重大活动，就是日常性需求调研的“诀窍”——做活动。做活动的方法依据就是IDEO的51张卡片，大家可以根据这些内容自行设计本公司的日常性需求调研重大活动。需要注意的是，每一种活动每三年内最多只能用一次，好让大家有一种新鲜感。此类活动需要放置在相应的需求调研渠道中进行管理。

下面就给大家介绍一些真实举办过的需求调研重大活动。

1. 水泵公司需求沙龙

浙江台州某水泵公司曾经开展过一次需求沙龙，就是在某个季度的公司管理会议期间，利用半天的时间，让高层与研发、营销、售后、工艺等部门的骨干及以上员工，齐聚一堂，跨部门分组讨论出潜藏在大家头脑之中的市场和需求信息，在组内达成共识的基础上，由其他小组对其进行质询。整个PK过程设计得比较巧妙，充分调动了与会者提供市场和需求信息的积极性，还设置了优胜奖和鼓励奖。这半天的需求沙龙获得了上百条市场和需求信息，促进了跨部门小组互相协作的氛围，取得了比较好的实际效果。此种活动整体的花费并不高，属于花小钱办大事。

2. 电缆公司营销、研发需求对接会

江苏苏州某电缆公司每年度都会召开若干场营销、研发对接会，就是将分散在外地的营销经理和骨干业务员召集起来，与研发端的经理和骨干工程师欢聚一堂，对市场宏观信息、竞争对手信息、本公司新产品表现、竞争对手新产品表现、未来的市场和技术发展趋势等进行信息对接和意见交换。往往在半天的时间内，就会产生很多条市场需求信息，有利于研发端和营销端达成未来研发新产品方向上的一致意见。这种会议需要有良好的秩序和气氛，否则很容易变成营销端对于研发端的声讨大会，那样的话，

会议就失败了。

3. 内燃叉车内部设计大赛

安徽合肥某叉车公司每隔两年都会召开别开生面的职工运动会，相关的比赛项目包括生产工人技能大赛、营销业务员技能大赛、食堂厨师技能大赛等，其中最有特色和挑战性的就是研发设计大赛。比赛的规则是在规定的两天一夜时间内，参赛的若干跨部门开发小组（临时 PDT）对一款老产品叉车进行优化设计，至少需要优化 10 个设计点（需求点）。这款老产品叉车是近三年内已经开发完毕和上市的产品，这里面一定会有至少一组参赛小组抽签抽到自己开发过的产品，这是很刺激的事情。比赛结束后，组委会对优化设计结果进行评审和打分，相关优化设计的方案会提供给原 PDT 研发团队，以便其对该老产品叉车进行设计优化。

4. 车辆转向桥外观创意大赛

这家安徽合肥某叉车公司在前几年曾经与三维设计软件公司一起，开展了一次外观创意大赛，主要面向年轻一些的员工，鼓励他们将平时所思考的新设计方案用在本次车辆转向桥外观设计上，一方面，提高了参与者在三维软件使用方面的能力和水平；另一方面，激励了年轻工程师开拓思路，勇于攀登新产品研发的高峰，帮助他们提升了自己需求收集、需求分析和需求执行的能力和水平。该活动由三维设计软件公司负责提供相关软件工具，并由其提供丰盛的奖品，年轻设计工程师参与十分踊跃。

5. 缝纫机公司邀请服装厂老板娘到缝纫机工厂进行一日游活动

浙江台州某缝纫机公司的主要客户不是大型服装厂，也不是街头上那种小的服装维修摊位，而是中小型服装厂，这个战略定位是非常明确的。对于这些中小型服装厂来说，其老板娘往往负责内部管理工作，如财务、采购等。缝纫机公司邀请这些老板娘来到工厂参加一日游活动，不仅增进了客户与缝纫机公司的亲近关系，而且在此过程中收集了大量的市场需求信息。此类活动是比较有特色的，它的基础在于公司本身的战略定位明确，平时就注意亲近客户，才会收到良好的效果。

6. 未来缝纫机卡通图画比赛

这家浙江台州某缝纫机公司还曾经举办过一次童趣十足的未来缝纫机卡通图画比赛，就是号召公司职工的 6 ~ 15 周岁的子女，用自己的画笔描绘出他们心中的未来缝纫机是什么样子的。当然，这些小孩子无法独立对未来缝纫机的发展趋势进行思考，可是他们的父母是可以思考这些问题的，也就变相收集了散落在企业内部各个角落的长期需求信息。这次卡通图画比赛非常成功，产生了很多非常前沿和科幻的缝纫机卡通图片，不仅收集了需求，而且培养了这些小孩子的求知天性，给公司的未来储备了力量。

7. 厨具公司重阳节厨艺大赛

广东汕头某厨具公司在前年举办了一次九九重阳节厨艺大赛，全公司员工自由报名，采用自己公司的厨具和竞争对手的厨具，展开了一场厨艺比拼大赛，比赛的内容包括主食、副食、炒菜、炖菜、煲汤等多项，在使用这些厨具进行美食烹饪的过程中，参赛队员就会发现不同公司研发的厨具各有哪些优点和缺点，为公司下一步的新产品研发提供了第一手需求信息。整个比赛气氛十分热烈，还利用烹饪的美食进行了一次团建式聚餐，不仅调研到了很多客户 / 用户需求，而且增强了企业员工的凝聚力，没花多少钱，却办成很多事。

七、日常性需求调研的费用预算（HOW MUCH）方法

关于日常性需求调研的费用预算，包含以下几个方面的内容，需要需求管理部门在年初对费用预算进行上报，并在全年的时间内，认真执行该预算。

1. 年度专项活动开展费用预算

对于年度相关活动，应该在年初就进行规划，确定好相应的初步方案，做好初步的预算，不能采取临时抱佛脚、临时找费用审批的策略。

2. 年度日常活动费用预算

对于年度的展会调研、拜访活动等均应规定每次的礼物支出标准。笔者在浙江台州某企业就参加了年度公司伴手礼的礼品选择方案评审，针对不同类型和级别的人员，在不违反相关法律、法规、公司章程的前提下，进行费用预算。对于每一位需求调研人员，根据他们的岗位和职级，都应该有一定的日常性需求调研支出预算。

3. 年度激励费用预算

每年年初都应该明确规定需求调研的激励措施，并在此基础上确定年度各项激励措施的总费用预算。

CHAPTER 5

第五章

18种需求调研渠道的建设方法

在叙述专项性需求调研方法和日常性需求调研方法的过程中，笔者已指出我们经常需要在某个需求调研渠道中进行需求收集工作。由于在需求管理体系和流程刚开始建立时，需求调研渠道往往是不完善的，甚至完全没有建立，这就给需求调研工作带来很大的障碍。虽然我们可以在专项性需求调研的过程中，一边调研一边建设需求调研渠道，但是这种调研渠道建设是无法达到最佳效果的。这就要求企业管理者们按照公司的实际情况，分批分期地建设那 18 种需求调研渠道中适合自己公司使用的渠道。

需要说明的是，这 18 种需求调研渠道是无数需求管理研究者和先行者几十年研究的成果，大家可以在此基础上合并、删减、优化，但是不要轻易否定这些渠道的价值。下面，就从一手渠道和二手渠道两个方面，给大家一些需求调研渠道建设的建议。

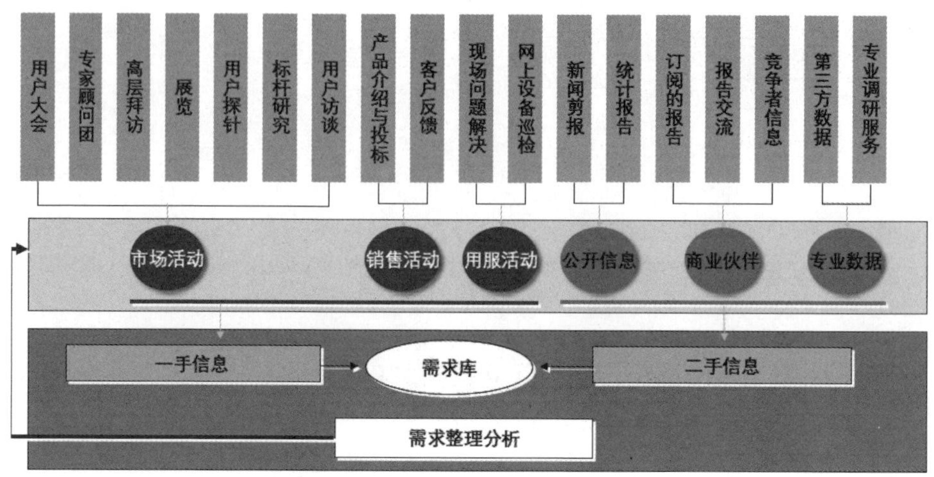

图 5-1　需求调研的 18 种渠道

一、11种一手渠道的建设方法

1. 用户大会

用户大会是指将重要和典型的用户/客户集中起来，使其在充分互动气氛下合理地表述对新产品的需求，有几种变化形式，包括经销商大会、用户论坛等多种线上和线下的形式。常规的用户大会主要的任务是宣传企业品牌、推广新产品、建立与客户的友好关系等，在此基础上，增加需求调研的环节，可以包括问卷调研、小范围会议沟通、重要客户一对一沟通、路演等多种形式。

用户大会一般每一年召开一次，国庆节之前是召开用户大会的黄金时间。在用户大会上，除了正常的营销和品牌宣传活动外，还可以通过焦点小组法（或非焦点小组法），进行需求信息的收集——由一名组织者邀请一些客户自然而无拘束地讨论某些问题，理解客户的语言和他们对产品或服务的需要、动机、感觉及心态，从中获取创意或想法。焦点小组的规模一般为 8 ～ 11 人，讨论场地一般是专门的房间，具有一定封闭性，需要有光洁的墙、大圆桌、舒适的椅子和放松的氛围，且最好具有单面的镜子。

用户大会的召开最基本的要求是一定要有会议召开的目的和价值，一切议程安排、产品展示等都围绕这个基本的目的和价值展开。用户大会的顺利召开离不开多个职能部门的相互协同，不能把用户大会简单理解为市场营销部门的会议。用户大会的召开要注意以下事项：

①时间的安排上不能过长，也不能过短，要符合当时市场发展的情况，选择在能够聚齐用户的时间段召开，不可过度影响客户的工作和生活，因此五一黄金周之前、十一黄金周之前和元旦之前的几天是比较好的时间。

②人力资源准备要足够，可以稍微多一点，并且各个部门的人员都要积极参加到用户大会中来。

③在会议中，可以采取灵活多样的方法进行需求调研，比如焦点小组会议、用户体验性测试等，在活跃的气氛中，让客户 / 用户自然地吐露需求信息。

④会后要积极而迅速地整理会议所收集到的需求，并尽快与提出人沟通确认。

本渠道一般由营销部门和品牌部门负责筹备和组织，研发人员和服务人员积极参加。这种短时间内收集大量信息的方法花费较多，至少每次活动都是百万元起步的费用，需要大家充分利用和珍惜。

2. 专家顾问团

组织专家顾问团，将行业专家齐聚一堂，举办共商需求信息的会议，这种特别适合中长期需求的调研，也可以用作外出需求调研前的内部研究之用。

专家顾问团的建设是长期的，需要公司有系统的专家管理制度，包括内外部专家的选聘、待遇等条款。每年都需要专家们定期召开会议，研讨未来行业发展的中长期趋势和需求。本渠道建设的过程中一定要注重在愿景上号召专家、在待遇上满足专家、在情感上留住专家，要持续做工作，不可以“用人朝前，不用人朝后”。

某公司专家顾问团年度共创会议议程（举例）

第一天议程

08:30～08:45 议程介绍和欢迎致辞

08:45～10:00 ××院士/领导主题演讲

10:10～11:30 议题提出和讨论小组成型

13:00～15:50 议题自由讨论

16:00～17:00 小组个别沟通

18:00～21:00 鸡尾酒会（深入讨论环节）

第二天议程

08:30～10:20 形成小组公报

10:30～11:30 小组公报发布

13:00～16:00 集体活动（游览、参观等）

16:30 专家返回（需要带专属礼品）

本渠道一般由研发部门组织和持续建设。专家顾问团队的费用支付有三种方式——按单次支付专家咨询费、按项目支付专家咨询费、按股份给专家分红。本渠道的建设费用一般都是比较高的，需要真正找到合适的优质专家。

3. 高层拜访

高层拜访是需求调研中经常使用的方法，主要分为公司领导拜访、营销领导拜访和研发领导拜访三种形式。在高层拜访过程中，需要企业高层洞悉客户交际圈子以知其人际需求，洞悉客户日常生活以知其情感需求，洞悉客户工作领域以知其专业需求。

高层领导们的眼界和思路是值得赞赏的，但是他们往往工作较忙，没有时间将调研过程中的所见和所思总结出来，本渠道建设的目的就是在高层拜访过程中，安排相应的人员同步将高层调研所得的市场和需求信息及时总结和归纳，成为公司产品开发的源泉。

本渠道必须明确需求管理部门及高层领导相关随行人员。本渠道的建设费用就是一般出差费用，但需要提前安排好行程，防止高层领导的随行人员失位。

4. 展览会

展览会不仅仅是企业展示自身实力和产品的舞台，也是对竞争对手进行需求调研的重要渠道。一般情况下，绝大多数展览会都在前一年即可确定时间和主题，可以据以区分哪些展览会是重要的，哪些展览会是不太重要的，根据展览会的规模、性质及前瞻性等内容进行考虑，将展览会分为 A、B、C、D 四类：A 类——极端重要、B 类——比较重要、C 类——一般重要、D 类——不太重要，针对每个级别的展览会提前规划由哪些部门派出何种人员参加，并清楚地注明他们各自的职责是什么，如表 5-1 所示。

5-1　某企业参加各级展览会人员安排表（案例节选）

调研的主要方向	人数	组长	主要组员来源
A 类展览会			
高层调研	2 ~ 4 人	产品线经理或市场总监	产品线经理、各部门领导
宏观市场信息收集	2 ~ 4 人	市场部经理	市场部、产品规划部、研发部
竞争对手信息收集（公开）	4 ~ 8 人	产品规划部经理	市场部、产品规划部、研发部

续表

技术趋势信息收集	2 ~ 4 人	研发总监	研发部
供应商、经销商信息收集	2 ~ 4 人	采购部经理	采购部、 生产部、质量部
展台守候	4 ~ 8 人	市场部经理	各部门均可
竞争对手信息收集（不公开）	2 ~ 4 人	产品规划部经理	市场部、产品规划部
B 类展览会			
高层调研	1 ~ 2 人	产品线经理或市场总监	产品线经理、 各部门领导
宏观市场信息收集	2 ~ 4 人	市场部经理	市场部、 产品规划部、研发部
竞争对手信息收集（公开）	1 ~ 2 人	产品规划部经理	市场部、 产品规划部、研发部
技术趋势信息收集	1 ~ 2 人	研发总监	研发部
供应商、经销商信息收集	1 ~ 2 人	采购部经理	采购部、 生产部、质量部
展台守候	2 ~ 4 人	市场部经理	各部门均可
竞争对手信息收集（不公开）	1 ~ 2 人	产品规划部经理	市场部、产品规划部
C 类展览会			
……			
D 类展览会			
……			

本渠道的建设一般由市场部门或者品牌部门负责，需要该部门与各个产品开发项目团队做好沟通，准备好相关的展览会需求调研方法、表单和工具，保证展览会需求调研渠道的顺畅。本渠道的费用一般指差旅费，展览会的开展费用一般列入市场部门年度费用预算。

5. 用户探针

友好型用户探针是指企业派出人员到用户 / 客户实际工作和生活环境中进行日常体验，以获取用户需求的过程。不鼓励不友好型用户探针。

在用户探针的过程中，调研人员不仅要记录客户使用产品的过程，而且要记录客户 / 用户的基本信息、工况环境。不仅仅要记录显性的需求，也要注意隐性的需求，也可以用录像、图片、声音等多种方式将最原始的需求记录下来。表 5-2 所示是某企业进行用户探针时的研究维度，说明用户探针需要全方位记录客户使用产品的过程。

表 5-2　某企业用户探针研究维度（案例）

序号	环节	研究维度
1	物流	气候、环境、搬运方式、运输安全性
2	销售	展示、试用、视觉效果
3	配送 / 取货	方式、取货工具、取货行程、仓储环境
4	验货 / 试用	开箱体验、箱体处理
5	日常使用	操作体验、日常故障、易损件、耗材使用
6	维护保养	保养方式、保养便捷性、保养花费
7	故障维修	体验、处理方式、客户损耗
8	废气处理	处理方式、安全性、损失补偿

每年度，企业都要策划一系列的用户探针活动，这需要和客户 / 用户保持良好的关系，同时让客户 / 用户在此过程中有所得。本渠道的建设费用不少，需要维护与客户的关系，也需要支付用户探针人员的差旅费。

6. 标杆企业和竞争对手企业研究

对标杆企业和竞争对手企业进行全方位分析。标杆企业和竞争对手企业的含义是不同的，前者是企业学习的榜样，但短期内无法达到同样的高度；

后者是正在市场上与企业直接竞争的对手，可以通过努力在短期内战胜它。

对标杆企业和竞争对手企业的研究主要是研究标杆产品和竞品的功能、性能、使用体验等方面，也就是对 $APPEALS 八个维度进行全方面比较，形成雷达图或者对比表。但是对于标杆企业和竞争对手企业的研究不能仅仅停留在技术层面，还要包括组织架构、生产过程、采购过程、质量保证、人力资源培养、股权激励制度等诸多方面，需要全公司所有部门齐心协力才能完成。对于标杆企业 / 产品和竞争对手企业 / 产品的研究可以通过三种办法：直接研究、通过上游供应商迂回研究、采取下游经销商迂回研究。

对标杆企业和竞争对手企业的研究一般以单独项目的形式展开，且一般会配合公司的年度营销战略，需要由高层作为需求调研项目经理，调集各个部门（甚至包括人力资源部门）的精兵强将，以及发动相关行业协会和高层朋友圈，开展对标杆企业和竞争对手企业的集中研究。本渠道按照项目管理的一般方式进行费用预算。

7. **用户访谈**

对客户和用户进行访谈是最为基础的一种需求调研渠道。对于企业来说，一定要由需求管理部门组织各个职能部门提前建设好需求访谈问题库（包括市场信息和需求信息两个部分），如表 5-3 所示，并对每位可能参与需求调研的人员进行“听”和“说”的训练，本部分内容在后面有专门的章节来进行讲解。

表 5-3　某公司用户需求访谈问题库（案例节选）

问题类别	问题内容	备注
基本信息	您的姓名	
基本信息	贵公司产品的销售模式大概是怎样的	
基本信息	当地需求量最大的是哪几个品类	

续表

需求信息 $	这个产品批发价多少 / 一年卖多少台	
需求信息 $	这个产品的某部件是贵公司自己做的吗	
需求信息 E	您觉得我司的产品配件好购买吗 / 好拆卸和安装吗	
需求信息 A	您觉得我司的服务速度相对于其他厂家怎么样	
PESTEL	是否有国家或政府强制性标注或规范对产品有影响	
PESTEL	这个产品有专利吗 / 是否有具体的专利号（宣传资料上）	
PESTEL	企业员工难招吗 / 是当地人多还是外地人多 / 比例是多少	
PESTEL	最近新出台的环保政策对贵公司的经营有什么影响吗	
竞争对手	×× 品牌是如何配送到终端市场的	
竞争对手	×× 品牌平时的服务怎么样 / 和我司比如何	
竞争对手	您认为 ×× 产品存在哪些问题 / 有哪些需要改进的地方	
市场情况	从本地市场批发到下游零售商，物流是怎么走的	
市场情况	我司的款到发货政策，贵公司能接受吗	
市场情况	当地还有哪些品牌在这个产业领域销售得比较好	
……	……	……

8. 产品介绍和投标

产品介绍和投标渠道是指在产品投标过程中，了解到竞争对手产品的性能和非性能描述，以合法地拿到竞争对手的标书为第一目的。这个渠道的建设需要和大客户相关负责人搞好关系，需要能够保证合法地拿到竞争对手的产品介绍文件和标书。在共同的销售代理商和共同的供应商那里，也能获取相关的信息。这个渠道一般由市场部门和销售部门负责，需要与客户、经销商、代理商、供应商建立良好的关系，必要时召开年度供应商大会，或举办经销商团建活动、代理商文化活动等，这些都需要市场部门和销售部门在年初做好相应的费用预算。

9. 客户反馈

客户反馈是指客户在使用新产品时不断通过各种形式反馈问题和提出建议，分为改进型反馈和改善型反馈。客户反馈的形式有：电话反馈、当面反馈、短信/微信反馈、网页留言反馈等多种形式，需要接收者在第一时间充分了解客户反馈的问题所在，否则可能因为理解不彻底而造成误会。

客户反馈一般由售后服务或者质量部门收集相关的客户反馈内容，有些公司可以建设自己的 IT 软件平台，对相关的反馈信息进行收集。质量部门和研发部门一般都需要定期对反馈问题进行汇总和分析，并对频繁发生的重点问题按照质量攻关跨部门项目组的形式进行解决。

10. 现场问题解决

现场问题解决包括定期维护过程中的问题解决和偶然发生的问题现场解决两种形式。前者要求用服人员定期上门进行产品维护、清洁等，并在此过程中将现场遇到的情况和解决的方案一并上报需求管理部门；后者要求用服人员在上门维修的过程中将现场遇到的情况和解决的方案一并上报需求管理部门。无论哪一种方式都需要现场用服人员将遇到的问题和建议毫无保留地上报，无论这些问题是功能性的还是非功能性的。在一些关键产品的样品试用中，研发人员可以和用服人员、质量人员一起完成现场问题的解决。

本渠道的顺利实施，需要企业对研发人员、售后服务人员的需求调研行为制定系统性的制度和表单，并监督执行。这里需要对整个需求调研过程进行考核和激励。

11. 网上设备巡检

网上设备巡检渠道是指在客户不知晓的情况下，企业通过网络大数据将新产品运行的相关数据收集回来并进行分析。著名的罗·罗公司就是通过对飞机发动机的周期性数据分析才得出马航 MH370 坠毁在南印度洋的结论的。

这个渠道的建设是需要企业投入相当多的费用进行物料网的建设的，只适合于与网络有关的新产品，不适合纯机械或者单纯材料类的产品需求调研。

二、7种二手渠道的建设方法

1. 新闻剪报

新闻剪报不是新闻简报，它是指派专人对行业、标杆企业、竞争对手企业的各项新闻进行分析而得出需求的方法。主要的新闻来源包括电视、网络、报纸、刊物、公众号、短视频平台等，我国氢弹研制过程中的一些需求信息就是从美国报纸的新闻报道中洞察到的。

每个公司都应安排专门的市场人员和技术人员由此渠道进行定期的和不定期的需求收集，收集人员要懂技术、懂产品，并对市场和需求具有很好的敏感性。

2. 统计报告

统计报告包括国家级、省部级、行业等的月度、季度、年度统计报告。本渠道的建设仍然需要安排产品管理部门或者需求管理部门的专门人员定期和不定期进行需求收集，为此可能需要花费一些购买报告的费用，但是这个费用一般不是很多。

3. 订阅的报告和文献

订阅的报告和文献包括专利公开文献、定期刊物、会议刊物等，需要派专人进行定期收集和整理。每个企业都应该制定一份订阅报告和文献的清单。虽然获取这些报告和文献的纸质版本也不会花费很多的经费，但是为了收集和分析方便，建议读者所在公司尽量收集报告和文献的电子版本。部分外文报告和文献，需要安排懂外语的专门技术人员进行翻译，如果您公司没有这样的专门人才，请抓紧培养。

4. 报告交流

无论在展览会上还是其他场合，总是存在一些行业精英发布的收费和免费的报告。这种报告发布的时间一般提前一周公示，研发部门和需求调研部门，向公司进行相关费用申请后，就可以派人参加了。

5. 竞争者信息

竞争者的信息可以从共同的供应商处得来，也可以从共同的经销商处得来，还可以从人员招聘等途径得来。这个渠道的建设需要在采购人员、销售人员的工作职责中添加需求调研的相关内容。在每个产品开发项目调研期间，可以按照需要调研的内容，请相关部门同事临时帮忙。

6. 第三方数据

第三方数据包括社会数据和研究机构的数据，安排专人定期收集即可。

7. 专业调研服务

国内外均有一些专门的机构提供专门的调研服务，可以花费一定的费用去购买。这个渠道不适合已经理解透彻的成熟产品线，而仅仅适合理解尚不成熟的新产品线，作产业研究之用。本渠道对于具体的产品开发项目用处不大。

三、访谈调研与书面调研（访谈问题清单与调研问卷）

先来看一下访谈问题清单和调研问卷的区别。

某公司某次需求调研问题清单（案例）

1. 受访人员的单位、姓名、年龄、学历、性别等基础内容。

2. 你现在是怎样做的（主题）？

3. 有什么问题？它们是什么？（提示：不断地问："还有吗？"）对每一个问题，问下列问题：

为什么会出现？

现在怎么解决？

希望怎么解决？

4. 谁是用户？

5. 他们的教育背景如何？

6. 用户使用过这种类型的产品吗？

7. 使用的是什么平台？

8. 计划将来使用的平台是什么？

9. 有没有用其他与目标产品有关的平台？如何有，请介绍一下有关情况。

10. 你对产品可用性的预期是什么？

11. 你对培训时间的预期是什么？

12. 在消费了本企业的产品之后感到满意的三个方面是什么？

13. 在消费了本企业的产品之后感到不满意的三个方面是什么？

14. 在消费了竞争对手的产品之后感到满意的三个方面是什么？

15. 在消费了竞争对手的产品之后感到不满意的三个方面是什么？

16. 有需要但是并未消费的主要原因或顾虑是什么？（注：12～16为"黄金五问"）

访谈问题清单的设计方法，后面还会有专门章节去讲述。

从上面的案例可以看出，面对面沟通交流是用户访谈的直接形式，它的主要特点是直接、准确率高，但是时间消耗较多，对谈话技巧要求较高。因此，需要找到最适合进行用户访谈的人——“听懂话、说清楚、懂内涵”是对访谈人员最基本的要求。访谈问题清单是用户访谈的基础，必须根据不同干系人的情况，制定有针对性的访谈问题清单。访谈问题清单的一部分是市场信息访谈，主要是将 PESTEL、3C、5-POWER 等方面的内容转换成用户听得懂的语言进行访谈。访谈问题清单的另一部分是需求信息访谈，主要是将 $APPEALS 八个维度的内容转换成用户听得懂的语言进行访谈。

某公司某次需求调研问卷（案例）

1. 您的性别是：

男、女

2. 您的年龄是：

18 岁以下、18 ～ 25 岁、26 ～ 35 岁、36 ～ 45 岁、46 ～ 60 岁、60 岁以上

3. 您是收入是：

3 万元以下、3 ～ 5 万元、5 ～ 10 万元、10 ～ 20 万元、20 ～ 40 万元、40 万元以上

4. 您的工作是：

公务员、高层管理、公司职员、产业工人、学生、农民、待业、自由职业者

5. 您平常消费休闲食品吗？

非常不喜欢、不喜欢、一般喜欢、非常喜欢

6. 您平常倾向于消费的休闲食品是？

烘焙类、油炸类、膨化类、其他米面类、干果制品、肉食制品、儿童食品、其他休闲食品

7. 您对市面上休闲食品的看法是？

营养丰富、方便食用、口感好但是营养过剩、有营养但是品质不能保证、没营养、其他

8. 去礼节性地拜访客人的时候，您感觉带什么样的礼品最好？

特产、时令水果、名烟名酒、红包、奢侈品、其他

9. 您对目前的休闲食品行业有什么具体的建议吗？（50 字以内）

从这个案例可以看出，调研问卷是一种非面对面式的用户访谈，它的主要特点是简单、直接，但是准确率较低，它适用于海量信息的调研，并且信息基本为基础信息。运用调研问卷需要注意：

①调研问卷的内容一般选择题不超过 10 题，主观问答题不超过 2 题。

②选择题中的选项设置要尽量避免填写者不按要求乱填，比如性别，就几乎很少有人会乱写。

③主观题以开放式问题较好，例如“您对我公司产品最不满意的三个地方是什么”，切忌进行语言上的诱导。

④调研问卷是难免会有人乱填的，因此，如果要提高调研问卷结果的准确性，就必须有足够多的样本才可以。

总之，对于封闭式的调研问卷问题，可以采用的设计方法包括：是非法（是与否）、多项选择（三个以上答案供选择）、李克量表（在坚决同意和坚决不同意间选择）、语义级差（在最好和最差之间选择）、重要量表（在最重要和最不重要之间选择）。对于开放式的调研问卷问题，可以采用的编制方法包括：自由式（无任何引导、暗示或限制）、填充式（在不完整的语句中填入有关内容）、联想式（对于给定的词汇、情节等进行联想）、图示式（给予一幅图画，使增添内容或进行联想）。

总之，访谈调研和书面调研要根据不同需求调研项目的特点来使用。很多公司只采取问卷调研是不对的，实际只有需要海量信息的需求调研项目，才应进行问卷调研。

四、需求渠道的建设需要分批分期进行

每个公司都可以根据自己的实际情况，选定一部分需要建设的需求调研渠道列入等待建设渠道清单。这个清单可以超越本书所述的18种渠道，例如在现有渠道基础上增加、减少相关渠道，将现有渠道进行一定程度的整合，将某现有渠道进行一定的剖分等。

每个企业都没有能力在短时间内，将所有的渠道一次性建设完毕，这不仅仅是由于资金的问题，更是培养需求调研人员较为耗时所造成的。因此，每个企业都只能分批分期地进行需求调研渠道的建设，这里需要注意以下几条原则。

（1）每一年的年度需求调研渠道建设重点都不应该超过5个，其中最多只能包含3个一手渠道。

（2）每一年的需求调研渠道建设最好与重点项目的需要相结合，如与IPD试点陪跑项目相结合。

（3）每一年的需求调研渠道建设都要按照先流程制度建设，再优化绩效制度的顺序，不可以反着来。需要注意的是，需求调研渠道建设的管理部门和参与部门都需要明确自身的职责，且必须将需求调研渠道建设列为其主要工作内容进行考核。有多少个需求调研渠道就应该建立多少个渠道流程、制度、考核激励方法。

表5-4 某公司需求调研渠道建设职责权重分配表（案例）

序号	收集渠道	研发部	市场部	售后服务部	质量部	高层
1	用户大会	★☆	★★★	★★	——	★★
2	专家顾问团	★★★	☆	★	★	★
3	标杆研究	★★☆	★★★	☆	★	——

续表

4	现场问题反馈	☆	——	★★★	★	——
5	高层拜访	☆	☆	——	——	★★★
6	专利研究	★★★	——	——	☆	——
7	展览会	★★☆	★★★	★	——	★★
8	……	……	……	……	……	……

(4)每一个花费资金较多的渠道建设时，都应该本着“先试点、再推广”的原则，切忌一次性铺开。

(5)需求调研渠道的选择要求与人员能力相匹配，但是不可以任人唯亲，也不可以因人设岗——有什么人建设什么渠道。如果人员能力不足，需要公司尽快想办法培养。

CHAPTER 6

第六章　需求调研方法的六种本质

我们在需求调研的过程中不能仅仅采用最为传统的面对面访谈方法，虽然这种方法是所有需求调研方法的基础，但是面对面访谈还是具有一定局限性的，这主要体现在仅能从客户反馈的语言中捕捉需求信息，很依赖受访客户／用户的实际技术水平、表达能力、当时情绪，且具有访谈样本数量选择的约束性。

从前面几章的内容可以看出，需求调研的方法（HOW）是需要与需求调研渠道（WHERE）进行匹配的，这样的话，51 种需求调研方法（IDEO 公司的 51 张卡片）就需要与 18 种需求调研渠道进行匹配，这就形成了 51×18=918 种具体的需求调研方法，其中相当一部分需求调研方法与需求分析方法实际是合二为一的。需要注意的是，每个产品开发项目的需求调研都要控制在 5 个渠道内，不多于 8 种需求调研方法（尽量控制在 6 种以内），否则就会大量地浪费资源而成效增加却并不显著。

我们观察这 918 种具体的需求调研方法，可以发现它们本质上大约分成 6 个需求调研方法集，分别是专项性需求调研的观察、听说（询问）、尝试、分析，日常性需求调研的发现和思考。接下来就逐一叙述这些需求调研方法的精妙之处，希望能帮助大家运作好需求调研过程，尤其是做好需求调研的相关表格和工具，这些表格和工具是每次需求调研前都需要进行重新审视和重新优化设计的。

一、通过仔细观察来洞悉需求（专项性需求）

通过仔细观察来洞悉事物的本来面目是专项性需求调研的基础。下面就以需求调研中最为典型的需求调研方法——“用户的一天”为例，来阐明如何通过观察洞悉客户/用户的需求。其他具体的观察类需求调研方法，请大家自行思考。

1. 哪些情况下采取“用户的一天”

“用户的一天”是 IDEO 的 51 张卡片中的一种需求调研方法，其本质就是旁观用户的工作和生活，发现用户实际的需求，它适用于各种类型、各种复杂程度的新产品开发项目需求调研工作。在新基础产品、新衍生产品、新改进产品的开发过程中，重点要观察成熟客户的中小型需求痛点，从小事入手，积少成多，也就是从量变慢慢地走向质变；在新产业/行业产品、新解决方案产品的开发过程中，重点要观察当前否定老产品的客户的大型、超大型需求痛点，从大事入手，先追求质变再完善细节。

2. 走近用户之前的准备工作

所谓观察是要具有一定高度的，也就是说调研人员要比用户站得高，看得远。站得高和看得远是怎么做到的呢？答案就是要有系统性和框架性的思维。这个思维说具体点就是对行业宏观形势和微观形势的掌握，对技术和需求的理解，以及对于人性的把握。需求调研的观察人员需要提前准备这些内容，同时他应该已经能够科学而灵活地将这些内容推上一个新的高度。

①通过对 PESTEL 内容的提前准备，对行业宏观发展形势进行深刻理解，当然调研的时候需要“揣着明白装糊涂”和“空杯”。这个内容说具体点就是对世界政治形势进行充分把握，为此可以学习金灿荣等专家的政治形势讲座；对经济形势进行充分分析，为此可以学习温铁军等专家的经济形

势讲座；对社会的发展进行充分认识，为此可以多接触一些新鲜的社会事物；对本行业和类似行业的技术发展趋势进行充分了解，为此可多参加大型展览会和论坛；对社会人文环境和自然环境的变化进行充分了解；对法律、法规的变化进行充分了解。显然上述这样的观察者是只知道在办公室里进行技术研究的技术人员所不能胜任的。

②通过对 5-POWER 内容的提前准备，对行业微观发展形势进行深刻理解。这个内容说具体点就是对竞争对手的动向有充足的准备，对客户变化的情况有充足的准备，对行业潜在技术进步和竞争者的动态有充足的准备。

③通过对 $APPEALS 内容的提前准备，对具体市场和客户需求进行深刻理解，实际就是对市场、客户 / 用户需求的各个维度进行一定的了解，对行业客户和用户的技术需求和功能需求有充分的准备，俗称"懂技术"。

3. 完整而客观地记录用户一天的生活和工作情况

观察的根本要求就是不打扰用户一天的实际生活和工作，从旁观者的角度体会用户的工作场景和产品使用实际情况。与此同时，通过录像、照片、语音、文字等手段记录用户实际发生的情况，并将其内容保真式地记录在类似表 6-1 所示的记录表中。在此过程中，观察者在调研现场不得随意发表自己的意见，不得随意删除个人觉得不是需求的内容，一切等回公司进行需求串讲后再行决定。

表 6-1　某企业某次"用户的一天"需求调研记录表（案例）

<table>
<tr><th colspan="8">基本信息</th></tr>
<tr><td>姓名</td><td>职业</td><td>收入</td><td>价值观</td><td>生活方式</td><td>家庭情况</td><td>性格</td><td>服饰</td></tr>
<tr><td></td><td></td><td></td><td></td><td></td><td></td><td></td><td></td></tr>
<tr><td colspan="8">客户 / 用户生活基本状态描述</td></tr>
<tr><td colspan="8"></td></tr>
</table>

续表

场景记录			
序号	场景类别	场景图画	需求挑战
1	正式工作		
2	预备工作		
3	结束工作		
4	隐性工作		
5	生活衔接		
6	……		

4. 从更高的高度提炼和归纳用户的需求

在回到公司以后，参与“用户的一天”的需求调研人员应该开展需求串讲，尽量还原他们所看到的一切，并应该从PESTEL、5-POWER、$APPEALS等维度对市场信息和需求信息进行提炼和归纳，然后将RMT调研小组达成一致的内容记录在需求汇总表中。

二、通过友好询问来掌握需求（专项性需求）

询问是大家平常工作中用得最多的需求调研方法，不过这种方法时而非常可靠，时而又非常不可靠，出现这个波动现象的原因实际是受访者的情绪和意愿变化较大和较频繁。因此，有效地“说”和充分地“听”就是友好询问的关键所在。询问是所有需求调研渠道和方法的基础，是需求调研人员必备的基础能力。

1. 问题设计是友好询问的基础

在整个需求访谈开始之前，项目需求调研小组一定要准备好需求访谈的问题，这里既可以包含一对一访谈或者一对多访谈的问题清单，也可以包括海量书面访谈所用的调研问卷。对于访谈问题清单的设计，既要保证所有需要访谈的问题都有涉及，防止有些访谈问题的遗漏（绝不可以在短时间内再次访谈受访人员，这是大忌），还要保证访谈问题设计的合理性：先公共问题，再专业问题，后开放问题；由浅入深，由简到繁，由容易回答到不容易回答；具有同理心。访谈问题清单的整体框架一般都遵循先市场问题，后需求问题的规律，也就是先进行 PESTEL、3C、5-POWER 的问题，后进行 $APPEALS 的问题。

问题设计是因人而异的。这个因人而异有两个层面的意思，一是要针对所询问的对象进行定制设计——根据受访者的职责、地位、角色、权重进行问题的设计；二是要根据访谈人的性格和喜好进行设计。因此，一般由具体访谈人在访谈问题库的基础上自行设计访谈问题，再经过 RMT 团队内部评审后确定下来。

2. 问题询问和引导是访谈人员最重要的能力

问题的询问也就是访谈，它并不是只按照需求调研清单上的问题来询问客户，那就大错特错了。这就需要特别强调需求访谈人员的访谈能力，也就是所谓的“说人话、懂人事、有人味”，任何优秀的访谈人员都应该具有良好的个人修养和魅力。“说人话”是指访谈人员说出的话，不仅仅要让客户 / 用户能听得懂，而且要让他们感受到关心和温暖，感受到访谈者的热情和自信。所以，访谈人员提出的问题往往不能完全按照访谈清单上的顺序来，而是既要灵活处理，又不遗漏掉任何一个问题，这就是询问的技巧。

受访者仅仅回答我们的问题是远远不够的，这就需要我们询问的问题具有引导的特性，就是让受访人员在感同身受和忘我的状态下，开动自己的脑筋，让高速旋转的大脑把一切有用的信息全部贡献出来。这种引导性的讲话艺术，是需要训练的，读者朋友们可以学习一些心理学课程。

3. 倾听是需求调研人员最重要的素质

雷达能够发挥重要作用的根本原因是既能够发射信号，也能够接收信号。友好询问的基础就是“说”和“听”。这里的“听”指的是倾听，也就是全身心地听、全身心地悟。这种倾听是发自内心的，以同理心去听懂受访者话语的表面意思和深层含义，这就是“懂人事”和“有人味”。

所谓“懂人事”就是能听懂受访者对于市场和需求的见解，以及见解背后隐藏的心理动机和潜意识内容，同时能够看懂受访者的身体语言，迅速在大脑中建立一个虚拟的需求场景，并能够证明这个场景的真实有效存在。这是一个平等的信息接受过程，需要访谈双方在知识结构、权利、职责、性格上相融。

所谓“有人味”就是在访谈的过程中，访谈者与受访者能够同呼吸、共命运，实现心与心的相通，让受访者愿意将所知信息无偿贡献出来。

从以上的内容，我们可知那种做不到“说人话、懂人事、有人味”的人员是不适合承担需求访谈重任的。

4. 从听到的内容中抽丝剥茧，获得宝贵的需求信息

盲目地听信受访者提供的信息是不可取的。任何受访者的语言信息都会受限于自身的意识约束、知识约束和性格约束，因此我们才需要选取多个受访者样本进行需求访谈，并从众多的信息中，找出信息的主线及信息各个层次之间的逻辑关系，这就叫作抽丝剥茧。对于任何一条重要信息，都要从至少两个不同的方向证明其正确性和可靠性。表 6-2 所示是某企业询问访谈类需求调研记录表，供读者们参考。

表 6-2 某企业询问访谈类需求调研记录表（案例）

<table>
<tr><th>序号</th><th>我方问题</th><th>受访方回答</th><th>动作及气氛</th></tr>
<tr><td>1</td><td>您现在使用的 ×× 型号 3D 打印机最大的问题是什么</td><td>最大的问题就是废料过多，你看看这边的废料存了一大袋子，这大约是一个信息的废料量</td><td>受访者很激动地走到机器旁，拿起废料盒</td></tr>
<tr><td colspan="4">市场与需求信息提炼：
×× 型号 3D 打印机每天可产生废料大约 ×× 公斤</td></tr>
<tr><td>2</td><td>第二个问题呢</td><td>放在书房里，使用时太吵了，外面都能听到呜呜的声音</td><td>无</td></tr>
<tr><td colspan="4">市场与需求信息提炼：我方访谈人员用随身带的噪声仪进行现场测试后发现 ×× 型号 3D 打印机的工作噪声为 55 ~ 65 分贝</td></tr>
<tr><td>3</td><td>那您为什么还要买 ×× 型号的 3D 打印机呢</td><td>我还能买什么呢</td><td>受访者无奈地摊手道</td></tr>
<tr><td colspan="4">市场与需求信息提炼：
现在市场上没有比 ×× 型号更好的 3D 打印机，客户对新型号机器的需求比较强烈</td></tr>
<tr><td colspan="4">记录人：张三、李四</td></tr>
</table>

三、通过积极尝试来发现需求（专项性需求）

进行积极的尝试是需求调研中对于模棱两可对象最为有效的需求信息收集方式。

1. “尝试”是需求调研分析人员的尝试

尝试工作的主体是需求调研人员和需求分析人员，在这个环节中，最合理的做法是需求调研人员同时也担任需求分析人员，将需求收集和需求分析合二为一。在尝试工作中，需求收集 / 分析人员要扮演客户和用户角色，以客户和用户的心态、方法、流程、工具、所处环境去对需求对象进行尝试和体验，从中找出客户和用户对于新产品的需求信息。这里的需求对象可以包括客户原有方法与工具、等待改进的老产品、竞争对手的新产品、可能的新产品原型机 / 模拟机等。

2. “尝试”过程中的“空杯”心态是异常重要的

参与尝试工作的人员往往都是在行业内摸爬滚打多年的人员，这是好事也是坏事。只有对行业市场、客户、用户、技术极为了解的人，才能够在尝试工作中找到需求信息，但是他们往往会受到自身思维定式的限制，很容易忽略掉不在自己认知范围内的需求信息。这就需要需求调研分析人员要有一种“空杯”心态，要“揣着明白装糊涂”。因此，有一些企业故意让部分朝气蓬勃、年轻一点的需求调研 / 分析人员和资深专家搭配进行尝试工作，既保证了需求信息的可靠性，也培养了新人。

3. “尝试”过程中的任何细节都不能放过

尝试工作的过程是需要严谨对待的，不能放过任何一个细节，要注意需求发生的环境、工况、条件，要注意需求发生的整个工作和使用过程，要注意需求发生的同时还涉及哪些客户事物，尤其要注意需求发生的超系统空间。因此，整个尝试过程是需要严格记录的。

对于一些已经进入市场或者即将进入市场的产品，不能武断地把它们发生过的偶然性问题忽略不计，而是要找出这些偶然性问题背后的深层次原因，找到偶然现象背后的需求信息，举一反三，从现象看到本质。

4. 漫长的“尝试”过程考验研发管理的水平

有一些新产品（如不得不在产品开发时进行技术预研的新产品）的“尝试”类需求调研需要很长的时间，而且没有其他方法可以代替，这就特别考验企业研发管理的耐受度和长期水平。一有困难就退缩，IPD 体系是很难建设成功的。如表 6-3 所示是某公司进行场景测试时使用过的需求记录表，供各位读者朋友们参考。

表 6-3　某公司场景测试过程需求记录表（案例）

<table>
<tr><th colspan="6">基本信息</th></tr>
<tr><td>地理区域</td><td>当地气候</td><td>环境温度</td><td>气压</td><td>粉尘水平</td><td>环境噪声</td></tr>
<tr><td></td><td></td><td></td><td></td><td></td><td></td></tr>
<tr><td>开始时间</td><td>结束时间</td><td>主导者</td><td>参与者</td><td>配合者</td><td>其他</td></tr>
<tr><td></td><td></td><td></td><td></td><td></td><td></td></tr>
<tr><td colspan="5">工作流程</td><td>所需工具</td></tr>
<tr><td colspan="5"></td><td></td></tr>
<tr><th colspan="6">工作场景测试记录</th></tr>
<tr><td>序号</td><td>过程 / 工序</td><td>使用 /
操作过程</td><td>场景图</td><td colspan="2">行为记录</td></tr>
<tr><td>1</td><td></td><td></td><td></td><td colspan="2"></td></tr>
<tr><td colspan="6">需求提炼：</td></tr>
<tr><td>2</td><td></td><td></td><td></td><td colspan="2"></td></tr>
<tr><td colspan="6">需求提炼：</td></tr>
</table>

四、通过认真分析来捕获需求（专项性需求）

这种需求调研方法就是典型的“透过现象看本质”，是对客观原始信息的提炼和升华，主要工作就是通过对事物本身规律的探寻，找出事物发展的历史和逻辑轨迹，还原事物本来的样子和内涵，进而证明需求信息是否真实存在。

1. 事物（产品）发展都是符合某种逻辑的

这个宇宙中所有的事物都是遵循某种规律的，这里既包括自然科学规律，也包括社会科学规律，如生命周期规律、万有引力定律、薛定谔方程、欧拉公式、剩余价值理论等。而我们正在研究的需求调研与分析领域，所有市场、客户、用户的需求发展也都是遵循某一种逻辑规律的，无论这个需求是功能性需求还是情感性需求。我们在需求分析活动中应该做的主要工作就是寻觅这些特定的逻辑规律。

2. 探寻逻辑就是剖析产品发展的客观规律

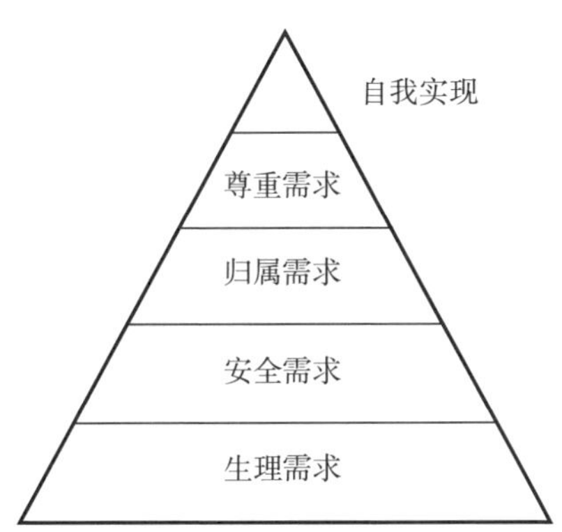

图 6-1　马斯洛的需求层次论框架图（简化版）

在众多的产品客观发展规律中，如图 6-1 所示的马斯洛的需求层次论就是比较有名的逻辑规律之一。在这个模型中，人们对于新产品的需求是呈现逐步向上发展态势的，只有满足了下面一层的需求，人们的需求才会上升到上面一层。在不同的细分市场，人们的需求层次是不同的，我们要研发的新产品就是要不断满足细分市场内更高一层级客户 / 用户的需求，这就是最为浅显的一个产品发展逻辑案例。去研究这些逻辑就能剖析出产品发展的客观规律和历史轨迹，这就是需求分析的主要工作。

3. 产品发展的逻辑

所有产品的发展都遵循下面几个逻辑中的一个或者多个。

（1）行业生命周期、技术生命周期和产品生命周期逻辑，也就是说所有的产品都会随着历史的发展，而分别处于婴儿期、成长期、成熟期、衰退期和退出期，每一个时期里，行业、技术和产品的发展都有一定的规律。

（2）纵向拓展逻辑，就是技术、体验、功能、应用等在一个行业内会呈现逐步深化的情况，技术和产品总是会升级换代，从而满足客户/用户日益增长和变化的需求。

（3）横向拓展逻辑，就是新产品的应用会逐渐呈现包容更多相关产品系统需求的情况，不断地以更大的产品包去满足客户需求。

（4）由主流向分支转换逻辑，就是新产品往往先满足绝大多数细分市场典型客户的需求，然后再满足那些规模较小一点的非典型客户的需求。

（5）系统性变化逻辑，就是绝大多数需求变化和产品变化都是以系统化的变化来实现的，几乎不存在单点的变化情况。

（6）其他逻辑情况，需要各位读者发挥聪明才智来进行思考。

4. 验证分析结果是否正确的方法

分析结果的过程是RMT团队对于未来商业发展趋势和技术发展趋势的一种预测过程，只有未来的事件发生后，才能做最后的确定。这样就给参加分析的人们提出一个严峻的问题，就是如何才能够相对准确地验证自己的分析结果是正确的。在实践中，笔者发现有下列方法可对分析结果进行验证，供读者朋友们参考。

（1）从正反两条路径证明同一个分析结果是否正确。

（2）建立分析过程的数学模型，对数学模型进行多轮验算，保证分析结果的相对正确性。

（3）用排除法检验是否有特殊情况能够推倒分析结果。

（4）用反证法证明分析结果是否正确。

在进行分析结果验证时，一定要具有“空杯”心态，不能为了得到某种特定结果而故意忽视验证过程中所存在的问题和歧义。如表6-4所示就是51种需求调研方法中的未来商业模式分析研讨会所应用的表格，供大家参考。

表 6-4　某企业未来商业模式分析研讨会信息汇总表（案例）

序号	商业要素	研讨结论	分析结果验证结论
1	细分客户 / 用户未来会出现什么样的变化		
2	客户购买本类型产品的本质需求会出现什么样的变化		
3	未来的客户关系及实现客户关系的方法，会出现什么样的变化		
4	在渠道和品牌工作中，未来会出现什么样的变化		
5	行业内的重要合作伙伴（供应商、经销商）会出现什么样的变化		
6	本行业的关键业务，在未来会出现什么样的变化		
7	本行业在未来都会有哪些资源出现短缺现象（人、机、料、政策等）		
8	未来新产品的成本结构会出现哪些变化 / 是结构性的还是波动性的		
9	行业内的盈利模式未来会出现哪些变化 / 是过渡性的还是长期性的		
10	行业企业的组织架构和绩效体系未来会出现哪些变化		

五、通过创造场域来发现需求（日常性需求）

在日常性需求调研的过程中，收集散落在广大员工之中的需求“珍珠”是非常重要的，这些“珍珠”来自广大员工日常工作中的实践和思考，内容虽然繁杂，但是数量是很庞大的，需要需求管理部门定期组织活动，利用一个能让员工自由发挥和敞开心扉的场域来把这些“珍珠”挖掘出来，这就是日常性需求的“发现之旅”。

那么，如何创造出这种气氛融洽，让大家能够积极主动地开启自身的智慧密码的场域呢？

1. 思维共创是基本理念

如何能够让大家放心地贡献自己的思考内容呢？实践证明靠行政命令不行，靠绩效考核和激励也不行，在高压的情况下，创新的种子无法发芽。实际上最可靠的方式就是无阶层式的共创，这种方式忽略了高层、中层、基层的权利差距，忽略了专家与普通技术人员的资历差距，让大家自由发挥，不去评价大家所贡献信息的对与错，用共创的理念促成大家对于需求信息的统一意见。整个“发现”场域的构建基础就是要有“共创”这个基本思想的指导。

2. 过程设计是基本保证

共创的过程是非常重要的，这就是有关 IPD 体系的那句经典的话：“以过程的确定性应对结果的不确定”，进行过程设计的人员一定要学习先进的引导技术和教练技术。要通过过程的设计，保证所有参与人员都能够充分地发表自己的意见，保证没有参与人员用行政权力代替科学规律。下面是某企业某次需求共创会议的议程，供读者朋友们参考。第九章内容中所述的“诸葛亮会”也是这种类型的共创会议。

某企业需求（内部）共创会议议程（案例）

08:30 ～ 08:50 本次需求调研背景介绍。

08:50 ～ 10:00 按照 $APPEALS 八个维度讨论已知需求（艺廊街方法），分为八个小组，顺时针旋转讨论八次。每组由组长进行内容讲解，其他人员分散到各组中讨论问题，可以修改、增加、减少，但需求应留下清晰的记录。

10:00～10:30 讨论不清楚的问题，列入“停车场”。

10:30～11:00 针对“停车场”问题，自愿组成需求研究小组，选拔组长，讨论需求调研方法。

11:00～11:30 形成需求调研计划并实施。

3. 过程控制是根本法宝

对整个共创过程的场域控制是非常关键的，这要求主持人放弃自己对于需求和产品的意见，从过程设计的执行角度出发，以“空杯”的心态来主持整个“发现”过程，保证流程的严肃性和气氛的活跃性，需要主持人学习一些控场技术，从而将整个共创会议主持好。

六、通过思维突破来创造需求（日常性需求）

本小节我们从思维突破的角度来研究日常性需求的调研和分析方法，看看如何通过市场和技术人员的思考来“创造”需求信息。

苏联科学家根里奇·阿奇舒勒（Genrich S. Altshuler）在TRIZ发明问题解决理论中认为技术是可以预测的，也就是说人类可以预测当前产品的技术水平及新一代产品可能的技术进化方向，这种技术进化就是为了提高产品自身有用功能，技术系统从一种状态过渡到另一种状态时，系统内部组件之间、系统组件与外界环境间本质关系的体现，我们称之为“S形曲线”，如图6-2所示，其中的每一条曲线都是符合技术生命周期方法论的。

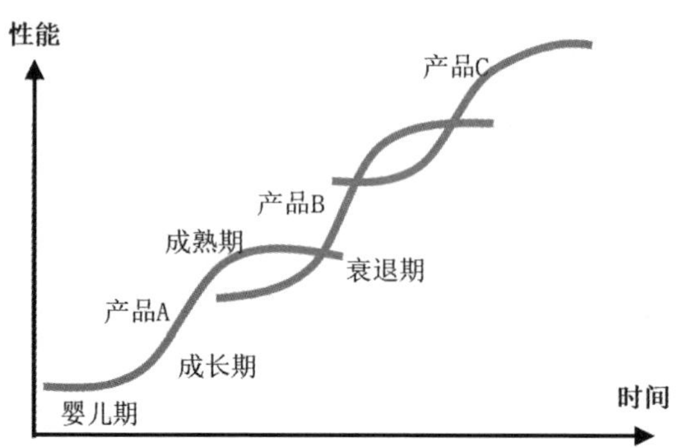

图 6-2　日常性需求调研方法之“S 形曲线”

各个企业的市场人员和技术人员可以根据以下八大S形曲线的进化法则，通过思维的突破，研讨出本行业相关产品（或零部件、原材料）未来的技术发展方向，并将结论性的内容作为日常性需求调研的结果之一。

1. 完备性法则

新的技术系统一般都无法有足够的能力去独立实现产品主要功能，这是因为新的技术系统一般都是从一个或者一部分部件系统开始创新的，它一定需要依赖超系统提供的资源。随着技术系统的不断完善，它就会逐渐拥有自己的资源系统，自己提供主要的功能，减少对人的参与的依赖，逐渐提高技术系统的效率。典型案例就是自行车进化为摩托车或者电动自行车。

2. 能量传递法则

新的技术系统一般沿着使能量传播路径缩短的方向进化，以减少能量损失，两种可能的具体进化方向包括：用一种能量（场）贯穿于整个系统工作过程，减少能量形式的转换次数；将不容易控制的场更换为容易控制的场。典型案例就是自行车进化为摩托车，再进化为电动自行车。

3. 协调性法则

新的技术系统一般沿着整个系统的各个子系统互相更协调，与超系统更协调的方向发展，这个协调性主要表现在结构协调、性能参数协调、工作节奏协调。主要的协调方式如下。

（1）形状协调的进化方向，主要包括表面属性的进化方向：平滑表面→带有凸起和凹陷的表面→精细的轮廓表面→场和力；内部结构的进化方向：实心→空腔→几个空间→多个空间→场和力；几何形状的进化方向：点→线→面→体→无；线性组合的几何进化方向：直线→一个弯曲线→两个弯曲线→复杂弯曲线；表面的几何进化方向：平面→曲面→大面积变形曲面→复杂曲面；体组件的几何进化方向：立方体→圆柱体→球体→复杂体。

（2）频率匹配性进化路线，可用于检验组件功能的匹配性，以确保系统的运作协调一致，以及提高系统各组件之间的相互作用性能，如不可变参数→梯度变化的参数→均匀变化的参数→利用动作间隙进行系统运作。

4. 提高理想度法则

最理想的技术状态就是某个技术系统并不作为物理实体存在，却能够实现所有必要的功能——功能俱全，结构消失，有害功能和成本趋向于0，有用功能趋向于∞，这是技术系统进化的最终方向。主要的进化路线包括以下两个。

（1）简化路线，就是完整系统→移除一个组件→移除多个组件→最大限度简化系统，技术系统进化到极限时，实现某项功能的子系统会从系统中剥离，转移至超系统，作为超系统的一部分，如从普通眼镜到无边框眼镜，再到隐形眼镜。

（2）扩展—简化路线，就是最少组件系统→引入一个附件→引入多个附件→扩展系统→移除一个组件→移除多个组件→最大限度简化系统，最后减少成本，如从羽毛笔到自来水笔，再到圆珠笔。

5. 动态性进化法则

新的技术系统一般沿着结构柔性、可移动性、可控性增加的方向发展，调节系统组件达到最佳工作状态，调整系统参数与变化的环境参数更加精确地匹配。主要的进化路线包括以下两个。

（1）可控性进化路线，也就是不可控组件→手动控制→机械控制→自动控制（场控制），不断提高系统的控制效率和可靠性。

（2）结构柔性和可移动性进化路线，也就是刚体→单向移动体→多向移动体→场代替，不断增加组件的动态灵活性。

6. 子系统不均衡进化法则

这个进化路线的理论实际就是“木桶”原理，只有不断优化系统的最弱子系统，才能保证系统整体水平的进步。

7. 向微观级进化法则

有的技术系统沿着减小尺寸的方向进化，包括将一个系统逐渐分割，向微小级跃迁，最后形成场系统。

8. 向超系统进化法则

有的技术系统沿着单系统→双系统→多系统的方向发展，最终将一部分子系统变成超系统。

利用 TRIZ 理论进行新产品、新技术、新功能、新结构等的研讨是非常有效的需求调研方法，当然大家也可以采用其他的头脑风暴方法。这种需求调研方法的效果还是很显著的。

CHAPTER 7

第七章

老产品线不同类型项目的需求调研内容和案例

接下来的第七章和第八章，我们就具体的特定产品开发类型，分别从老产品线和新产品线两个方面去分析应该采用哪些需求调研的方法，这里会讲解一些具体的调研方法，实际本章的所有内容加在一起就是一个案例（第八章也是这个情况）。

首先，我们来解释一下什么是产品线。产品线（PL，Product Line）是指系列化或者族群化的相关产品，它们的产品功能相关、长相类似、客户群体类似或者相关、销售渠道类似、价格在同一区间。产品线除了解释为一些产品之外，有的时候还可以解释为这些产品的管理范围或者管理团队。产品线一般分为成熟产品线、半成熟产品线和萌芽产品线，其中的成熟产品线一般都具有以下四个特征。

（1）具有一定规模的、相对稳定的客户群，能够保证产品线在相当长的时间内持续运作和发展。

（2）包括相对独立的产、销、研——相对独立的生产线、相对独立的销售渠道和销售人员、相对独立的研发和工艺人员。

（3）在产品技术上具有相对的独立性和持续的技术进步可能性。

（4）产品线的划分在两种方式中进行选择：以产品类型进行划分和以

细分市场／典型客户进行划分。

上述前三条特征中，半成熟产品线一般只能具备其中某两条特征，但半成熟产品线已经在管理形式上独立起来了；萌芽产品线一般只能具备其中某一条特征，并暂时隐藏在其他产品线之中，等待公司将其在管理形式上独立起来。

新产品线相对于老产品线来说，它的产品功能、产品长相、客户群体、销售渠道、价格区间等要素中的大多数是明显不同的，一般都需要以新的商业模式来经营运作，如图 8-1 所示（下一章内容）。

一、老产品线改进型项目主要调研紧急需求

改进型新产品（C 版本产品）所面对的紧急需求就是在产品开发过程中那些市场、客户 / 用户要求时间比较紧迫的需求，一般时间都是在 6 个月之内，甚至还有更短的。这里面包含两个方面的内容：一是特定客户 / 用户对于新产品的紧迫性需求，这属于被动要求型需求；二是竞争对手突然推出新产品功能 / 非功能卖点后，我司紧急反应下的主动变化型需求。这些紧急需求都存在于老产品线的改进型项目中，只有依托老产品才能实现局部的产品改进。新产品线是不会存在紧急需求的，因为新产品线的这一类时间紧迫的需求，我司是无法按期满足的。因此，所谓的紧急需求除了有市场、客户 / 用户的时间需要作为限制条件外，也同时包含我司在相应的时间内能否执行需求的限制条件。改进型新产品也会有一部分规划好后主动进行的需求调研和产品开发项目，不过相对比例不高。

紧急需求的调研工作必须在尽量短的时间内完成，其调研过程有以下几个特点。

（1）改进型产品是由基础型产品和衍生型产品改进而来的，应该提前做好产品规划，尽可能主动研发。

一些订单型企业的产品研发实际是属于被动型的，这会造成能做的订单生产时间紧张和利润不高，不能按时做的订单利润较高，所以，只有从被动研发走向主动研发，通过主动的平台化设计和模块化设计才能彻底解决订单式开发遇到的问题，当然这并不是要更改订单式开发的基本策略。订单式新产品的一部分实际不属于 IPD 产品开发的范畴，只有那些难度稍微高一点的订单式新产品才属于 IPD 产品开发的范畴，而后者之中 60% 都属于改进型新产品。非订单式产品属于主动型研发，是在基础型产品和衍生型产品基础上针对细分市场的进一步改进。

对于主动型的产品开发实际就是要做到两个方面的内容：一是针对非

订单式开发，要不断满足不同细分市场和典型客户的普遍需求与特定需求，按照产品规划的要求，有计划地做好针对不同细分市场和典型客户的新产品开发工作，这就需要针对细分市场进行需求调研，这些对细分市场的调研是根据市场和产品规划进行的；二是针对订单式开发，要对各个细分市场进行广泛调研，在此基础上形成平台化产品——产品平台、可配置项、可变形项、设计接口，后三者形成设计模块，这种平台化产品需要对后续的设计模块进行规划，改进型产品就属于这种已经规划好的配置开发产品和变形开发产品。

（2）改进型产品需求调研时应注意细分市场的情况。无论是订单式开发还是非订单式开发，都是需要针对细分市场进行调研的。

订单式开发需要调研多个细分市场，找到这些细分市场中相对类似的需求，形成产品平台，这个产品平台开发的产品一般属于基础型，而其平台周边的配置项开发就属于衍生型和改进型开发。这种配置开发和变形开发一般都是要综合各个细分市场的情况来考虑的，切不可认为配置开发和变形开发仅针对于同一细分市场。订单式开发所涉及的内容最好在订单到来前就开发完毕，最后与平台化产品一起形成标准化、通用化、系列化的产品族。

非订单式开发实际只需要调研有限的几个细分市场，甚至就是单一细分市场或者特定大客户。这时候基础型产品早就开发出来了，而那些改进型开发项目大部分都是规划好的。大家在基础型产品上依次进行开发，一般都可以保证产品族的标准化、通用化、系列化。

（3）改进型产品需求调研时，应注意产品部分功能的复用情况。

基础型产品型号数量：衍生型产品型号数量：改进型产品型号数量=1：3：6或者1：2：7，这是一般公司产品开发管理过程中的科学规律。当然有些公司会刻意不去开发某种类型的新产品，但这并不能说明上述科学规律是不对的。在这个科学规律下，改进型项目的总体数量是会稳定在一定的范围内的，改进型项目过多说明企业的知识重用做得不好，改进型项目过少说明对市场的调研还不彻底或者存在未对细分市场进行充分分析的情况，都是不合理的。因此，在进行改进型产品需求调研时，一定要注意各个细分市场内的不同的改进型产品，有哪些需求可以共用或者近似共用，最后形成在产品开发阶段的知识重用和复用。

（4）改进型产品需求调研时，应多采用费用低、反应快的需求调研方法。

由于改进型产品要求的需求调研时间都比较紧张，所以在选择需求调研方法时，要尽量选择那些调研速度比较快的方法，如历史问题分析、客户一对一访谈等，同时由于改进型产品的单个型号仅适用于某个或者某几个特定的细分市场，因此需求调研过程中不要投入大量的费用，调研工作应主要倾向于二手调研渠道。

（5）改进型产品需求调研时，需要定期研究市场和客户的质量反馈意见。

改进型产品需求调研实际应该纳入公司整体的年度需求调研计划，“临时抱佛脚”是不合适的做法。这就要定期收集市场和客户的质量反馈意见，为改进型产品需求调研做好信息量铺垫，节省改进型产品需求调研所需要的时间。

（6）改进型产品需求调研时，需要紧盯竞争对手的小改进和小创新。

改进型产品需求调研时，要及时收集竞争对手和标杆企业相关产品的局部小改进点和局部小创新点，并迅速落实在我司的改进型产品上，增强我司新产品的竞争力。

（7）在某条紧急需求的难度很大而客户要求比较紧迫时，可以考虑非自我研发的办法（暂时）。

有时候，我们调研到的重要度高的紧急需求可能难以在短期内用现有技术方法满足。这时候，大家不要放弃这条重要的需求信息，可以暂时用技术赎买的方式，先拿成熟的外来技术使用，然后进行本地化技术开发。客户和用户的需求是我们应优先要予以满足的。

（8）紧急需求调研一般参与的人员不多，以研发人员、市场人员和少数其他部门人员为主，几乎不用调研 PESTEL、3C、5-POWER 等市场信息，而主要以技术需求为主。不过，无论何种需求调研后，都必须要明确该新产品的产品定位。

（9）紧急需求需要及时补充到需求库内，方便其他产品开发时调用。

二、老产品线衍生型项目主要调研短期需求

衍生型新产品（R 版本产品）所面对的短期需求就是在产品开发过程中那些市场、客户 / 用户要求时间相对较短的需求，一般时间都是在 6 个月至 12 个月范围内的。企业对于短期需求的主动性比对于紧急需求的主动性稍微强一点，但是这种短期需求也基本上属于特定客户 / 用户对于新产品的被动要求型短期需求，以及竞争对手推出或者准备推出新产品功能 / 非功能卖点时，我司在短期内反应的主动变化型需求。衍生型新产品也会有一部分是提前做好产品规划后，主动进行的需求探索和产品开发项目，而且其比例有时候是比较大的。

这些短期需求都存在于老产品线的衍生型项目中，只有依托基础型产品才能进行进行一定程度上的产品改进。短期需求一般都不包含我司在相应的时间内能否执行需求的限制条件。短期需求的调研工作必须在稍微短的时间内完成，其调研过程有以下几个特点。

（1）衍生型新产品是事先规划的产品，原先预计的需求需要重新进行证真式调研。

大部分衍生型产品的开发是 1 ～ 3 年前就规划好的，在本年度进行开

发的新产品，主要应对的是客户/用户的短期需求。由于在规划序列内的衍生型新产品开发项目距离假设时已经过去了一定的时间，难免市场上的需求会出现一些变化，因此就必须要花费一定的时间重新对原来的需求进行一定的审视和证真，同时再调研一部分新的需求。

（2）衍生型新产品的需求调研需要考虑多个细分市场的实际情况，并不是以细分市场为基础，而是以产品功能特征为基础进行研发的。

衍生型新产品与改进型新产品相比，其技术含量相对高一些，所面对的客户比例相对大一点，不像改进型新产品一般仅需要面对单个细分市场，而是要面对多个细分市场的共同需求。改进型新产品大部分会针对某个细分市场进行开发，小部分会改进某个小功能或者小体验，但是衍生型新产品一般则是满足多个细分市场的需求，这就要求它只能以变化较大的某项或者某几项新的产品功能特征为基础进行研发，再对应到各个细分市场之中。

（3）衍生型新产品解决的是小版本产品迭代问题，一些关键性功能具有一定的先进性，同时解决历史上的质量和售后服务问题。

产品的更新迭代是基础型新产品的历史使命，衍生型新产品可以进行一定程度的小型迭代，去升级一些关键性功能，但不可以进行大版本迭代，这就需要我们在调研需求时，不可以接纳那些比较高级的需求，对需求的接纳做到适度就可以了。

（4）衍生型新产品的需求调研时间根据公司要求设定，需求调研所需要的时间不能太短，否则就会对一些复杂的关键性需求和对应的功能调研不足，当然调研的时间也不能太长。

（5）短期需求调研一般参与的人员不太多，以研发人员、市场人员和少数其他部门人员为主，必要时才需要调研 PESTEL、3C、5-POWER 等市场信息，需求主要以技术需求为主，也包括一部分售后服务的需求。无论何种需求调研后，都必须要明确该新产品的产品定位。

（6）短期需求需要及时补充到需求库内，方便其他产品开发时调用。

三、老产品线基础型项目主要调研中期需求

基础型新产品（V 版本产品）所面对的中期需求就是在产品开发过程中那些市场、客户 / 用户要求时间相对较长的需求，一般时间都是在 1 年至 3 年范围内。这些基础型新产品，很多时候被认为是迭代开发的新产品，绝大多数情况下都是按照规划主动进行的开发项目，也有小部分由战略性客户的订单推导而来。

中期需求的调研时间一般很长，花费金额一般很大，质量要求相对较高，一般都不包含我司在相应的时间内能否执行需求的限制条件，其调研过程有以下几个特点。

（1）需求型新产品的开发涉及的策略、资源和方法都是最普通的形式。

这里面用到的方法就是本书中所述的最为普通而平常的市场和需求调研方法，保证调研强度和所花费时间的相对平衡，保证调研面积（又称调研范围）和调研人员工作量的相对平衡，保证调研内容和所花费费用的相对平衡。既不去刻意对某种需求调研渠道做大规模的专项投入，也不要遗漏掉对应的需求调研渠道及调研方法。

（2）中期需求的调研包括市场信息收集和需求信息收集，不可以忽略其中任何一个信息维度。

基础型新产品的市场需求调研中，需要对市场宏观和微观的各项信息进行彻底的调研，就是 PESTEL、3C、5-POWER，并需要对这些信息通过业务设计模型——“九宫格”或者“四象限”、SWOT 分析等工具做透彻分析；也需要对 $APPEALS 八个维度的需求信息及其下面一层的子维度信息进行详细分析，绝不可以忽略掉任何一个维度的信息。

（3）中期需求对应的是迭代产品，一般都是平台化产品，同时解决遗

留的质量和售后服务问题。

这里的迭代产品又称大迭代产品，就是新产品的一次彻底的更新换代，比如从以 F-16 为代表的四代战斗机迭代升级到以 F-22 为代表的五代隐身战斗机，并且这些迭代后的新产品都具有平台化的特性，能够在此基础上衍生和改进出大量的小迭代和小进步式新产品。作为中期需求对应的迭代产品，必须要把上一代发生过的质量和售后服务问题彻底解决，不要让它们继续影响下一代。

（4）中期需求是几乎所有相关细分市场需求的总和。

中期需求对应的基础型迭代新产品不是针对特定的一个或者几个细分市场来进行开发的，而应该是针对本产品线所对应的所有的细分市场，也就是从所有的细分市场中调研到公共的、最广泛的变革型需求或者革命型需求，形成新的平台型基础产品。除去这些各个细分市场公共的需求以后，根据在多个细分市场都存在的下一层级的通用型需求，形成新的衍生型新产品；根据在单个或者极少数几个细分市场存在的独特型需求，形成新的改进型新产品，这就是新产品分级管理的根本原则。这里会有一些不符合上述规律的特殊情况存在，一般都可以忽略不计。

（5）基础型新产品的需求调研可以用到所有的需求调研渠道和方法，并可以在此基础上，创造若干新的需求调研渠道，同时创造若干新的需求调研和需求分析方法。

（6）中期需求调研一般参与的人员很多，基本上包含所有 RMT 或者 PDT 成员，需要调研 PESTEL、3C、5-POWER 等市场信息和以 $APPEALS 为代表的八个维度的需求信息，必要时可能需要补充进行市场规划和产品规划。无论何种需求调研后，都必须要明确该新产品的产品定位。

（7）中期需求需要及时补充到需求库内，方便其他产品开发时调用。

四、老产品线规划和预研型项目主要调研长期需求

长期需求就是在产品开发过程中那些市场、客户/用户要求时间较长的需求，一般时间都是在3年以上，甚至更长。医疗器械、燃气轮机等行业曾经出现过10年以上的长期需求。长期需求都是企业按照市场和产品规划主动发起的，且耗费时间长、费用高，有时甚至需要把原型产品做出来后，进行反调研，“抛砖引玉”式地用原型机引导出客户/用户的潜在需求，再进行真正的产品开发。

规划和预研项目的需求调研一般都不包含我司在相应的时间内能否执行需求的限制条件，其调研过程有以下几个特点。

（1）老产品线预研属于企业产品战略中的纵向战略。

对于企业产品发展战略来说，一般都有横向战略和纵向战略两种情况。所谓横向战略就是在不同的行业、不同的产业内进行战略拓展，也包括在本行业、本产业内对未曾涉及的产品类型、产品序列进行战略拓展，还包括在本行业、本产业内对未曾涉及的产品类型、产品序列进行战略组合拓展。所谓纵向战略就是在本行业、本产业内对已经具备的技术和产品特性进行升级换代，使其向更高、更强、更光滑、更有力、更省钱等极限方向不断靠近的战略。老产品的预研属于企业产品纵向战略，也就是向着技术更先进的方向不断开拓。

（2）技术预研和产品预研的需求调研方向有所不同。

与企业研发工作相关的预研项目分为两种类型，一种是技术预研，另一种是产品预研。技术预研就是对未来与新产品相关的前沿技术进行研究的工作，要达到能够验证技术原理可行性的程度。产品预研则是对已经研究完毕的技术进行产品化研究的工作，从而在工艺、工装、生产线、模具的研究基础上，满足新技术产品化的历史重任。

对于技术预研而言，其需求调研的主要对象应该是客户/用户的长期需

求，以满足客户/用户的未来需求为第一要务，属于“比优”型的需求调研方向。对于产品预研而言，其需求调研的主要对象应该是竞争对手或者相关行业的类似友商的产品化实现过程，以学习并且赶超行业竞争对手的产品化水平为第一要务，属于“比烂”型的需求调研方向，也就是要比竞争对手的产品化实现水平高一些，比竞争对手“不烂”一些。

（3）技术预研和产品预研应该使用适合的需求调研方法。

预研项目的需求调研是比较困难的，其最困难的点在于实际对于客户/用户来说，他们并不能有效地对未知的未来产品给出足够和优质的需求信息，而只能给出一些数量不足的、概括性的需求信息。这就造成了预研项目需求调研的三种情况。

①对预研项目的需求一次性收集完毕，多见于竞争对手或者行业标杆企业已有类似产品和技术的情况。

②对预研项目的需求分几次进行收集，如3D打印行业所用的“众筹”平台，就是在项目开始时调研一次，在PDCP前后再调研一次甚至多次，最后决定是否进入产品开发阶段，多见于竞争对手或者行业标杆企业已有部分不太成熟的类似产品和技术的情况。在第二次需求调研的时候，需要提前做出一个相对可靠的原型机/原型产品/试验局，并在此基础上与专家/客户/用户探讨未来的需求细节，这种方法俗称“反调研”。

③无法调研到可靠的需求，只能先闭门造车，然后用新产品在市场上进行进一步的需求探索。对于民用品是应该尽量避免的，对于军用品则是一种追求高精尖武器的办法。无论民用品还是军用品，都应该准备足够的资金作为需求到来时团队正常运作的保障。

（4）技术预研和产品预研的需求调研时间比较长，很多企业缺乏足够的耐心。

预研项目需求调研时间比较长，也就是说在短时间内很难调研到足够的优质需求，尤其一些项目还需要把原型机做出来，然后到市场上进行反调研，这就使一些企业的高层管理者对需求调研失去耐心，这是非常危险的，很容易造成预研项目的失败。

同时，有一些企业人员为了躲避应该承担的需求调研工作，故意把产品开发或者技术开发项目理解成预研项目，好像这样就可以名正言顺地不用在短期内进行需求调研了，把原型机和上市新产品混淆，这是十分恶劣的行为，希望各个企业进行严厉打击。江苏某企业对这种情况的惩罚方式是每出现一起上述事件，相关责任人罚款 1 ~ 5 万元。

（5）与战略客户搞好关系是预研类项目需求调研的前提条件，否则就会出现闭门造车等情况。

战略客户还有一些更好听的名字，例如种子客户、天使客户等，其重要作用是不言而喻的，尤其在 B2B 产品开发的过程中，在项目立项阶段（最晚在概念阶段）就应该明确下来，而不能在产品开发后期再利用所谓市场推广的方法去探索战略客户，否则在时间上就太晚了，很容易造成新产品不断送样，样品不断不合格，客户不断不满意甚至退货，最终造成产品开发项目（尤其预研产品开发项目）的失败，严重损害企业的名誉。

战略客户在整个产品开发项目（尤其预研产品开发项目）中的重要性包括但不限于以下几个方面。

①市场宏观和微观信息的探索和验证。

②大、中、小颗粒度需求信息及长、中、短期需求信息的探索和验证。

③新商业模式（盈利模式）的探索和验证。

④销售渠道建设的基础、样板点和其他销售渠道扩展的验证。

⑤共创产品的基地和研发产品的场所。

⑥新产品安装、试验、调试基地。

⑦新产品的试用和试销的关键用户，新产品质量问题的发现地和新产

品销售问题的验证基地。

⑧新产品推广的基地和客户 / 用户学习基地。

⑨其他。

（6）长期需求调研一般参与的人员是不固定的，要根据实际情况决定，需要调研 PESTEL、3C、5-POWER 等市场信息和以 $APPEALS 为代表的八个维度的需求信息，调研时必须保证产品规划、技术规划的良好互动。无论何种需求调研后，都必须要明确该新产品的产品定位。

（7）长期需求需要及时补充到需求库内，方便其他产品开发时调用。

上述所有老产品线在市场需求调研后，一般无须进行商业业务模式的重新设计，也就是说无须进行战略 / 业务“九宫格”的设计，只有极少数情况下才需要进行该步骤。

CHAPTER 8

第八章

新产品线不同类型项目的需求调研内容和案例

如图 8-1 所示，新产品线相对于老产品线而言是一个全新的产品山丘。在老产品线上，一定是已经探索了相对稳定数量的需求，对于这些需求的发展方向大致已经有所了解。在新产品线上，大部分情况下都没有一定数量的需求信息储备，而且这些新产品线上的市场需求信息大都是难以调研的——缺乏渠道、缺乏方法、缺乏方向，这就是所谓的“隔行如隔山”。

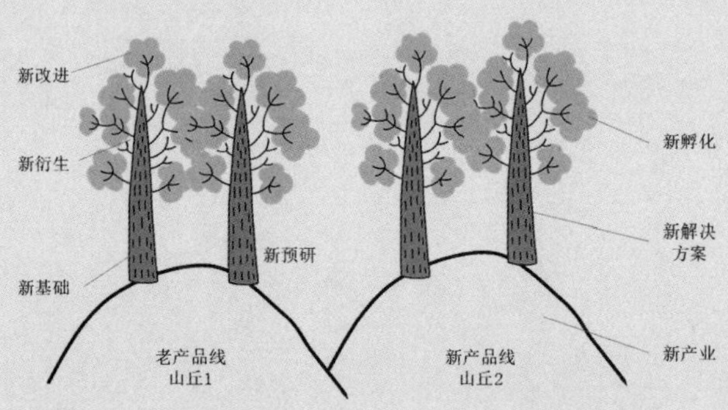

图 8-1　老产品线与新产品线之间的关系

因此，在新产品线的需求调研方面，体现的特点是调研难度大、调研时间长，调研方法甚至需要用到反调研，就是拿一个原型机 / 原型产品去探索需求。

在整个新产品线的市场需求调研活动中，主要的对象并不是按照长、中、短期的需求信息来进行划分的，而是用大颗粒度、中颗粒度、小颗粒度需求去进行划分的。从理论上说，新产品线的需求信息大部分都是长期需求，可以按照长期需求的调研方法来进行调研，但是不同颗粒度的新产品线需求调研又有着不同的特点，这就是本章所讲述的内容。

我们需要对需求信息的颗粒度进行一个划分。

（1）大颗粒度需求所涉及的市场、客户、我司（本企业）都需要进行很大的业务变革或者管理变革才可以满足这些需求，这需要企业从上到下的各个部门都进行较大的变化，甚至需要另外打造一整条业务和管理链条，属于企业重大战略决策，一般涉及新产业/新行业开发产品（包括一部分大型新解决方案产品）开发，这种需求的调研、分析和决策都需要高层尤其是一把手来主导，最终形成新的产品线、事业部甚至子公司。

（2）中颗粒度需求所涉及的市场、客户、我司（本企业）都需要进行较大的业务变革或者管理变革才可以满足这些需求，这需要企业从上到下的各个部门都进行相当的变化，需要将一些新产品进行整合，形成新解决方案，属于企业重大战略决策，一般涉及新解决方案产品的开发，这种需求的调研、分析和决策也都需要高层尤其一把手来主导，最终形成新的产品线、事业部甚至子公司。

（3）小颗粒度需求所涉及的市场、客户、我司（本企业）都需要进行一定的业务变革或者管理变革才可以满足这些需求，这需要企业从上到下的各个部门都进行一些变化，在原有业务体系和技术体系基础上孵化出适应未来的拳头产品（线），属于企业相对重大战略决策，一般仅涉及在原有产品线内孵化出新产品线的工作，这种需求的调研、分析和决策同样都需要高层进行把控，最终形成新的产品线、事业部甚至子公司。

新产品线的开发不是依靠小 IPD 产品开发流程，而是要遵循大 IPD 中的 MM 市场与产品规划流程相关要求。

一、新孵化产品线主要调研小颗粒度需求

产品线孵化就是在老产品线母体之内将新的产品线不断抚育，最后形成独立于母体之外的新产品线的过程，这个新产品线的表现形式可以是横向产品线、独立职能事业部、产学研一体事业部、子公司、分公司、独立法人公司等。

既然新孵化产品线是依托原有产品线的，那么它规划时所对应的需求就不太可能过多超越原有产品线所面对的需求，也就是说新孵化产品线面对的就是小颗粒度需求。在这些小颗粒度需求的调研过程中，需要注意以下几个方面。

（1）新孵化产品线面对的小颗粒度需求一般都针对某一个或者少数几个细分市场（甚至特定大客户），并达到了一定的销售体量。

所有新孵化的产品线一定是在公司的技术或者经营方面具有一定基础的，而成立新产品线的原因一般都是某一个或者少数几个特定细分市场出现了比较大的销售前景，需要单独应对。这种特定细分市场的与其他细分市场不一样的需求的颗粒度一定是小的，只要找到这几个特定的小颗粒度需求并将其完美转化成产品，就能取得新产品线独立作战的胜利。

（2）新孵化产品线面对的小颗粒度需求一般相对母体产品线具有一定的特性。这种特性可以是技术上的、工艺上的、测试上的、财务管理上的、人员素质上的、供应商选择上的，等等，这些情况都需要详细调研清楚。

（3）新孵化产品线面对的小颗粒度需求要求原有内部生产系统逐渐脱离原有老生产线的约束。

新孵化的产品线未脱离母体产品线时，它的生产成本和折旧费用是被其他“大哥哥”产品摊销掉的，但是当它独立以后，这些费用就需要它自己进行摊销了，这就需要对整个财务情况进行综合性计算，需要预留足够的流动资金。好处是可以摆脱母体产品线的束缚，生产资源上会得到保证。

（4）新孵化产品线面对的小颗粒度需求实质需要各个职能部门研究新的商业模式和业务运作模式，但是这个运作模式是在原运作模式基础上改进的。

对于所有的产品线来说都应该进行如图 8-2 所示的商业模式开发，回答涉及新产品的九个问题以后，才能够开始新产品线的建设，其中最重要的问题是客户细分、价值主张、重要伙伴和收入来源，这些内容都需要在详细调研后，由公司高层集体讨论确定。这个收入来源也称为新产品线的盈利模式，相关内容请参考《研发才是硬道理——用 IPD 流程研发新品全过程详解》一书，本书只论述市场需求的管理，不再叙述具体的开发过程。

重要伙伴
我们主要的合作伙伴/供应商是谁
他们能提供给我们什么核心资源

关键业务
要实现核心价值，我们需要开展哪些关键业务

核心资源
要实现核心价值和关键业务，我们需要有哪些核心资源

价值主张
客户为什么会购买我们的产品或服务
我们的产品或服务解决了顾客的什么根本问题

客户关系
我们怎样能够留住老顾客和获取新客户

渠道通路
我们通过什么方式让顾客了解和认同我们的品牌和故事

客户细分
谁会是你的客户 / 他们的特征是什么
其中最重要的客户是谁 / 他们为什么是我们最重要的客户

成本结构
我们的成本一共有哪些组成 / 最主要的成本是什么
哪些核心资源与关键业务在总成本中比重是最大的

收入来源
我的持续、稳定的收入来自于什么
哪些关键业务是你最大的收入来源 / 有什么障碍

图 8-2　企业新产品线商业模式逻辑图（“九宫格”）

对于新孵化的产品线来说，不可以把上述的“九宫格”全盘推翻重建，而是应该在部分商业模式维度上进行局部的改进和优化，如果商业模式和盈利模式变动太大，那就变成新行业 / 新产业产品线了，需求调研和建设方法就会有所不同。

（5）新孵化产品线成立后的初始拳头产品一般都已经有一定的技术基础和市场渠道基础，并且正是在此基础上迭代而成。

这种情况下，一般都不可以在产品线成立之初就试图攻克技术难度或者市场渠道难度很高的新产品，大多数情况下都要采取先生存，再打粮食，最后打碉堡的方法，除非在需求调研时发现竞争对手有重大技术缺陷或者市场渠道缺陷，而且新产品线已拥有强大的资金支持，才可以试图攻克高难度新产品。

（6）新孵化产品线面对的小颗粒度需求除了包含原本的市场需求信息之外，还应该包含销售分成机制的创新。

成立新的产品线后，往往需要刺激一下销售人员的干劲，原有母产品线的销售分成策略一般都不适合新产品线的实际情况，因此一定要对销售分成机制进行调研，然后确定一个兼顾眼下和未来的新的销售激励政策。

二、新解决方案产品线主要调研中颗粒度需求

新解决方案产品开发就是以原有的某一个或者某几个产品为基础，将其纳入一个新的多产品包中，以一个全新解决方案的形式服务于客户的需求。新解决方案产品实际就是用以满足客户/用户需求的诸多产品的有机组合。

新解决方案产品有两种形式，一种是功能紧耦合型解决方案产品，另一种是功能松耦合型解决方案产品，前者所包含的各个产品（包）之间具有功能上的强关联，如果把其中的某个产品（包）独立出来，就无法满足客户/用户某一方面的需求；后者所包含的各个产品（包）之间功能关联性不强甚至是无关联的，即使把其中的某个产品（包）独立出来，照样可以满足客户/用户某一方面的部分或者全部需求。对于功能紧耦合型解决方案产品来说，最关键的是要有统一的解决方案项目经理 S-LPDT 和解决方案系统工程师 S-SE，担任这两个角色的人员比较难培养；对于功能松耦合型解

决方案产品来说，最关键的是解决各个产品包研发主体单位（或人员）利益分配的问题，必要时需要签订一些利益分配协议或合同。上述这些内容实际是除了原本的市场需求调研内容之外相对关键的内容。

在这些中颗粒度需求的调研过程中，需要注意以下几个方面。

（1）应注意选择需求调研的发起者，这牵涉到本公司/产品线在解决方案中的地位是弱势还是强势。

对于新的解决方案来说，当我司/产品线主要产品在整个解决方案中技术成分或者成本成分占比较高时，我司/产品线产品处于强势地位，整个解决方案等于是以我司/产品线的主要产品为主，包容其他公司/产品线产品所形成的新解决方案；当我司/产品线主要产品在整个解决方案中技术成分或者成本成分占比较低时，我司/产品线产品处于弱势地位，整个解决方案等于是我司/产品线的主要产品成为其他公司/产品线产品的附庸而形成的新解决方案。这两种不同的情况下，需求调研的发起者应是不一样的。

（2）根据解决方案产品线产品功能耦合特性，选择不同的调研渠道和方法。

对于功能紧耦合型解决方案产品来说，市场需求调研应该从解决方案的整体出发进行需求调研方案的设计。首先，由解决方案层选择需求调研渠道、方法，并执行市场调研工作；其次，由解决方案的组成产品层选择需求调研渠道、方法，并执行市场调研工作，整个需求调研有主次层次之分。

对于功能松耦合型解决方案产品来说，市场需求调研由组成解决方案的各个产品研发主体自行进行需求调研渠道和方法的准备，并各自进行独立自主的市场调研工作。各个组成产品研发团队应该定期或者不定期进行市场需求串讲，让整个解决方案开发团队成员都知晓需求调研的结果，从而据以改进各自的需求调研工作。

（3）根据解决方案产品线产品在客户/用户生产和生活中的强势或者

弱势地位，选择不同的调研渠道和方法。

解决方案产品线的产品在客户/用户生产和生活中的地位有两种，一种是强势地位，就是客户必须使用我司或者与我司类似的解决方案产品才能够解决其所面临的必须解决的问题；另一种是弱势地位，就是对客户来说我司或者类似我司的解决方案产品并非客户的“刚需”。对于处于强势地位也就是客户刚需地位的解决方案产品，在调研时要以我司为主，按照自己的节奏去调研；处于弱势地位也就是非客户刚需地位的解决方案产品，在调研时要充分利用渠道，组织合作联盟进行联合调研。

（4）中颗粒度需求是需要对商业运营模式进行大范围调研和重建的。

如图 8-2 所示的商业业务模式“九宫格”是一种比较常用的商业模式开发工具，对于新解决方案产品线的开发，一定要在开发团队 SPDT（Solution Product Development Team）范围内进行充分的商业模式研讨。对于研讨中出现的模糊、疑问和空白点，必须进行加强型调研，并在调研基础上进行实时重建，这实际是复杂产品开发的重中之重的要素。

（5）中颗粒度需求调研需要全体项目组成员以变革自身业务为目的进行需求调研，而不仅仅是由市场和研发人员进行。

中颗粒度需求调研的内容并非仅仅是产品性能和功能那么简单，这种情况实际是开发一家新公司（紧耦合）或者开发若干家新公司组成产业联盟（松耦合）。这样的一家新公司或者产业联盟，如果只是由市场和研发人员调研和开发，那基本上就会导致新解决方案的失败。那么各个职能部门在解决方案产品线开发时都需要进行哪些调研呢?

①整个团队：市场宏观和微观信息——PESTEL、3C、5-POWER、商业模式。

②整个团队：外部需求信息 $APPEALS 和标准约束。

③营销部门：产品、价格、渠道、促销的开发需求。

④研发部门：人、机、料、法、环、测的需求。

⑤生产部门：人、机、料、法、环、测的需求。

⑥采购部门：新物料、新器件、新供应商的需求。

⑦质量部门：历史问题总结和测试需求。

⑧售后部门：售后服务相关技术需求和资源需求。

⑨财务部门：财务处理方法需求。

⑩其他需求。

（6）新解决方案产品线面对的中颗粒度需求除了包含原本的市场需求信息之外，还应该包含参与解决方案产品的各个主体单位（人员）的利益分配机制，后者决定着解决方案的成败。如果营销人员的主动性没有充分发挥出来，什么好的产品都不会有好的销售业绩，因此在解决方案产品调研和开发的过程中，确定各个主体单位（人员）的利益分配机制是需要提上重要议事日程的。

对于紧耦合型解决方案产品实际需要制定好各个功能模块的考核激励指标和分红机制，因为有些功能模块可能对于它的母体公司来说，并非处于非常优先的开发地位，这就需要在利益分配上进行一些调整。对于松耦合型解决方案产品则需要各个产品开发主体和解决方案产品开发主体之间以合同的形式把利益捆绑在一起。以上这些内容究竟应该怎么做，这是需要对整个行业和相关行业类似情况进行调研后才能进行研讨的。

三、新产业产品线主要调研大颗粒度需求

新行业/新产业产品线的开发本质上就是开发一家新公司，那么这家新公司的所有一切都应该根据市场客户需求重新开发。很多公司在新行业/新产业产品线及其产品开发时，往往采用对老产品线管理方法、业务运作模式、相关人员配备全盘抄袭的办法，结果就会造成新行业/新产业产品线运作困

难，新产品开发成功率低于 11.1%（根据对多年统计数据进行计算所得）。对于这种典型的在新市场开发新产品，公司应该慎之又慎，因为此时的产品线易陷入安索夫矩阵（Ansoff Matrix）所描述的“多元化”陷阱。

既然是开发一家新公司，那么所有的管理和业务环节都应该重新调研和开发设计，其内容包括以下这些方面。

（1）对商业业务模式和盈利模式进行调研和开发。

对于任何一个新行业/新产业产品线来说，商业业务模式开发的重要性实际远远高于具体技术和产品的开发，尤其需要反对纯技术思维下认为技术搞好了就一定销量好的错误观念。新商业模式如图 8-2 所示，其中最重要的就是搞清楚谁是自己的客户？为什么客户买我们的产品而不买竞争对手的产品？我们的资源在哪里？我们应该采取什么样的盈利模式？这些内容都需要在新产品开发之前进行详细的调研、分析并得出结果，否则后续开发顺利的可能性不大。

上述这些内容的颗粒度一般很大,但这不是说我们只是务虚而没有务实。

（2）对未来 3 ~ 5 年的市场和产品进行规划。

对调研来的大颗粒度需求需要纳入市场和产品规划流程，对新产品线未来 3 ~ 5 年的战略定位、业务取舍、资源配置进行大致的规划。这些规划不仅包括市场规划、产品规划、技术规划等业务层面的规划，也包括各个职能部门的工作规划。如果不进行认真的规划，产品线就会经营困难，甚至失败。

（3）如果出现规划困难的情况，则需要建立合作伙伴联盟，进行合作。

实际对于任何一家公司来说，在新市场内开发新产品都是大忌，但是公司出现了这样的情况，一定也是出于战略上的强烈需求甚至是不得已而为之的。这个时候一种有效的方法就是与其他企业建立合作联盟，采取借用渠道等方法，将新市场转化为老市场，那么风险就降低了。这就需要前期进行广泛的产业调研。

（4）各个职能部门都应该按照新业务模式（新商业模式）的情况，进行本部门业务模式的变革，这实际是对部门在整个业务和管理上的重构，相关业务内容的变革如下。

①整个团队：市场宏观和微观信息——PESTEL、3C、5-POWER、商业模式。

②整个团队：外部需求信息 $APPEALS 和标准约束。

③营销部门：产品、价格、渠道、促销的开发需求。

④研发部门：人、机、料、法、环、测的需求。

⑤生产部门：人、机、料、法、环、测的需求。

⑥采购部门：新物料、新器件、新供应商的需求。

⑦质量部门：历史问题总结和测试需求。

⑧售后部门：售后服务相关技术需求和资源需求。

⑨财务部门：财务处理方法需求。

⑩其他需求。

除上述业务内容外，各个部门还要创新自己的组织架构和绩效激励制度，并准备相关的资源尤其是人力资源，进行有关新业务的人员技能培训与考试。

（5）对新公司的财务情况进行整体预算并进行资金准备。

对于新产品线运作所需要的固定资产和流动资金需要进行一些准备，包括对整个市场情况的突变进行预估，保证新产品线资金运作的稳定。

（6）调研整个行业人力资源情况，根据业务需要制定人才选、用、育、留各项制度并予以落实。

对于每个新的行业/产业来说，人力资源的结构和特性都是有所不同的，虽然在整个集团（公司）一盘棋的状态下，不能够过多地对原有的人才战略进行调整，但是也必须根据新产品线的特点对优秀人才的选、用、育、留等各项策略进行优化调整，并尽快公布和实施相关制度文件。

（7）选择预期销售量较大的新产品开发项目作为新产品开发工作的样板工程。

新产品线的首个拳头产品对于企业/产品线是十分重要的，起到了标杆和样板作用，甚至直接决定着一条产品线的成败。因此，在具体的新产品开发上，一定要把首产品定义为销售数量大、盈利效果好、质量优质的拳头产品。

四、新产品线的战略是需求调研的基础

在 IPD 体系中，企业/产品线的战略主要是指使命、愿景、价值观、战略目标四位一体的理念范畴及与其配套的策略、职责和资源的整个体系，符合定位、取舍、资源配置（排兵布阵）的逻辑过程。在新产品线的开发和运营过程中，经常由于在战略定位、战略抉择（取舍）和资源匹配方面出现“瘸腿”现象而导致新产品线开发和运行困难，这并不能通过小 IPD 产品开发流程来解决，而是应该通过 MM 市场与产品规划流程来进行系统性解决，这就是所谓的大 IPD 体系。

（1）企业业务开展的根本动力就是使命、愿景、价值观和长、中、短期战略目标。

很多企业在产品规划、技术规划、市场规划、产品开发等业务链条运作的过程中，都是自己能做什么就制定什么样的规划，就做什么产品的开发，这样会导致企业发展停滞不前。企业真正的前进动力一定是来自客观存在的市场和客户需求，企业前进的“灯塔”就是根据这些长期市场和需求情况，由公司掌舵者提出来的使命、愿景和价值观，这是企业文化的“内核”，是企业发展的根本动力，是一切规划工作和开发工作的起始点。这不是一

些虚头巴脑的东西，而是一个企业 / 产品线长远发展的根本保障。

所谓“使命”就是企业 / 产品线在社会经济发展中所应担当的角色和责任，是一个企业存在的根本目的和理由。在新产品线建立之初就要回答与使命相关的话题：为什么创建这家企业 / 产品线？除了盈利，还有什么特殊的价值让企业长久地坚持？哪些事情，即使有利可图也会放弃？哪些事情，即使无利可图甚至还会带来损失，企业依然要做？

所谓“愿景”就是对企业 / 产品线前景和发展方向的高度概括性描述，是企业 / 产品线发展的长远目标。在新产品线建立之初就要回答与愿景相关的话题：企业要到哪里去？企业未来是什么样的？企业的目标是什么？

所谓“价值观”就是企业 / 产品线各项工作是非对错的判断标准，支撑使命和愿景达成的道德约束，是不因外界环境的变化而变化的文化内核。在新产品线建立之初就要回答与价值观相关的话题：推动企业 / 产品线发展的主要动力是什么？怎么使这些动力长期稳定运行而又不断优化？对企业来说什么是最重要的？企业提倡什么和反对什么？企业在经营过程中恪守哪些原则？是否可以约束、塑造接班人？

在此基础上，就会形成未来 3 ~ 5 年的企业 / 产品线战略发展目标，如表 8-1 所示。这个数据形成的过程是一个虚 - 实 - 虚的过程，对企业的文化建设能力要求较高。

表 8-1　某企业 / 产品线未来 3 年战略目标表格（案例）

目标	2025 年	2026 年	2027 年
年销售额	万元	万元	万元
年销售量	台	台	台
毛利率	%	%	%
净利总额	万元	万元	万元

续表

人均产值	万元	万元	万元
市场占有率	%	%	%
各种专利数量	个	个	个
……			

*上述表格内容并非在每个公司都适用，请谨慎参考。

（2）建立在使命、愿景、价值观基础上的产品线定位和产品定位。

产品线的定位就是本产品线与其他产品线的差异化竞争策略，如地域市场战略定位、消费群细分战略定位、产品差异化战略定位、技术壁垒战略定位、创新营销模式战略定位。产品定位就是产品在整个行业中对于消费者的价值和意义，如形象型产品、利润型产品、歼击型产品、批量型产品等。产品线建立之初和每个产品开发之初，都要根据市场和需求调研的结果，进行产品线和产品的定位选择，否则就会给后续的业务开展和资源匹配带来灾难性影响。

（3）明确产品线对于业务和项目的取舍，防止“眉毛胡子一把抓”而偏离原定战略轨道。

在产品线文化内核、战略目标、定位明确下来以后，就需要对其运行的业务进行取舍，这里包括对市场进行取舍、对客户进行取舍、对技术进行取舍、对产品进行取舍、对项目进行取舍，要有所为有所不为，要保证业务选择与产品线战略的一致性。如果感觉不得不偏离产品线战略，那么请先修正有关产品线战略和定位的表述。

（4）对关键性资源进行相应准备，包括人、机、料、法、环、政策、资金等都需要尽量准备到位，这是新产品线开发和运作的前提条件。如果没有办法对所选择的业务进行资源匹配，那么可以采取以下办法进行解决。

①当资源不足时，则需要反向推导，对战略目标和定位表述进行修正，

缩小战略业务范围。

②当资源偏移时，同样需要反向推导，对战略目标和定位表述进行调整，以适应资源的偏移。

③寻找新的内外部资源，以匹配原定的战略目标和定位。

④按照分阶段投入的原则，分阶段进行资源匹配。

⑤有时会出现资源丰厚，能力上大于战略目标的情况，则由高层决定是否增加战略目标，拓展业务范围。

上述四个方面的内容是新产品线开发产品时市场需求调研的基础，只有做到了这些，才能够减轻甚至克服新产品线产品开发的困难，提升新产品线产品开发的成功率。

CHAPTER 9

第九章

内部需求调研和分析的过程和方法

DFX（面向产品生命周期设计，英文全称为Design For X）是并行系统工程的核心要素之一，其中的X是指产品生命周期或其中某一环节，如可靠性、节能减排、归一化、可服务性、可安装性、可制造性、可维修性、可采购性、可供应性、可测试性、可修改性、可扩展性、成本、性能、安全性、兼容性等。企业的产品开发项目应该在早期就充分考虑DFX，保证新产品在样机、小批量和批量生产时的顺畅，减少因相关工作准备不足而带来的返工，提升新产品的交付质量并减少新产品成本。

IPD集成产品开发管理体系涉及的DFX需求统称为内部需求，属于产品开发的三大输入之一（另外两大输入为市场需求和标准约束，二者统称为外部需求），一般至少包括可制造性需求、可采购性需求、可服务性需求和可测试性需求，本章就来讲述内部需求所包含的内容和管理的方法。其他类型的内部需求调研和分析方法，请大家按照本章的方法，自行研究。

一、可制造性需求的调研和分析

所谓可制造性设计（简称 DFM，Design for Manufacture）是指在产品研发设计的过程中需要考虑方便生产方面的因素。可制造性需求（有的企业称可生产性需求）就是可制造性设计的输入，其内容不仅满足 PDT 团队新产品研发设计的需要，也是对生产部门自身的工作能力的相关要求，如表 9-1 所示。

可制造性需求关注生产制造部门在新产品研发时，对生产制造部门自身业务运作和管理体系的新一次开发所需要的输入条件，一般分为人、机、料、法、环等方面。所谓“人”的需求，就是新产品生产环节所需要的新的人员或者人员的技能；所谓“机”的需求，就是新产品生产环节所需要的新的机器、生产线或者原有机器、生产线的新状态；所谓“料”的需求，就是新产品生产环节所需要的已经入库的物料的状态；所谓“法”的需求，就是新产品生产环节所需要的工艺、工装、模具、工具、刀具；所谓“环”的需求，就是新产品生产环节所需的自然环境和人文环境。

针对可制造性需求，一般在立项阶段进行一轮重点需求调研和分析，在概念阶段进行一轮详细、无死角的需求调研和分析，在计划阶段 PDCP 之前结束所有的需求调研和分析工作。

表 9-1 某企业可制造性需求维度列表（案例）

维度	子维度	具体内容
人	人员招聘需求	
	人员技能培训需求	
	人员能力培养需求（含轮岗和多能工）	
	人员工时定额需求	
	人员福利和待遇需求	

续表

机： 专机 普机 辅机 工装 模具 刀具 量具 检具	生产线功能需求	
	生产线自制需求	
	生产线购买需求	
	生产线改造需求	
	生产线校正和调整需求	
	产能限制需求	
	产能扩大需求	
料	已入厂物料 / 半成品检验和核对需求	
	物料 / 半成品储存需求	
	物料 / 半成品转运需求	
	物料 / 半成品预装需求	
	物料 / 半成品安全性需求	
	物料 / 半成品环保需求	
	物料 / 半成品再加工需求	
法	工艺开发需求 （工艺调研、工艺路线、关键工艺、工艺装置制造、工艺装置样机验证、工艺装置小批验收等）	
	工艺管理需求 （现场工艺文件、工时定额、现场小工具类、工艺纪律、生产节拍等）	
环	生产场所需求	
	试验场所需求	
	试制场所需求	
	生产过程私密性需求	
	生产过程环境需求	
	车间布置图需求	
	车间安全性需求	
	车间环保性需求	
	生产规章制度需求	
	车间保卫需求	

二、可采购性需求的调研和分析

所谓可采购性设计（简称 DFP，Design for Procurement）是指在产品研发设计的过程中需要考虑方便采购方面的因素。可采购性需求就是可采购性设计的输入，其内容不仅满足 PDT 团队新产品研发设计的需要，也是对采购部门自身的工作能力的相关要求，如表 9-2 所示。

可采购性需求关注采购 / 供应链部门在新产品研发时，对自身业务运作和管理体系的新一次开发所需要的输入条件，一般分为优选器件 / 物料、共用 / 重用、可替代物料 / 器件、供货周期、物料 / 器件上市后管理、采购风险等方面。所谓“优选器件 / 物料”的需求就是指优先选择的原材料、零部件及相关物料，尽量保证产品的标准化、通用化和系列化；所谓“共用 / 重用”的需求就是指优先选择共用和重用的零部件，减轻供应链供货压力；所谓“可替代物料 / 器件”的需求是关键性物料 / 器件的替代使用规则；所谓“供货周期”的需求是指关键性物料库存和供应周期的要求；所谓“物料 / 器件上市后管理”的需求是保证我司产品与外购零部件之间的售后服务“三包”关系。

可采购性需求一般在立项阶段进行一轮重点需求调研和分析，在概念阶段进行一轮详细、无死角的需求调研和分析，在计划阶段 PDCP 之前结束所有的需求调研和分析工作。

表 9-2　某企业可采购性需求维度列表（案例）

维度	子维度	具体内容
优选器件 / 物料	标准件（库）需求	
	通用件（库）需求	
	系列件（库）需求	
	优选件（库）的需求	

续表

共用 / 重用	原材料重用需求	
	元器件重用需求	
	半成品重用需求	
	零部件重用需求	
	系统 / 平台重用需求	
	整机重用率要求	
可替代物料 / 器件	原材料可替代需求	
	元器件可替代需求	
	半成品可替代需求	
	零部件可替代需求	
	系统 / 平台可替代需求	
供货周期	需求传递过程保障需求	
	供应商备货 / 库存需求	
	我司备货 / 库存需求	
	紧急备用供应商需求	
	供应物流管理需求	
	供应商开发过程保证需求	
	供应商生产过程保证需求	
	模具投入分摊需求	
	供货周期需求	
物料 / 器件上市后管理	原料 / 物料级“三包”政策	
	系统方案级“三包”政策	
	生命周期零部件保障需求	
	退休物料 / 器件回收处理需求	
采购风险	合格供应商和新供应商质量风险	
	合格供应商和新供应商技术风险	
	合格供应商和新供应商生产风险	
	合格供应商和新供应商财务风险	
	合格供应商和新供应商服务风险	
	生产用辅料需求	
	低值易耗品需求	

三、可服务性需求的调研和分析

所谓可服务性设计（简称 DFS，Design for Serviceability）是指在产品研发设计的过程中需要考虑方便服务（售前和售后）方面的因素。可服务性需求就是可服务性设计的输入，其内容不仅满足 PDT 团队新产品研发设计的需要，也是对售前和售后服务部门工作能力的相关要求，如表 9-3 所示。

可服务性需求关注售前和售后服务部门在新产品研发时，对自身业务运作和管理体系的新一次开发所需要的输入条件，一般分为易于客户使用、易于安装、易于维护/维修、服务文档、减少成本、服务战略一致性等方面。所谓的“易于客户使用”的需求是指新产品对于客户/用户使用的友好属性；所谓“易于安装”的需求既包括我司人员安装过程的顺畅性，也包括客户/用户自行安装过程的顺畅性；所谓“易于维护/维修”的需求是指我司产品对于我司人员和客户/用户维护和维修的方便性和快捷性；所谓“服务文档”的需求是指对我司服务客户/用户的使用维护说明书、技术说明书等相关文档的要求；所谓“减少成本”的需求就是关于服务过程降成本的需求；所谓“服务战略一致性”是保证本产品服务策略与我司主要服务策略相一致的相关要求。

可服务性需求一般在立项阶段进行一轮重点的需求调研和分析，在概念阶段进行一轮详细、无死角的需求调研和分析，在计划阶段 PDCP 之前结束所有的需求调研和分析工作。

表 9-3 某企业可服务性需求维度列表（案例）

维度	子维度	具体内容
易于客户使用	客户界面可读性需求	
	客户界面易操作性需求	
	客户使用的人机工程学需求	
	尊重客户操作习惯的需求	
	客户操作安全性需求	
	客户使用过程的环保与健康需求	

续表

易于安装	安装方式与过程需求	
	安装人员需求	
	安装工具需求	
	软线（电缆/线缆）安装需求	
	软件（含嵌入式）安装与更新需求	
	安装防差错需求	
易于维护/维修	外观维护需求	
	维修人员需求	
	结构件维护需求	
	电子硬件维护需求	
	操作软件和嵌入式软件的维护需求	
	液压/气压件维护需求	
	软线（电缆/线缆）维护需求	
	故障报警需求	
	远程控制需求	
	润滑油/机油定期维护需求	
	安装与操作标识需求	
	清理清洁性需求	
服务文档	售前与售后文档清单	
	文档内容可读性需求	
	文档章节合理性需求	
	文档内容全面性需求	
	文档的展现形式需求 （含纸质、网络、APP、视频、公众号、直播间、二维码）	
减少成本	服务工具降成本需求	
	服务过程降成本需求	
	服务过程规范性需求	
	服务资料降成本需求	
服务战略一致性	本产品服务承诺与公司承诺一致性需求	
	公司与行业“三包”政策一致性需求	
	外购件的保修期和“三包”策略的一致性需求	

四、可测试性需求的调研和分析

所谓可测试性设计（简称 DFT，Design for Test）是指在产品研发设计的过程中需要考虑方便测试方面的因素。可测试性需求就是可测试性设计的输入，其内容不仅满足 PDT 团队新产品研发设计的需要，也是对测试等部门的工作能力的相关要求，如表 9-4 所示。

可测试性需求关注品质、测试、检验等部门在新产品研发时，对自身业务运作和管理体系的新一次开发所需要的输入条件，一般从两个维度进行需求调研和分析，一个是对产品生命周期不同阶段的测试要求进行调研和分析。此外另一个是对产品不同组织系统的测试要求进行调研和分析，再加上一个测试点恢复的需求，就是全部的可测试性需求了。

可测试性需求一般在立项阶段进行一轮重点的需求调研和分析，在概念阶段进行一轮详细、无死角的需求调研和分析，在计划阶段 PDCP 之前结束所有的需求调研和分析工作。

表 9-4　某企业可测试性需求维度列表（案例）

维度	子维度	具体内容
可测试性	机械结构可测试性需求	
	硬件可测试性需求	
	软件可测试性需求	
	系统可测试性需求	
	制造过程可测试性需求	
	售后过程可测试性需求	
	测试点恢复和美观的需求	

五、（历史）质量需求的调研和分析

质量需求实际是质量 / 品质部门（包含一部分售后服务部门）在日常工作中总结的与新产品问题和故障等相关的需求信息，这些需求信息具有历史时间（一般为 3 ～ 5 年内）的特性。各个企业都应该定期对这些历史质量需求进行总结和分析，并及时把调研和分析结果在全公司范围内进行通报。

每个新产品开发项目开始之前，都应该对历史上发生过的质量问题和产品故障进行梳理，保证在新的产品开发项目中考虑到这些情况，避免它们再次发生。质量需求一般在概念阶段进行一轮详细、无死角的需求调研和分析，在计划阶段 PDCP 之前结束所有的需求调研和分析工作。

六、内部需求调研过程的管理方法

1. 内部需求调研的过程

各个企业在需求管理体系中，都应该按一定规范进行内部需求的管理。这个管理过程的主要内容包括内部需求的调研和分析、内部需求的应对方案设计、内部需求的产品结果验证。

内部需求的调研和分析是同步进行的，也就是说内部需求的调研会议上，各个与会人员也应该同时贡献出解决需求问题的方案建议。这类方案建议包括与会者对各个职能领域提出的需求和解决方案。也包括对本职能领域提出的需求及其方案。内部需求对应的解决方案包括技术解决方案和非技术解决方案，应该在系统工程师 SE 组织下，由 PDT 项目组全体成员共同研讨出来，才是最为有效的。内部需求的验证主要通过公司各级 TR 评审会来执行和实现。

在各个职能部门内部召开的需求调研和分析会议一般被称为“诸葛亮会”。这种会议实质上是集中群众的智慧，灵活处置和解决工作中所遇到的重大问题。下面是某企业生产职能部门组织的可生产性需求调研内部“诸葛亮会”的议程。

某公司生产制造部总装车间内部需求调研“诸葛亮会”议程（节选）

开展时间：2022 年 09 月 21 日 14:00～16:00

主持人：项目经理——王 ×、生产代表——桂 ××

参与人员：总装车间副班长以上所有人员、工作 10 年以上老员工

特邀人员：公司生产副总经理——贾 ××

议程：

1. 生产代表进行项目需求调研内容讲解。

2. 项目经理公布相关激励措施。

3. 生产副总讲述本研发项目的重要意义。

4. 各参与者分别从“人”“机”“料”“法”“环”“测”六个方面书写自己对于内部需求的认识。

5. 分六个小组进行内部讨论，以达成一致意见。

6. 各个小组将自己关于内部需求的结论与其他小组进行交流，请其他小组批评指正和补充。

7. 最终形成经所有人员积极思考和认可的内部需求信息。

8. 生产代表组织大家互相打分，形成“金点子”“银点子”“铜点子”。

9. 由项目经理对生产部门这些精英们进行礼品赠送和感谢。

10. 鼓掌，拍照合影。

上面是一个生产部门的例子，其他职能部门可以参考实施。各个职能部门的“诸葛亮会”，一般不邀请公司外部人员参加。

各个职能部门在进行“诸葛亮会”时，要注意以下几个方面。

一是在会前进行充分的研讨会过程设计，既要保证有效性，又要有趣味性。趣味性是“诸葛亮会”的关键，为此可以开展诸如知识问答等游戏。

二是只有大中型项目才采用这个方法，因此，需要获得高层的重视和正确参与。如果高层不重视，或者在参与过程中过多地发言，就会抑制广

大员工提出内部需求的兴趣和信心。

三是一定要拿出一些激励的方法。这就要求内部需求管理部门一定要拿出年度“诸葛亮会”激励方案，让广大员工有奖品拿，有积极性。奖品要以实用性为主，要实惠一点，但是不能直接给现金。

四是一定不能干扰大家的正常工作，时间上要安排得比较巧妙，让大家轻松地进行会议。

五是在降成本项目中，需要打消大家关于工作量变小可能会导致收入下降的疑虑，这就需要安排一定的保障措施或者转化措施，这需要职能部门代表和内部需求管理部门人员提前讨论好应对措施。

2. 内部需求的管理机制

小型公司由于人员较少，内部工作的脉络较为清晰，一般都是不进行专门的内部需求管理的，按照实际的产品开发项目来进行就可以了。

大中型公司由于内部需求涉及公司生产和服务能力的持续提升，因此要把内部需求纳入专门管理机制。这个管理机制一般由各个职能部门自行负责，不断地审视已收集到的内部需求。也有少数大中型公司用 SE 管理部门进行集中式内部需求管理。

公司级需求管理部门一般不负责内部需求的管理工作，而只负责外部需求的管理工作。有条件的公司外部需求中的认证需求（标准约束）由专业的知识产权和标准化部门负责管理。

CHAPTER 10

第十章

需求分析的六个步骤（专项和日常）

从第二章到第九章，本书用了很大的篇幅讲述了需求管理中最重要的也是最基础的需求调研和收集的流程、工具、方法和案例。只有足够数量的优质需求信息源源不断地进入需求流程中，不断服务于产品规划和技术规划、产品立项和技术立项、产品开发和技术开发，企业的精品和爆品才有产生的基础条件。

在解决了市场需求信息调研和收集的问题以后，就进入需求分析阶段。在本阶段，RAT 需求分析团队闪亮登场，对原始需求进行解释、去伪存真、分类、分级、排序等工作，将需求信息整理成后续可用的信息，这无论是对于日常性需求信息，还是对于专项性需求信息都是非常重要的事情。

一、外部需求信息的解释和明晰

在外部需求调研完毕后，首先应该对外部需求的内容进行解释和明晰，在此过程可以过滤掉一部分外部需求信息，但是要求被过滤掉的信息只能是完全不靠谱的信息，否则不可以在这个过程中过滤掉。

外部需求信息的主要状态有三种：原始需求、特性需求、产品（包）需求，在原始需求后还有初始需求，在产品（包）需求后还有分配需求，后两种都是中间状态需求。原始需求解释的准确性需要客户/用户和我司调研人员之间达成共识；特性需求解释的准确性需要我司调研人员和PDT团队（或者RAT团队）之间达成一致；产品（包）需求（或称系统需求）解释的准确性需要我司PDT团队内部达成一致，并得到IPMT团队和TRG团队的一致认可。这就是外部需求信息的三种主要状态。

各种状态的外部需求信息都需要用需求解释卡片进行记录、分析。

某企业需求解释转化卡片（案例）

需求原始描述（需求调研人员填写）：

在美国加利福尼亚州度假沙滩上，沙滩椅所在区域夜间没有照明装置，令人不能看清楚有无沙滩椅存在，导致游客夜间经过沙滩时，与沙滩椅发生磕碰，甚至被绊倒。

原始需求发生的工况和环境（需求调研人员填写，要求有照片或者视频）：

美国加利福尼亚州度假沙滩的沙滩椅密度为每10平方米内×把、沙滩椅长××厘米，沙滩椅和沙滩椅之间的平均距离为××厘米（不含太阳伞）。

原始需求发生的原因分析（需求调研人员填写，尽量有分析过程）：

美国××海滩风景优美，度假人员较多，为保持海滩的自然风貌，没有铺设电缆，导致没有照明装置。

需求特性的提炼（RAT 或者市场代表填写）：

一种沙滩椅警示装置，避免游客夜间被沙滩椅绊倒，考虑为照明装置或者警示标记。

产品需求描述（SE 和市场代表做总结性填写，尽量量化）：

为沙滩椅增加照明装置或者明显标记，保证游客夜间能在 10 米内看清楚沙滩椅位置，以便于避开沙滩椅。

TRG 意见（TRG 小组专家填写）：

该需求信息解释清晰，允许进入后续环节——汪 ×× 专家。

从上面的需求解释卡片可以看出以下几个方面。

（1）外部需求信息的各个状态都是其本身的组成部分，缺一不可。

（2）原始需求信息要求尊重客观事实，最好不要加入过多的个人思考。

（3）特性需求信息要求相对于原始需求信息不失真，并且向产品（包）解决方案方向前进一步，让项目组需求分析人员与需求调研人员在思维和行动上保持一致。

（4）产品（包）需求信息是企业正式产品规划和开发的直接输入，需要在原始需求信息、特性需求信息、产品（包）需求信息、产品解决方案等四个方面保持一致性，保证项目组成员完成需求信息向产品解决方案的良好转变，使项目组所有成员在需求信息及其对应方案上达成一致，并得到高层和专家们的认可。

有的公司也会用如表 4-1 所示的需求信息采集分析卡。两种方法都可以，请大家根据自身情况选用。

在原始需求整理的过程中，是需要对需求信息进行初步过滤（粗滤）的，将一些无用信息尽早清除出去，形成初始需求。本书第二章介绍了五种方法：不同路径法、试验验证法、计算验证法、案例证明法、再次调研法，供大家在实际工作中选用。

二、外部需求信息的去伪和存真

在需求解释和传递的过程中伴随着对需求信息的去伪和存真，千万不能让伪需求进入产品规划和开发阶段，否则会给后续的流程带来持续的错误。为什么会有伪需求呢？

（1）客户/用户没有把自己的需求表达清楚，导致需求调研人员记录和判断出现了误差甚至错误。

（2）客户/用户没有把自己遇到的问题和困难认识清楚，需求调研人员也没有深究，造成需求信息的不正确。

（3）客户/用户不具有细分市场代表性，或者客户/用户遇到的需求实际是偶然发生的，而需求调研人员并没有注意到这个情况。

（4）客户/用户提出的不是需求而是解决方案，且该解决方案被我司人员不假思考地接受为自己新产品的解决方案。

（5）客户/用户出于某种不可告人的目的，故意误导需求调研人员。这种情况笔者相信是不多的。

从以上五种可能的伪需求存在原因上进行分析，可以得出将伪需求从众多需求信息中挑拣出来的办法。

（1）对需求调研人员的能力和“空杯”心态提出比较高的要求，让他们能够冷静、客观、深究其理地看待客户/用户提出的原始需求，并多问几个“为什么”。

（2）对于项目组人员或者 TRG 专家有疑问的需求信息，需要需求调研人员进行二次补充调研。

（3）对于部分难以识别真伪的信息，需要从至少两个方面进行需求信息验证，必要时需要进行需求现场还原试验或者建立数学模型进行验证。

（4）对于一些模棱两可的需求信息，可以看看竞争对手是如何看待和处理的，给真伪辨别提供佐证材料。

三、外部需求信息的分类和排序

在保证我们收集的外部需求信息准确无误的情况下，大家需要对这些信息进行分类和分级排序，以保证我司可以对这些信息进行有效管控，并查缺补漏。如果不进行需求的分类和分级，不仅可能导致需求管理的混乱，而且不容易检查出某个维度需求的缺失，对后续的需求执行和验证会产生较大的负面影响。

如表 10-1 所示，就是各个公司常用的七种需求信息的分级排序方法（笔者进行了一定的优化），每一种方法都有其适用的条件，请各位读者朋友根据自己公司的实际情况进行选择。笔者在实际工作中，最喜欢使用贴点法（贴点分级法，或称 ABC 法），因为这种方法的可操作性强，简单易学。当然，使用贴点法需要组织好 PDT 团队（或 RAT 团队）、TRG 团队的研讨共创环节，对项目过程管控者 PQA 的要求较高。

表 10-1　需求分析的分级排序方法集

序号	方法名称	方法描述	特点
1	KANO 模型法	根据满意度和执行度，将需求分级为兴奋需求 A、满意需求 S、基本需求 B	容易找出兴奋需求，形成产品的卖点和亮点，对于 B2C 业务效果较好
2	四象限法	根据重要性和紧迫性，将需求信息分别布置在四个象限中	对于接下来进行需求分配较为有利，尤其在需求信息数量较多的情况下
3	贴点分级法	通过小组成员贴点投票的形式，确定需求的级别 A、B、C	简单、易于操作，适合团队讨论，变更管理方便
4	成对比较法	将一个一个信息成对进行对比，确定两者之间的优先级，然后推广至所有需求	在需求信息数量较少时操作较为方便

续表

5	Delphi 法	一种对需求信息按照几个评分标准进行打分的办法	在客户群体较为稳定时可以采用
6	AHP 法	也称为层次比较法，其核心就是对需求进行量化后的比较分析和计算	对于量化性需求信息效果较好，对于非量化性需求信息操作较为不便
7	价值工程法	利用 V=F/C 公式，根据需求带来的成本与价值做相应的布置	适合颗粒度较大的需求信息，且成本控制效果好

1. KANO 模型法

KANO 模型（又称 BSA 模型）如图 10-1 所示，可以将所收集到的需求分为兴奋型需求、期望型需求、基本型需求三种类型。所谓基础型需求，就是当我司不能满足客户此类需求时，客户会很不满意；当我司能满足客户此类需求时，客户不会很满意，也不会不满意，此类需求我司必须满足，而且不可以在产品实现中打折扣。所谓期望型需求，就是随着我司满足客户的程度越来越高，客户会逐渐从不满意走向很满意，是我司需求信息中的大多数。所谓兴奋型需求（又称魅力型需求），就是当我司满足不了客户此类需求时，客户不会出现不满意的情况；当我司满足了客户此类需求时，客户会出现非常满意的情况，甚至会很兴奋，此类需求一般为新产品的亮点。

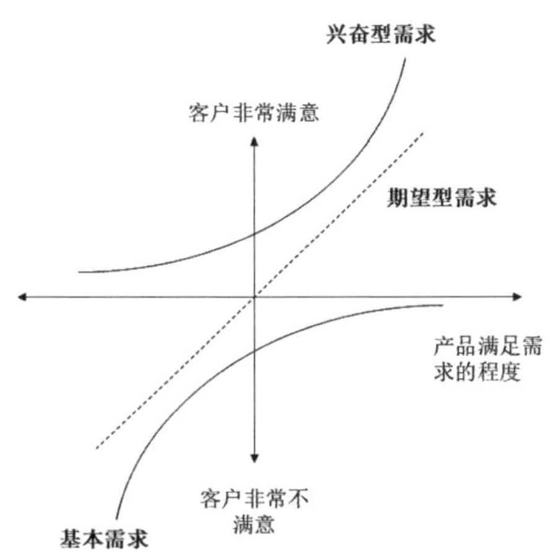

图 10-1　KANO 模型示意图

2. 四象限法

四象限法如图 10-2 所示，就是将所有的需求从重要性和紧迫程度两个维度出发分为四个象限的需求类型：重要且紧急需求、重要但不紧急需求、不重要且不紧急需求、不重要但紧急需求。根据时间的紧迫程度，一般都要求研发人员先满足那些重要且紧急的需求，再完成那些重要但不紧急的需求，同时将不重要但紧急的需求转化为不重要且不紧急的需求。

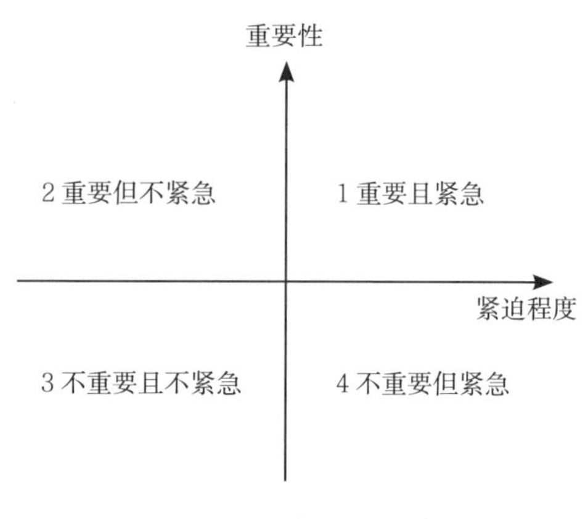

图 10-2　四象限法示意图

3. 贴点分级法

贴点分级法如图 10-3 所示，类似于长篇小说《暴风骤雨》中用黄豆选举村长的方法。它将收集到的需求根据 $APPEALS 进行分类，并把每个需求放在相应的需求维度附近。它规定每位投票人员可以投需求信息总数一半的选票（红点），初步得出需求的排序：红点多的需求信息就是级别高的需求信息，红点少的需求信息就是级别低的需求信息，红点特别少的需求信息尤其没有红点的需求信息应该准备舍弃。如果在需求分类时出现 $APPEALS 的某个维度需求很少甚至没有，就要思考是否需要做补充需求调研了。

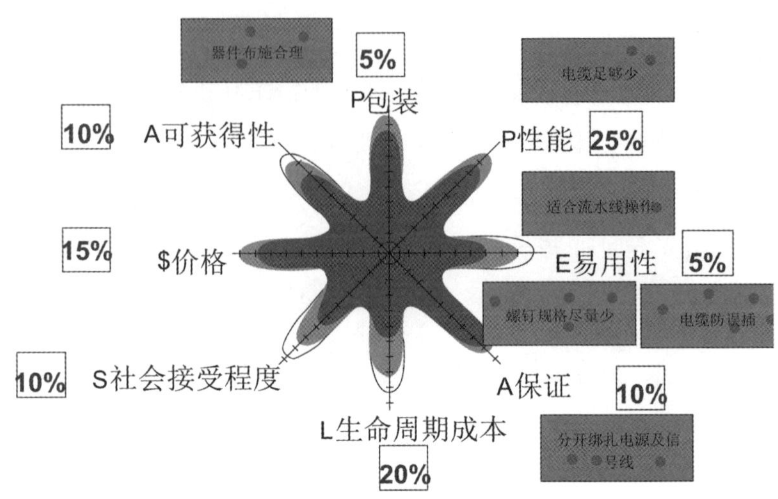

图 10-3　贴点分级法示意图

项目组或者 RAT 并没有需求分级的最后决策权。最后的精滤决定权在公司级 / 产品线级的 TRG 会议 / 技术委员会会议。这个会议最终决定需求的等级和需求检验的标准，如表 10-2 所示。

表 10-2　需求等级划分和管理方法（案例）

需求等级	等级描述	变更决策者	举例说明
核心需求 A	如果该项需求完不成，则产品完全偏离原定轨道，产品失败	IPMT	第五代隐身战斗机的“隐身”功能需求
重要需求 B	如果该项需求完不成，则客户对产品的满意度将大幅度下降，严重影响产品成功	LPDT	第五代隐身战斗机的销售价格需求
一般需求 C	如果该项需求完不成，则产品价值无法进一步提高，但不太影响产品成功	SE	第五代隐身战斗机的方便型登机梯把手需求

对于一般的项目来说，需求信息中的 A 类需求（包含内部需求和外部需求）总数不超过 6 项，否则会因为 A 类需求过多，而使新产品开发进度被拖慢。当 A 类需求大于 6 项时，可以把项目做迭代拆分处理，也就是分

成两代新产品进行开发。部分预研性质的项目可以适当放宽要求，这个需要具体问题具体分析。

4. 成对比较法

成对比较法（又称成对对比法）就是把收集到的需求进行两两比较，用赋值衡量的方法比较出需求的先后排序，如图 10-4 所示。

	需求A	需求B	需求C	需求D	需求E	需求F	绝对重要度	相对重要度
需求A		1	1	0	0	3	5	13
需求B	1		3	1	3	1	9	23
需求C	1	0		0	0	0	1	3
需求D	3	1	3		3	1	11	28
需求E	3	0	3	0		1	7	18
需求F	0	1	3	1	1		6	15
							39	

图 10-4　成对比较法示意图

5. Delphi 法

Delphi 法（又称专家分析法）如表 10-3 所示，就是组织专家团队对每个需求的重要度进行打分，从而形成需求的排序。

表 10-3　Delphi 法示意表格（案例）

需求描述	得分	盈利	份额	客户	通用性	……
需求 1	5.3	6	8	8	6	……
需求 2	3.5	4	3	5	6	……
需求 3	2.2	3	5	6	2	……
……	……	……	……	……	……	……

6. AHP 法

AHP 法（又称层次分析法）的分析过程如表 10-4 所示，是一种定性和定量相结合的系统化分析方法。AHP 法将复杂问题分解为不同的组成因素，并根据因素间的相互影响和隶属关系构建多层次的分析结构模型，最终确定各因素相对于总目标的权重或优劣排序。AHP 法计算过程较复杂，不太适合我国本土企业的实际情况，但是外资企业或者中外合资企业可以使用。

表 10-4　AHP 法示意表格（案例）

	功能	价格	服务	性能	绝对权重	相对权重
功能	0.608	0.588	0.600	0.621	2.417	60%
价格	0.122	0.188	0.133	0.103	0.476	10%
服务	0.068	0.059	0.067	0.069	0.262	5%
性能	0.202	0.235	0.200	0.207	0.845	25%
合计	1	1	1	1	4	100%

7. 价值工程法

价值工程法又称价值工程分析法，如图 10-5 所示，是指利用产品成本结构与产品功能结构的比值关系来确定需求的等级顺序，其基本公式为 V=F/C，价值 = 功能 / 成本。

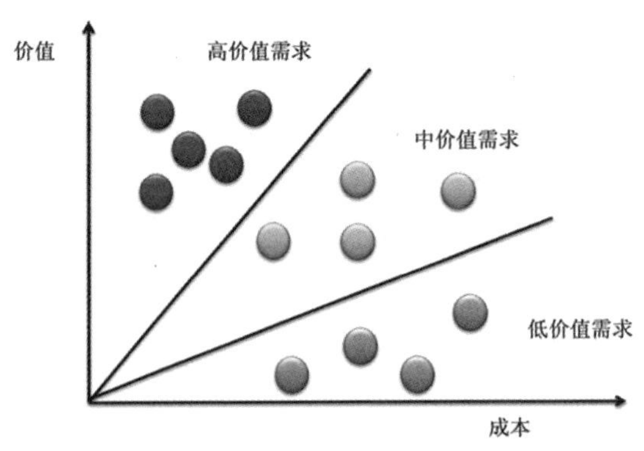

图 10-5　价值工程法示意图

四、外部需求信息分析的人员组织和整个过程

外部需求信息的分析团队一般被称为 RAT 团队，在日常性需求调研中的主要职责包括以下几个方面。

（1）RMT 团队主要负责公司 / 产品线需求管理工作，但偏重于需求调研，而 RAT 团队一般专门负责公司 / 产品线需求管理工作中的需求分析工作。

（2）RAT 团队定期召开月度例会，对收集来的日常性需求信息批量进行专业分析，包括解释、过滤、分类、排序等，必要时进行市场需求补充调研，最终给出关键要素评估意见，包括收益程度、风险程度、工作量、是否采纳等，并排列出需求优先级，形成市场需求包或待定的需求列表。

（3）根据月度例会的结论，RAT 团队将市场需求传递到 PDT/TDT 等相关部门进行后续处理。

（4）根据月度例会的结论，RAT 团队将待定的需求列表提交 RMT 团队考虑，并最终形成需求月报。

（5）进行需求执行任务跟踪监控，在 PDT 的 TR1 技术评审时对产品包需求进行内容验证，并作为技术专家参与 TR2、TR3 技术评审会，以及在 TR4A、TR5、TR6 技术评审时进行最终的需求执行结果确认。

在专项性需求调研工作中，分为两种情况：在进行 MM 市场与产品规划流程时，由 PMT 团队兼任初级 RAT 团队，并由 IPMT 团队兼任终极 RAT 团队；在进行小 IPD 产品开发流程（或 CDP 流程）时，由 PDT 团队（或 CDT 团队）兼任初级 RAT 团队，并由 TRG 团队兼任终极 RAT 团队，其他流程情况类似。

无论是日常性需求调研还是专项性需求调研，都需要召开 ORR（Offer Requirements Review）需求评审会。在日常性需求调研中，ORR 评审会是定期召开的，一般为一个月、两个月或者一个季度召开一次。在专项性需求调研中，ORR 一般与 CDR1/CDR2 评审会（CDP 立项流程不明显时，用 TR1

评审会代替）联合召开，如果项目较为复杂，二者也可以分别召开，这个会议一般在项目组内召开一次，在 TRG 评审会上最终确认需求清单。无论是日常性需求调研还是专项性需求调研，都可以用表 2-2 所示的 ORR 需求评审要素表进行评审工作。

RAT 团队的组成人员，可以包含以下这些角色。

（1）公司内部的技术专家、产品专家，此为主要人员。

（2）公司内部的市场专家、营销专家、服务专家，此为主要人员。

（3）公司内部的工艺专家、工程专家。

（4）公司内部的成本专家、风险管控专家。

（5）公司内部的安全专家。

（6）公司内部的质量专家、品质控制专家。

（7）公司外部的技术专家（仅必要时）。

（8）其他人员。

RAT 团队的人员一般都有兼职和专职之分，如果您的企业已经建立了科学规范的市场部或者产品部，则可以在其中配置专业的需求分析工程师，待遇和管理方式参考 SE 系统工程师，使其在需求分析过程中作为 RAT 专职人员，再加上一定的兼职人员就可以了；如果您的企业还没有建立起科学规范的市场部或者产品部，则 RAT 团队主要由从各个部门临时抽调的兼职人员组成。无论 RAT 团队人员组成是采用何种方式，它一定要在小 IPD 流程和 OR 需求管理流程运作顺畅的情况下才有可能获得比较好的发展，否则 RAT 团队一定会形同虚设，甚至成为企业开展业务工作的包袱。

五、外部需求和内部需求冲突的问题解决方法

企业研发工作是一个涉及各个业务部门和环节的系统工程，因此要想把调研和分析得来的需求落实在企业新产品规划和开发工作中，就必然牵

涉到企业的方方面面。经常发生的事情就是设计工程师可以设计出非常科学的新产品技术方案，但是工程、工艺、生产、采购、测试等部门的能力不一定可以支撑该技术方案的成功，这就是所谓的外部需求和内部需求之间出现了矛盾。

1. 外部需求和内部需求的矛盾是怎么产生的

在企业发展的过程中，起带头作用的一定是营销职能部门，也就是说只有把产品和服务销售出去，企业才能够生存和发展。客户/用户只有认为我司的产品和服务更能够满足他们的需求，才可能向我司支付购买费用。但是企业内部的组织体系、业务能力、人员能力往往是针对已经发生的客户/用户需求来准备的，所以从长远来看，企业的内部需求一定落后于外部需求的发展。在企业业务经营一段时间之后，一定会出现外部需求的内容是企业职能部门现有能力无法办到的情况，这就产生了外部需求和内部需求的矛盾。

从积极的角度来看，这种外部需求和内部需求的矛盾是企业持续发展的动力之一，只有内部需求不断追赶外部需求的脚步，企业内部才能发生有益的变革，企业满足客户/用户需求的能力才能不断上升，企业才能够长久保持活力。但是如果处理不好外部需求和内部需求的矛盾，企业内部相关职能部门抵抗变革的力量过大，企业将无法继续满足客户/用户的需求，其生存和发展很可能面临困境。

2. 外部需求和内部需求的矛盾如何解决

外部需求和内部需求矛盾的解决原则是以外部需求的满足为第一要务，但是这里面蕴含着很多工作内容。

（1）如果外部需求所确认的内容，内部需求只要稍微进步就可以满足，那么内部需求对应的研发内容就变成了小 IPD 流程非研发领域的开发内容。

（2）如果外部需求所确认的内容，内部需求需要付出比较大的努力才可以满足，那么内部需求对应的研发内容就变成了 MM 市场与产品规划的工作内容，需要提前准备相关生产资源和采购资源，并可能需要投入一定的资金。

（3）如果外部需求所确认的内容，内部需求需要做出彻底的变革和重建才可以满足，那么内部需求对应的研发内容就变成了产品预研甚至新公司开发的一个重要组成部分，需要付出战略性的重大努力，并可能需要投入巨额的资金。

六、需求信息转化成研发特性信息的过程和方法

(1) 正面攀梯和反面攀梯

(2) 情境唤起

(3) 假设某物或状态缺失

(4) 时光倒流对比

10-6　需求信息转化的四大方法

从原始需求信息状态到特性需求信息状态，再到产品开发真正的输入——产品需求信息状态，最后到新产品的研发设计方案和参数，这个转化的过程是研发技术人员的本职工作，一般都会通过设计规范文件等书面形式结合师傅带徒弟等口头形式代代相传。当然这里面还是蕴含着一些方

法和技巧，如图 10-6 所示就是四种需求信息转化方法。

1. 正面攀梯和反面攀梯

所谓正面攀梯，实际就是“五个为什么”或者“七个为什么”，通过不断地探索事物本来的面目，说明需求发生的因果链条，直到最后找到需求发生的根本原因。正面攀梯的尽头可以是以下两个方面：一是无法再找到新的“为什么”来更深一步地解释需求，二是需求发生的原因，被归结为超系统事件，是我们不可以掌握和影响的事件。所谓反面攀梯，实际就是“五个为什么不”或者“七个为什么不”，过程与正面攀梯类似。

下面是一个有名的正面攀梯案例，在某一台机器不转动以后，两位工程师之间的对话。

甲问：“为什么机器停了？”乙答：“因为超负荷，保险丝断了。”

甲问：“为什么超负荷了呢？”乙答：“因为轴承部分的润滑不够。”

甲问：“为什么润滑不够？”乙答：“因为润滑泵吸不上来油。”

甲问：“为什么吸不上来油呢？”乙答：“因为油泵轴磨损，松动了。”

甲问:“为什么磨损了呢？”乙答:“因为没有安装过滤器，混进了铁屑。”

2. 情境唤起

所谓情境唤起，就是需求分析人员通过冥想，将客户 / 用户需求发生的情境想象出来，并表达出来。情境唤起很容易“想多了”或者“想偏了”，是需要将场景化的内容向客户 / 用户进行求证的。

下面是一个非常有名的情境唤起案例，它在需求调研之后，对整个需求收集过程进行了事后回顾，共分为四个阶段。这里需要整个需求调研团队召开集体会议，共同思考需求发生的情境。

（1）回顾目标，回答四个问题：当初需求调研行动的意图或目的是什么？想要达到的目标是什么？预先制订的计划是什么？事先设想要发生的事情是什么？

（2）评估结果，回答三个问题：实际现场发生了什么事？在什么情况下发生的？事情是怎么发生的？

（3）分析原因，回答一个问题：产生这些需求的原因是什么？

（4）确定策略，回答两个问题：接下来应该做什么？还需要哪些资源支持？

3. 假设某物或状态缺失

在进行需求分析的时候，可以假设服务于客户/用户的系统（不含超系统）中，某一个组成部分缺失，或者某一种配置的状态缺失，分析这时会造成什么样的后果。将需求和问题发生的条件推向极限，从缺失的部分或配置状态出发，看看系统在极限情况下是什么样子的，最终找到需求发生的根本原因。

下面是一个非常有名的案例——眼镜的进化历程，就是通过不断假设每个部件缺失而获得新的眼镜类型。每个眼镜都是由镜片、镜框、鼻托、眼镜腿及铰接机构组成，它的某个部件缺失有下列几个情况。

（1）假设缺失眼镜腿，就会用胶皮松紧带来固定眼镜，例如游泳眼镜。

（2）假设缺失鼻托，就会把鼻托部件直接与镜框融为一体，例如墨镜和儿童玩具眼镜。

（3）假设缺失镜框，镜框的支撑作用就会由眼镜片来承担，例如树脂眼镜。

（4）假设缺失眼镜腿、鼻托、镜框，就会只剩下眼镜片，例如隐形眼镜。

4. 时光倒流对比

在进行需求分析的时候，可以假设时光倒流，也就是如果回到从前，客户/用户能不能避免操作错误，我们的研发和技术人员会不会仍然像以前那样处理问题，以便找出需求发生的真实原因。

2016年，笔者在台州某公司参与过一次时光倒流分析会。在会场上，一些员工扮演公司董事长、总裁、副总裁等，在针对某一产品需求的评审现场，高度还原了3年前公司高层是如何对某个关键产品需求判断错误的。通过台上员工所演节目，台下高层们看到了自己当年的情况，在一片欢笑声中，深刻剖析了自己当年处理需求信息时的状态，找出了需求分析失误的原因。

七、需求信息处理结果的通报方法

需求信息处理结果通报方法分为专项性需求分析和日常性需求分析两种不同的情况，分析后的需求信息将以结构化的表述方式展现给大家，下面将分开来进行叙述。

1. 专项性需求信息分析处理结果通报方法

专项性需求信息分析处理结果一般都在具体的项目中产生，也就是每一个TR技术评审会议上都会对需求信息的分析处理结果在评审小组和项目组成员中进行公开讨论和评审，也就相当于公开发布了。但是如果别的产品线涉及部分需求信息的重用时，就会出现信息孤岛现象。为了达到信息共享的目的，对于具有一定级别的技术人员和市场需求管理人员，应该在IT系统中向他们公开其他项目需求信息分析处理的相关过程和结果，但应该配置足够的信息保密制度和保密措施，有一些企业就不允许员工上班时携带具有拍照和录像功能的手机。

2. 日常性需求信息分析处理结果通报方法

日常性需求信息收集和分析处理结果应该在需求月报中定期公布，相关内容见本书第四章。所有的日常性需求信息分析结果都需要在进入专项性需求信息分析阶段时，重新审视甚至重新分析一遍。

CHAPTER 11

第十一章

需求分配的过程与产品/技术规划良好互动

在讲述了需求收集阶段和需求分析阶段的相关内容后，本书进入需求管理流程的第三个阶段——需求分配（或称需求分发）阶段的讲述，这个阶段的内容会相对较少，但是又特别重要，因为需求分配阶段实际是与产品/技术规划流程并行，一起开展相关业务管理工作的，并最终形成市场规划、产品规划、产品路标、技术路标和各个职能部门工作规划/计划。

从需求分配方面来说，很多企业可能会发生以下这些不愉快的事情。

（1）分配过程过于激进，几乎把所有需求都分配到同一个新产品上，并要求在短时间内开发出新产品，这就是大家常说的“万能产品”。当代社会新产品都是面对某一个或者某几个特定的细分市场开发的，因为不同细分市场中的客户/用户需求内容都有一些不同，所以不大可能出现能够同时满足所有细分市场的新产品。一般来说，万能产品都是失败产品，大家不要在需求分配时过于激进。

（2）分配过程过于松弛，凡是技术上不好实现的需求都暂时搁置，令企业给人一种不思进取的印象，难以在激烈的市场竞争中保持不败的地位。

（3）不知道是故意的还是非故意的，总是有一些需求信息被遗忘，没有得到有效的分配，这个问题发生的原因非常复杂，有人为原因，也有分配工具不给力的原因，而且这些原因很难区分清楚。

（4）有部分人员会出于自己的“技术狂人症”，私自夹带一部分需求信息到需求分配过程中，导致一些新产品的开发项目与企业战略方向之间出现偏差。

（5）其他不愉快的事情。

关于产品规划（MM）和技术规划（TPP）流程的详细内容，本书不再讲解，请参看其他书籍或者笔者后续著作，下面就针对产品规划和技术规划流程运作时，日常性需求信息分配过程中，如何解决上述几个问题进行相关阐述。在具体的产品立项和开发项目中，大家可以通过一部分产品补充规划进行需求的简单分配，具体见《研发才是硬道理——用 IPD 流程研发新品全过程详解》一书中关于产品立项的部分。

一、需求分配应保持与公司/产品线战略的一致性

需求需要被分配到不同时期的、针对不同细分市场的新产品中去的时候，有一个比较棘手的问题，那就是究竟应该先在项目初始就设定大致目标，再去进行需求证真/证伪和分配呢，还是应该先以“空杯”心态广泛调研和收集需求，再进行各个项目的初始目标设定呢？这实际是一个先有鸡还是先有蛋的问题。

详细地说，如果公司高层先设定一个初始的项目目标，而这个目标一般都已经有比较大颗粒度的预备需求，我们再去进行需求调研时，这种证真或者证伪的过程就会存在“不空杯”的现象，有的时候会不自觉地相信自己的已有判断，同时去否定高层的初始设想的难度是比较大的。如果在没有初始设想的情况下，去广撒网式地调研需求，就会导致调研所需时间久、人员投入量大，不但导致一些浪费，而且对于中小企业来说是难以承受的。

解决上述问题的核心办法就是需求分配公司/产品线的战略定位相一致。

（1）清晰的战略定位决定需求分配方向，这就是所谓的摸清鱼群分布情况后，按规划逐步捕获，一般用于成熟产品线/产品族。

公司/产品线的战略定位，实际给了我们需求管理团队一个明确的指示，就是公司/产品线要做什么，不要做什么，即大致的需求方向和核心需求。在成熟的产品线/产品族中，大致的需求是存在于公司内部的，只需要在证真或者证伪以后，把需求分配在各个假设的产品中就可以了，这就是需求分配跟随产品/技术规划的脚步。

（2）不太清晰的战略定位决定需求分配的深度，这就是所谓的先下池塘摸一条鱼，并依靠摸鱼过程逐渐摸清鱼群分布情况，再按规划逐步捕获，一般用于不成熟产品线/产品族。

这种情况下是很难一步到位地搞清楚战略定位的，其原因是没有办法

对一个陌生的新行业/新产业进行完整的需求调研，领导们的头脑里关于新项目的初始设想是不完整的。这就需要先进行需求的调研，并在调研过程中发现那条又大又容易捕获的鱼，在确定大鱼位置即明确种子客户/天使客户以后，需求分配就会走向正轨了，战略定位自然也就清晰了，这就是产品/技术规划跟随需求分配的脚步。

无论以上哪一种需求分配方法，其本质都要做到需求分配与战略定位一致，不可以离开战略定位进行需求分配，要严厉打击那种在项目布置上有私心的行为，不能让具体的产品开发过程与战略定位相偏移。

二、需求截止时间是需求分配的红线

大家在需求分配时会遇到项目时间安排的难题，这就是需求要求的开发项目截止时间与我司需求执行能力上的矛盾。很多时候，市场和客户要求的时间是比较紧的，而我司的技术能力和生产能力可能无法在相应时间内做出来合格的新产品。在这个时候，是保证市场和客户的计划，还是延迟相应的项目计划呢？

（1）市场和客户的需求是企业的生命，上市时间是很多新产品的重要的需求维度之一，任何人没有权力去否定市场和客户的需求。当然，在执行的过程中，大家要防止营销领域代表夸大其词，故意提前市场和客户的需求截止时间，解决这个问题需要整个项目组的团结一致。

（2）需求截止时间是一条红线，如果大家在需求分配时已经感觉到现有的企业业务和技术能力无法达成需求基线，那么就需要采取其他方法来解决这个问题，比如技术赎买、专利赎买、先引进国外零部件再将其国产化等方法。如果企业依靠自己的能力，只能延迟项目的交付时间，别无他法，那么企业在进行需求分配的时候，就要评估这种延迟造成的影响。这种影响可能有三个层次，一是竞争对手将占有很大的先机，我们的新产品无法踏入市场而彻底失败；二是竞争对手能力也不强，仅能占有一部分市场，而我们的新产品也会占有一部分市场，这个时候需要算清账目再做决策；三是竞争对手能力也不行，我们的新产品仅受轻微影响，那就可以延迟新产品开发的计划了。

从上述内容可以看出，得到明确分配需求的新产品开发项目一定要在市场和产品规划的过程中，明确新产品开发的起止时间。这些被分配的需求一般以 A 类核心需求和 B+ 类重要需求为主，至于 B- 类重要需求和 C 类一般需求在明确的情况下也可以分配，如果不是很明确，就可以在新产品具体开发的时候，再行商议。

三、需求分配的主要工作就是研发资源的匹配

进行需求分配的时候是必须考虑研发资源投入情况的，那种不顾及资源投入情况，就盲目地分配需求的做法，是不负责任的。理论上说，企业的战略定位一般都是没有多大问题的，出问题的地方一般就在于资源匹配（或称资源配称）。只要有高质量的和足够数量的资源，包括人、机、料、法、环、资金、政策等，战略目标都是可以达成的。但是实际的工作中，不会拥有无穷的好资源，这就需要大家在进行需求分配的时候，在项目需求分配结果和资源配称结果上进行平衡。

如何进行项目数量、内容和资源配称之间的平衡呢？答案就是项目排序，也就是 IPD 七大核心思想中的第六条——业务和各项资源的匹配与对齐。排序靠前的项目，重要度高，就会享受高质量的资源；排序靠后的项目，重要度低，就只能分配到低质量的资源。具体的排序方法和资源配置方法，大家可以参阅 MM 市场和产品规划流程方面的书籍，这里不再赘述。

在需求分配的过程中，要注意把共性需求提炼出来，形成产品平台和技术平台，并为模块化设计打下基础。这一部分内容可以参考相关书籍，笔者将在未来的著作中进行详细论述。

CHAPTER 12

第十二章

需求执行过程中保证需求不失真

需求管理流程的第四个阶段——需求执行阶段实际是依附在小 IPD 产品开发流程（包括 TPD 技术开发流程）的开发阶段的，该阶段的目标就是把需求开发成产品，同时保证需求管理的相对独立性。

在需求执行阶段，我们需要进行的主要工作就是需求实现过程管理和需求变更过程管理。大家既然辛苦地进行了市场信息、需求信息的调研和分析，后续执行工作就必须一丝不苟地做好，不能让需求失真，不能让需求变更失控，否则就浪费了需求调研的成果了。

一、需求分解与功能/工作分配对照表

需求分析和需求分配以后，PDT 项目组就会得到完整的产品需求包，接下来的重头戏就是将这些需求转化为新产品及其内涵的功能元素和非功能元素。在这个过程中首先就需要对需求进行分解，并与各项功能/非功能工作内容进行对应，将需求信息真正落实到新产品之中。

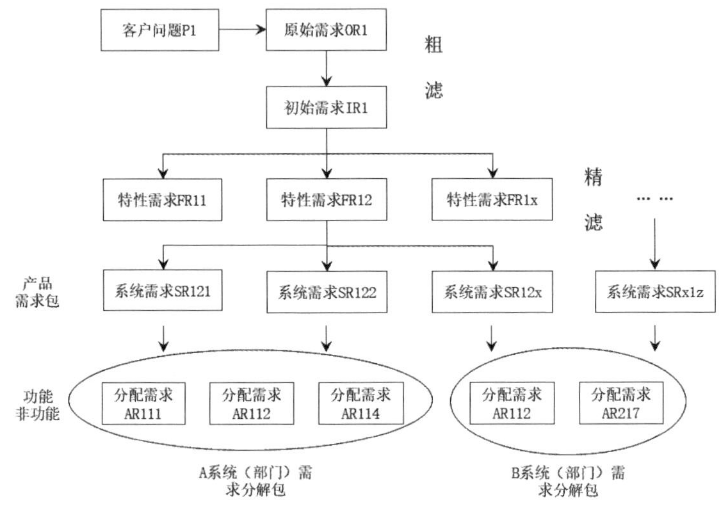

图 12-1　产品开发过程中的需求变化过程

我们先来看一下，需求信息在整个需求分析、分配、分解执行过程中的状态转变情况，如图 12-1 所示，这里的部分过程在需求分析和需求分配时就开始进行了，界限不是那么明显。

1. 客户问题 P

客户问题 P 就是来源于客户/用户处最为原生态的问题描述，即使这种需求是我司主动思考的，也需要经过客户/用户的验证后，才能成为此类问题描述。此类问题的描述必须本着追求原汁原味的态度，如果用文字描述不清楚，可以通过录音、照片、视频进行辅助描述。客户问题 P、原始需求

OR、初始需求 IR 是前文所述的需求管理三种主要状态（原始需求、特性需求、产品需求 / 系统需求）的前导状态，这里的“原始需求”的名词解释有广义和狭义之分，请读者朋友们注意区分。

2. 原始需求 OR

原始需求的转化过程就是将客户问题转换成我司各部门听得懂的语言。在这个过程中，需要对搞不懂的和模棱两可的问题描述进行重新确认，包括与客户 / 用户的确认、与需求调研现场人员的确认，甚至有可能进行补充调研。客户问题一对一转换成原始需求的要求包括：整个过程是清楚的，语言表达是准确无误的，但是不可以在此过程中进行需求信息过滤。

3. 初始需求 IR

初始需求的转化过程实际是对原始需求的初步过滤过程，也可以称之为粗滤。这种初步过滤对于需求管理人员的要求实际挺高的，不仅仅需要他本人对本行业相关的客户、用户、技术具有相当的了解，而且还需要他抱有一颗“空杯”的心，不能是那种太自以为是的人。这个粗滤的过程是不能取消的，不可以把所有的需求信息不加初步过滤就直接送入需求管理后续流程节点，任何公司都承担不了这种工作量的压力，这也是为什么一些公司把 SE 系统工程师调往需求管理部门的原因。部分公司把原始需求 OR 和初始需求 IR 进行合并，也是可以理解的。

4. 特性需求 FR

前面已经解释过什么是特性需求，这里我们换一个角度去理解它。

实践表明，只有卖点突出的新产品才可能获得市场和客户的青睐，而这个卖点实际是在特性需求的整理和转化过程中识别和得到的，这一步骤实际是整个创新工作的精髓。每条需求的特性描述都是满足客户 / 用户特定需求的端到端的产品概念解决方案的萌芽，需要需求分析人员开动自己的聪明才智。

（1）每条特性需求信息都应该由 SE 系统工程师来主导进行特性需求的转化，不可以由 RAT 团队或者 TRG 团队的其他成员代替。

（2）RAT 团队或者 TRG 团队的其他成员只能起到一个建议和评审的作用，不可以把需求执行的职责搞混乱了。无论如何，对需求信息执行全过程负总责的只能是 SE 系统工程师。

（3）每条需求特性信息都是由初始需求信息一对一或者一对多转化而来，都应该先由 SE 给出总的转化思路，然后由各相关子系统工程师给出详细转化结果，再汇总在一起，这就是总—分—总的形式。那种直接把需求分配下去由各个子系统工程师（非功能性需求也涉及其他部门工程师，下同）进行需求特性转化的方法是错误的，做出这种行为的 SE 是不合格的。这里要求企业在小 IPD 产品开发流程建设时期就培养足够质量和数量的 SE，而不能等到需求管理体系建设的时候再培养。

（4）当需求特性信息收集上来以后，SE 要组织各个子系统的工程师进行需求空白和需求干涉的处理，把空白的需求特性信息补充上，把有冲突和矛盾的需求特性信息调节好，并预留后续其他需求特性信息进入新产品开发的接口。

（5）由于需求信息有功能性需求信息和非功能性需求信息，所以 SE 要做整个公司的 SE，而不仅仅是研发部门和设计部门的 SE。

什么是合格的特性需求信息呢？这里有两个标准，那就是可测试和可验证。可测试就是说所有的需求信息都需要量化，那些描述性质的需求信息也要量化，如外观需求中很有名的一条“美观大方”需求，也要量化成具体的数据描述，使其可测试。可验证就是说特性需求的描述应该能够被所有需求链条上的人员听懂，使其可以由大家讨论和验证。特性需求提取和研讨的整个过程就是需求精滤的一部分。

5. 系统需求（产品需求）SR

系统需求也叫产品需求，是各个产品子系统研发过程的输入基准，系统需求们组合在一起就成了新产品开发的需求包。这里所说的系统需求描述了支撑需求特性实现所必备的具体需求描述和数据，包含由全部的可测试的功能需求和非功能需求。这些系统需求不仅仅包含由客户视角分解到系统的所有需求，还包括能体现产品竞争力的内部上下游的所有需求。从特性需求到系统需求的转化过程中也伴随着一部分需求精滤。

某企业的一个案例说明了系统需求的组成内容。

某企业需求转化过程内容描述（案例）

客户问题 P：你们的某款电子产品太丑了，太大了，不时尚，不好携带。

原始需求 OR：客户希望我司某种电子产品“精巧时尚，简约便携”。

初始需求 IR：精巧时尚，简约便携，在外观设计上想办法。

特性需求 FR：外观以纯净白色为主色调，经过高精度的模具工艺和一流的表面抛光处理，简约时尚，握感舒适。

系统需求 SR：

A 材料：塑料。

B 体积：一个手可以握住——97 mm×44 mm×28.5 mm（长 × 宽 × 高）。

C 造型：长方体。

D 表面光洁。

E 外观纯白。

6. 分配需求 AR

在系统需求确定以后，项目组 SE 决定将系统需求根据子系统设计单元的特点，进行任务分配，实际上就是把产品需求包按照子系统设计单元分解成一个个子系统需求包（分配需求 AR），分发给子系统研发人员来进行具体的产品子系统开发任务，这个过程就是需求分解。这个需求分解的过程有以下几条注意事项。

（1）一般来说，大部分需求都会一对一地分解到某一个子系统中去。

（2）有一些需求会分解到两个或者两个以上的子系统中去，要求这些子系统独立完成各自的任务，并在过程中进行需求设计方案的协调。

（3）对于不好找到归属的需求，一般哪个子系统研发工作量比重大就分配给哪个子系统研发单元，研发工作量比重小的子系统研发单元予以配合。在极端情况下，可以将工作量比重小的子系统工程师临时调配给工作量比重大的子系统研发单元管理和指挥。

（4）需求分解时不要受所谓部门职责的约束，有一小部分需求可以分解到原本没有该项子系统研发职责的部门，让其工程师进行研发。

（5）每条分配需求 AR 都应该有明确的责任人和要求的工作起止时间。

7. 子系统（部门）需求包转化为产品功能 / 非功能

各个子系统研发部门拿到子系统需求包后，需要尽快把相关内容熟悉完毕，并对有异议的内容提请 SE 解释，然后就是进入将需求转化为技术设计方案的研发过程了。

表 12-1　某企业需求分配与跟踪表（案例）

系统 / 部门	分配需求	系统需求	特性需求	初始需求	原始需求	客户问题
A 部门	AR111	SR111	FR11	IR1	OR1	P1
	AR112	SR112	FR21	IR2	OR2	P2
	AR113	SR113	FR12	IR1	OR1	P1
	AR114	SR114	FR71	IR7	OR7	P7
	AR121	SR113	FR13	IR1	OR1	P1
B 部门	AR211	SR211	FR14	IR1	OR1	P1
	AR212	SR211	FR62	IR6	OR6	P6

二、TR技术评审中必须进行需求符合度检查

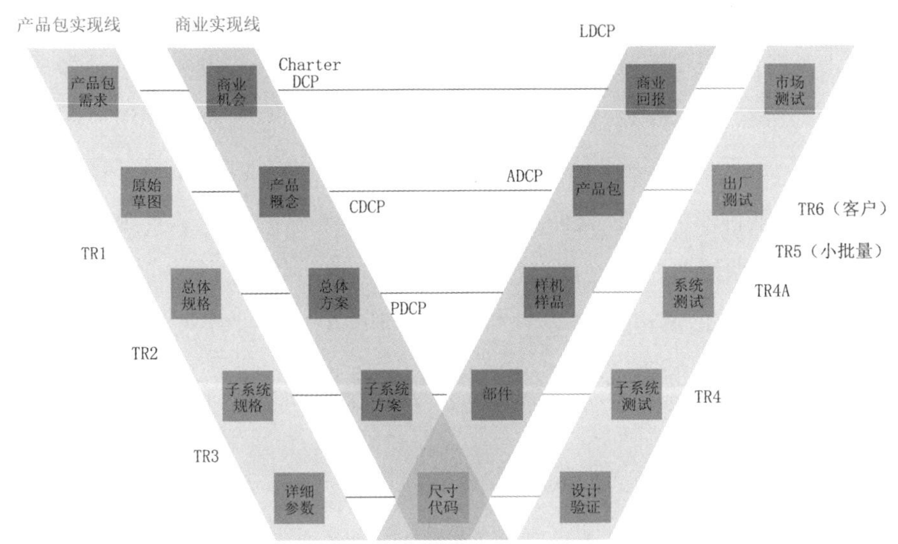

图 12-2　需求实现和验证的“双 V”模型

在需求执行的过程中，也就是产品研发设计的过程中，需要按时间节点对需求实现的情况进行符合度检查，整个检查依托 TR 技术评审点来进行，如图 12-2 的“双 V”模型所示。

以“尺寸代码”为界，双 V 模型分为左右两个分支，运作左面分支时，新产品没有实体，处于头脑和方案之中；运作右面分支时，新产品已经具有了实体，可以看得见、摸得着。为了整个双 V 模型实现端到端的产品成功，为了尽最大可能降低产品开发的风险，就必须设置评审点对整个新产品研发过程进行评审，也就是风险收敛的工作。同时，这些评审点是高层 / 专家与项目组的互动过程，既能保证充分的赋能和授权，又可以防止项目过程偏移和质量失控。这些质量评审点也就是质量控制点，分为 DCP 商业决策评审点和 TR 技术评审点两种。

由于需求执行属于技术要素的管理，接下来我们就研究一下 TR 评审和需求执行之间的关系。

（1）在 TR 技术评审会议的过程中，必须一开始就进行需求符合度的检查，防止技术方案和样品 / 样机偏离了产品需求规定的方向。

（2）在前 TR 评审点（包括 TR1、TR2、TR3），重点关注产品概念、总体技术方案、子系统技术方案的需求符合度，尤其在 TR3 评审点附近需要将每一个子系统都进行技术方案的需求符合度检查，如外观子系统、结构子系统、硬件子系统、软件子系统、传动子系统、工艺子系统、测试子系统、辅助子系统等，不能仅仅检查总体技术方案的需求符合度。

（3）在中 TR 评审点（包括 TR4），重点关注根据需求转化而来的测试大纲、测试用例的需求符合度，保证整个新产品单元测试和新产品整体测试不偏离预设轨道。

（4）在后 TR 评审点（包括 TR4A、TR5、TR6），重点关注实体产品及外围产品包的需求符合度，并对实际生产和试用中出现的问题的解决方案进行需求符合度检查。

三、暂时无法满足的需求处理方法

大家的愿望是把调研分析好的需求，科学和完美地转化成客户 / 用户愿意购买的新产品，但是残酷的现实告诉我们，总是有一些产品包需求是无法及时形成新产品整体、新产品功能元素或者新产品非功能元素的。出现上述问题的大部分原因是企业自身的技术能力问题，小部分原因是市场环境和竞争环境的突变。遇到这些棘手的问题应该怎么办呢？

1. 分层和分级决策（以贴点分级法为例）

IPD 集成产品开发管理体系在实际管理的过程中，经常会用到分层和分级的管理逻辑，实质就是基于实际情况灵活使用方法论。对于这些暂时无法满足的需求也要根据实际情况进行分析和决策，不能一概而论。笔者一般将这些需求分成A类核心需求、B类重要需求和C类一般需求进行管理(详见表 2-1 所示)。

2. 对于 A 类核心需求需要进行割肉式的战略决策

A 类核心需求暂时无法满足是一件很麻烦的事情，基本上标志着新产品开发项目的失败，最起码暂时是失败的。遇到这样的情况，要求 IPMT 团队进行割肉式的决策，也就是宣布项目终止而失去一次宝贵的新产品上市机会。个别时候，也可以采取技术方案转化为新项目甚至将相关技术售卖的方法，挽回一部分损失。新产品开发项目就要盯紧 A 类需求，成败在此一举。

3. 对于 B 类重要需求需要制定紧急措施和后续措施

B 类重要需求暂时无法满足是比较令人郁闷的事情，基本上标志着客户/用户会对我司新产品产生相当的不满。遇到这样的情况，有两个办法去解决这些暂时无法满足需求的问题。

第一种办法针对的是可以通过其他方法临时满足需求的情况。举个例子，浙江某电控公司的电控系统产品，A 类需求规定的一次开箱合格率为 98%，但是小批量检验的实际一次开箱合格率为 96%，并且评估在短期内无法达到 98% 合格率的高度，后来公司想了一个“笨办法”，就是在生产线终点附近安排两名工人加了一道工序——每件必检，就是把那几件不合格的产品提前挑选出来，这种方法成本有点高，但是能暂时满足客户方面的量产需求，同时企业专门组织研发小组攻克这个技术难题，并在 3 个月后满足了 98% 的一次开箱合格率需求。

第二种方法就是牺牲掉客户的不满意点，删除本产品的暂时不能满足需求点，等到下一代产品再解决，这就需要把相关技术预研或者技术开发项目列入议程。

4. 对于 C 类一般需求可以进行适当转化

C 类一般需求暂时无法满足的情况对于客户/用户的影响不大，项目组可以便宜行事，如果有其他手段可以满足这些需求就满足一下，如果没有其他手段可以满足这些需求，就可以删除这个需求点，问题不是很大，但所有的 A 类、B 类和 C 类需求的变更必须走流程，不可以脱离管理。

四、需求变更过程的注意事项

需求变更是所有产品变更的根本原因和首要所在，项目变更、设计变更、工程变更和变更通知单的根源大部分都是需求变更，因此必须对需求的变更进行严格的管理和控制，这包括以下几个方面。

1. 变更管理思想

很多企业梦想着减少需求变更，但是无论采取单纯的绩效考核，还是其他什么方法，都不怎么管用。这就说明每家公司所存在的需求变更数量过多的原因是各不相同的，根据各自原因制定的解决方法也是各不相同的，想彻底减少需求变更的数量，只有具备系统工程思想和实现全方位能力提升才行。可能包括个人能力提升（技术人员、市场人员、营销人员、售后服务人员等）、集体能力提升（TRG 能力提升、研发部门能力提升、IPMT 能力提升等）、工具能力提升（TRZI、IT 系统等）、企业在产业链中的地位提升等。这些内容若不一起进行提升，是无法降低需求变更数量的。

这就意味着我们不能痛恨这些需求变更，而是要拥抱它们，去有效地管理它们，让它们在我们的控制下实现新产品开发质量与效率的平衡，下面就是相应的管理方法。

2. 变更管理的约束和限制

要管理好需求变更，首先就要明确它的限制和约束条件，一方面体现在提出人员、评审人员数量和能力的限制，不是谁都可以提出需求变更请求，也不是谁都可以接受需求变更请求，同样不是谁都有资格评审需求变更请求，这样就可以排除一部分没有充分考虑清楚的变更申请，无论它是来自公司内部还是客户那里；另一方面体现在时间的要求上，需求包要求在 TR1 时明确 90%，而在 TR3 之前需要明确需求包内容的 100%，并需要在 PDCP 时批准这个需求包，后续再变更是一定要走需求变更流程的。

3. 变更管理的分类处理

需求的变更对于新产品开发的影响有两种，一种是改善型变更，另一种是改错型（或称改进型）变更。前者是可以在每年的固定时间进行集体变更的，并不是那么着急；后者是必须立即进行变更的，是比较着急的。

4. 变更管理的分级处理

对于 A、B、C 三类不同的需求变更，一般采取分级处理的方法，浙江某公司就是由 IPMT 团队对 A 类需求变更进行决策，由 LPDT 对 B 类需求变更进行决策，由 SE 对 C 类需求变更进行决策。每个公司由于管理体系层级不同及相关角色的职责不同，可能会有自己的特点，总的要求就是分级处理，也就是不让不重要的需求由高层评审，也不能让中基层人员评审重要和核心的需求。

5. 变更管理需要 IT 支持——流程控制、版本管理、过程审计、状态报告

变更需求可以引入 IT 系统进行管理和控制，这里包括对整个流程进行管控，对每个不同的设计版本和图纸版本进行时间有效性管理，对需求变更的过程是否合规进行定期审计，对需求变更是否完成的状态进行实时监控。

CHAPTER 13

第十三章

需求验证工作持续在整个产品开发过程中

需求验证阶段是需求管理的最后一个阶段，一方面它保证需求不偏移和不失真，另一方面它保证需求是符合客户真实期望和要求的，为新产品上市销售做最后的需求确认。在 IPD 研发管理体系所有的阶段中，需求验证阶段是最为特殊的一个阶段，因为它实际并不是一个独立的流程阶段，在需求管理的每个阶段都应该有需求验证阶段的工作，如图 13-1 所示。

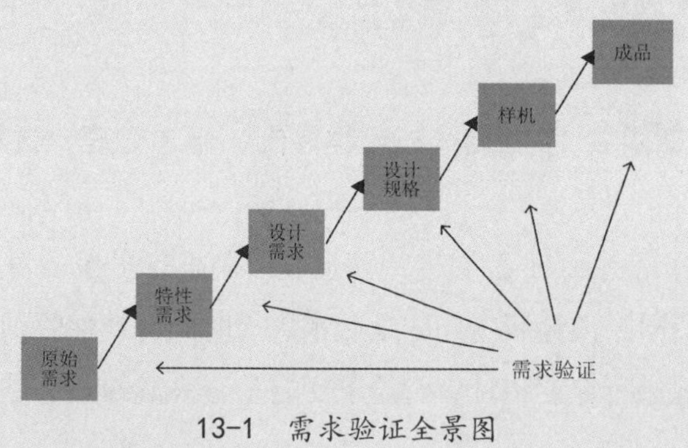

13-1　需求验证全景图

在原始需求调研的过程中，在特性需求分析的过程中，在设计需求明确的过程中，在确定规格确定的过程中，在样机和小批量产品生产的过程中，在成品上市之前的评估中，无不渗透着需求验证阶段的工作。需求验证的过程又被称为需求测试过程，实质上就是通过各种理性测试或者感性验证活动，验证需求的正确性和可靠性，如表 13-1 所示。

表 13-1 产品开发各阶段中的需求验证和测试工作（举例）

阶段	需求测试项目	负责人（推荐）
立项与概念阶段	需求调研验证	RMT 需求调研人员
	需求内容串讲	RMT 需求调研小组
	需求转化粗滤	RMT 需求调研人员
	需求初步测试（必要时）	RMT 或 PDT
	需求补充调研（必要时）	RMT 或 PDT
	编写测试策略	测试代表
	明确需求包内容（精滤 1）	SE 及工程师们
	CDR1/CDR2/ORR 需求评审	RAT
	TR1 评审	SE 及工程师们
计划阶段	明确需求包内容（精滤 2）	SE 及工程师们
	编写测试大纲	测试代表
	准备测试用例	测试代表
	内部方案验证（概念阶段已开始）	产品经理
	外部方案验证（概念阶段已开始）	产品经理
	TR2 评审	SE 及工程师们
	TR3 评审	SE 及工程师们
开发阶段	单元测试（子系统测试）	工程师或测试代表
	原型机测试	测试代表
	试验样机测试	测试代表
	工程样机测试	测试代表
	小批量样机测试	测试代表
	TR4 评审	SE 及工程师们
	TR4A 评审	SE 及工程师们
	TR5 评审	SE 及工程师们
验证阶段	小批量试用	SE 及工程师们
	小批量试销	产品经理
	TR6 评审	SE 及工程师们

*本表格基于某机械制造企业实际情况改写，请其他行业读者灵活转化成自己行业的语言。

一、需求收集过程需要多种路径进行验证

需求收集阶段是需求管理流程的重中之重，所消耗的精力是最多的，在这个阶段进行需求验证工作是事半功倍的，也是十分必要的。需求收集的过程伴随着很多种或者说是很多路径的需求验证工作，保证所调研到的需求是客户真实的需求、期望、要求和痛点，如果这个时候对调研需求的表述词不达意，后续的所有产品开发工作就都错了。

1. 需求验证的对象不仅仅是客户，还有用户

需求调研、需求分析、需求验证的对象不仅仅是客户，也包括用户。客户是指用金钱或某种有价值的物品来换取财产、服务、产品或某种创意的自然人或组织，同时还是商业服务或产品的采购者，他们可能是最终的消费者、代理人或供应链内的中间人，从这个定义可以看出向我司支付产品和服务费用的是客户，这个客户可以由几个传导层次组成。用户也就是使用者，即使用产品或服务的人，从这个定义可以看出用户是不向我司支付产品和服务费用的。当然，有些时候客户和用户是同一个人。

在不同的新产品中，客户和用户对于产品和服务购买的决策权重是不一样的。有些时候要重点关注客户需求，但是也不能忽略用户的需求；有些时候要重点关注用户需求，但是也不能忽略客户的需求；有些时候要同等重视和关注客户需求和用户需求。无论客户需求还是用户需求，其本质都是市场需求的一部分，进行平台型新产品开发时，需要找到整个市场中客户/用户需求的相同点，形成市场需求包。

从上述的内容，可以看出大家进行需求验证时，不但要验证客户的需求，也要验证用户的需求，二者缺一不可。

2. 需要在项目组内部进行需求串讲

很多“80后”“90后”都玩过传话游戏，就是一群小朋友站成一排，从第一个小朋友开始依次向后一名小朋友传递一句话，大部分情况下最后

一名小朋友听到的话都和第一名小朋友说的那句话相差甚远，这就是语言传递失真现象。

还有一种现象就是需求传递的不正规，也就是说很多企业的需求信息传递主要在一些奇特的场合、不正规组织的情况下进行，如在厕所方便时传递需求、在食堂吃饭时传递需求、在吸烟室聚集时传递需求等，匪夷所思。

为了解决以上两个问题，大家可以采取需求串讲的形式开展需求传递和讨论会议，就是把整个项目组人员召集在一起，由需求调研人员逐一讲解需求内容和背景，由项目组成员提出问题，最后在项目组内对需求内容达成一致，这同时也是一个需求验证的过程，保证需求信息的可靠性。

3. 与客户 / 用户明确需求内容

研发项目组在以下三种情况下，必须与客户 / 用户明确需求信息的书面内容，防止产品开发的需求输入出现偏差：核心需求、具有重大缺陷的需求、模棱两可的需求。整个需求确认工作由以下三个过程组成。

（1）非正式需求确认，项目经理先在项目组内部组成人员进行非正式的需求评审，消除明显的错误和分歧，可以把供应商和客户非正式地纳入这个过程之中。

（2）正式需求确认，项目经理正式邀请同行专家和客户 / 用户一起评审需求文档，尽最大努力使需求文档能够正确无误地反映用户的意愿。

（3）获取需求承诺，通过正式确认后，开发方负责人（项目经理）和客户（需能代表用户）对需求文档做书面承诺，使之具有商业合同效力。

4. 对无法明确或者模棱两可的需求进行补充调研

在与客户 / 用户沟通和确认需求内容时，还是有一些需求信息无法明确或者模棱两可，这个时候就不能再依靠原有的调研对象（客户 / 用户）了。正确的做法应该是另寻他路，从其他渠道或者采用其他方法进行补充调研，这也是一种重要的需求验证方法。

5. 对一些需求需要建立科学数学模型，并进行试验验证

如果进行补充调研还是没有结果，或者根本就没有办法进行补充调研，那就只能通过数学模型计算和试验验证来解决需求验证问题了。

科学的数学模型可以作为一种需求验证的方式，笔者在江苏某企业辅导 IPD 试点项目时，对于某种铜合金进行市场容量的调研，用了两种数学模型，得到的结果都是不超过 10 万吨 / 年，同时得到了该行业的行业协会会长的某次公开讲话稿，其中的市场容量数据为 9.8 万吨 / 年，这就验证了前期市场调研数据是准确的。

试验验证也是一种需求调研的方法，这里包括市场情况试验验证和需求情况试验验证两种形式。笔者在江苏某企业辅导需求验证工作时，由于无法第一时间得出有效的需求信息，所以该企业搭建了一个试验模拟平台，邀请行业专家、客户代表进行现场研讨，最后得出了丰富的需求信息，也验证了前期大部分需求假设是合理的。

6. 对测试工作的策略进行初步设计

与需求管理工作直接镜像对应的就是测试工作，这里包括常规测试和需求测试，前者对应的是外部需求的标准约束（认证需求）和公司内部标准约束，后者对应的是市场需求、客户需求、用户需求。

在需求收集阶段的需求验证工作中，需要对上述这些测试工作进行初步策略的制定，以保证所有调研到的需求是可量化的和可测试的。不可量化和不可测试的需求应该及时转化，如果无法转化，那么该条需求信息的来源和表述就是存在重大问题的。

二、需求分析过程应该组织好需求评审会

需求分析阶段的很多工作都是非常容易偏离原始需求轨道的，所以需求分析阶段实时的需求验证工作是十分必要的，这里包括以下几个方面的内容。

1. 项目组召开需求分析会（ORR 之前或 CDR/TR1 之前）

需求评审会（又称需求分析会）实际是由两个层次的会议组成的，一是项目组内部需求分析会；二是公司级别的 CDR（大部分企业为 CDR1 市场分析评审会和 CDR2 需求分析评审会，小部分企业为 TR1 产品概念和需求评审会）或者 ORR 需求评审会，前者主要适用于产品立项的专项型需求调研，后者主要用于日常性需求调研，当然本质上 CDR1/CDR2 和 TR1 的一部分也属于一种 ORR 会议。

在项目组内部会议中，项目经理和产品经理应该组织项目组全体成员（也可以邀请个别技术专家）对原始需求进行特性需求的分析和转化，也就是将原始需求转化为特性需求，甚至将一部分原始需求经过特性需求转化使其成为系统需求/产品需求。对于没有直接转化成系统需求的特性需求，可以在小 IPD 流程的概念阶段通过 TR1 之前的技术活动继续进行转化和明确。这个过程同样属于需求分析的过程。在项目组内部会议上，SE 应该充分发挥中枢作用，与全体 PDT 项目组成员或者 RAT 成员，包括研发部门人员和非研发部门人员，共同探讨需求的转化问题，对伪需求进行识别，对需求信息采纳、不采纳、其他产品采纳、返回补充调研的分类清单进行明确。上述内容都是 ORR 评审会开始前，项目组必须准备的事情，不可以直接把需求信息一股脑地拿给 TRG。

2. 召开公司级 ORR 需求评审会

在公司级 ORR 会议上，被任命的 TRG 评审小组（注意不是 TRG 全部成员）需要对每条需求进行评审，保证其正确性、科学性、客观性，并对是否采纳、不采纳、其他产品采纳、返回补充调研等决定进行最后评审和确定，相关内容请参看本书第二章的相关叙述。有些 ORR 会议也会借用技术专家们的宝贵意见，进行一些技术方案的初步探讨，这个也未尝不可，但是需要在 ORR 评审过程完结以后，才可以开展。

这个 ORR 会议开展的过程需要进行比较巧妙的设计，因为常常有技术专家对某个技术点争执不下的情况，其本质还是对客户 / 用户需求的现场还原度不高。这里有一个诀窍，那就是在技术问题上有争议时，问题解决答案一定在客户 / 用户现场。

在经过 ORR 评审会议以后，小 IPD 流程就可以继续开展相关工作了，也就是把新产品的产品概念、总体方案和详细方案制定出来，这些不同颗粒度的技术方案都需要经过需求验证，这就是内部验证和外部验证。

3. 进行内部验证

内部验证就是在企业内部对新产品技术方案进行需求验证的工作，它包含两个层次，一个是项目组组织的内部需求验证会，另一个是公司的 CDR 和 TR 评审会议。小 IPD 流程中的内部验证一般仅指项目组组织的内部需求验证会，也就是组织公司内部相关技术专家、市场人员、销售人员，对初步设计的技术方案进行集体会商，对新产品的需求符合度进行检查。内部验证一般发生在外部验证之前，甄别出的那些内部验证无法明确的内容，才需要送交外部验证，因此内部验证的对象是所有需求转化成的技术方案，而外部验证仅仅是其中模棱两可的那部分需求转化成的技术方案。

4. 进行外部验证

外部验证就是在企业外部对新产品技术方案进行需求验证的工作，它包括客户 / 用户验证和行业专家验证两种形式，对初步设计的技术方案进行关门探讨，保证技术方案没有偏离客户 / 用户需求的轨道。

这个过程要十分注意保密性，只有那些与我司有战略合作的企业和个人才可以作为外部验证的对象。

5. 形成测试大纲

测试工作的对象主要有两种，一种是标准，包括国际标准、国内标准、行业标准、企业标准等，实质是由以前市场的共同需求转化而来的；另一种是需求，包括外部需求和内部需求，实质是由本项目需求包转化而来的临时测试标准。那种认为可以降低测试标准，以获得相对于竞争对手的商业优势的想法是一种短视的、不可取的想法。

按照上述说法，新产品开发项目的测试大纲就应该包括标准测试大纲和需求测试大纲两个部分，而每个大纲测试条目都应该包括明确的测试项目、测试方法、测试过程描述、测试条件（人、机、料、法、环等）、测试检验标准等内容，这就需要所有的需求都是可测试的和可验证的。测试大纲不仅仅包括原型机的测试，也应该包括工程样机、试验样机、小批量样机及客户安装过程的测试。测试大纲不仅仅应该包括整机产品的测试，也应该包括各个子系统零部件的测试，尤其很多企业忽略的软件子系统测试。通过测试大纲的制定工作，可以有效地进行一轮需求验证工作。

6. 形成测试用例

与测试大纲同步进行的还应该有测试用例的制定工作，这也是有效进行需求验证的方法。测试用例是一个三乘以三的矩阵，一方面，测试用例要包括常规性测试用例、极端和破坏性测试用例、寿命测试用例；另一方面，测试用例要包括原型机和单元测试用例、功能和试验样机测试用例、小批量测试用例。这些测试用例文件是需要项目组集体讨论的，并和测试大纲一起在 TR2 或 TR3 由 TRG 团队评审通过。

三、需求分配过程可以进行一些补充调研

需求分配的大部分工作实际与产品规划、技术规划是融合的。在这些规划工作中，一般都会出现一部分高层对某些需求存在疑惑的情况，这就需要组织一些补充调研，甚至需要高层亲自进行补充调研，这些调研包括以下两个方面。

1. 验证关键性需求

对于最为战略性、关键性的需求，也就是整个产业和业务链条的关键点，一定要高层亲自调研，明确需求的真实性和可靠性。

2. 验证行业、产业发展趋势

对于市场信息中的行业发展趋势、产业发展趋势，一般都需要有详尽的产品研究报告，这其中的一部分关键性内容一定要高层与外部专家或特殊人员充分进行一对一的沟通交流，验证其真实性、可靠性和长远性。

四、需求执行过程应与客户、供应商保持良好互动

需求执行的过程就是产品 / 技术开发的过程，同时也伴随着大量的需求变更、设计变更、工程变更，为了保证新产品研发过程不跑偏，变更工作及时有效，就一定要与客户和供应商保持良好的互动，做一些“请进来，走出去”的工作。

1. 保证产品技术方案的可靠性

产品方案研发设计工作涉及上游供应商，也涉及下游客户 / 用户的需求验证工作，还涉及下游的一些产品使用配合准备工作，这些都需要我司项目组研发人员与上下游高度互动沟通，保证技术方案的可靠性。

2. 保证零部件和原材料的可靠性

上游的原材料和零部件供应商，其自身就是需要研发新产品组成部分的，我司需要定期或者不定期与他们进行技术质量检查和技术交流，保证他们供应给我司的原材料和零部件是我司所需的，保证需求传导到上游以后的符合度和可靠性。

3. 技术评审会是需求验证工作的依托

在 TR1（产品概念与需求包技术评审）、TR2（总体方案和规格技术评审）、TR3（子系统方案详细评审）、TR4（单元测试、设计验证和原型机技术评审）会议过程中，PDT 项目组一定要对技术方案的需求符合度进行自检，然后交由 TRG 评审小组对技术方案的需求符合度进行检查和评审，保障进入样机 / 样品生产阶段的方案是经过充分需求验证的。

五、产品上市之前应做好试用和试销验证

产品在上市之前进行试用和试销工作的目的就是在上市之前做好最后的需求验证，保证走到客户 / 用户端的新产品就是客户 / 用户所需要的。

1. 做好内部评审和试验验证工作

在 TR4A（功能样机技术评审）、TR5（小批量样机技术评审）会议过程中，PDT 项目组一定要组织 TRG 评审小组对功能样机和小批量样机进行需求符合度的检查。在此之前，公司测试部门应组织人员对新产品与需求和标准的符合情况进行测试，为 TRG 评审小组的技术评审做好测试数据准备。

2. 做好技术质量的试用验证工作

只是在公司内部进行测试和评审是不大可能把所有技术、质量问题都发现的，因为任何的公司内部人员和方法都模拟不了客户 / 用户处千变万化的情况。因此，对于基础型和衍生型新产品一般都要进行技术、质量的试用验证工作，也就是在典型客户 / 用户处，进行限定规模的进一步工业型试验（β－测试），在新产品正式上市销售前排除最后的技术、质量问题。

3. 做好市场和售后服务策略的试销验证工作

试用工作针对新产品的技术和质量问题，试销工作针对新产品的市场销售和售后服务问题。在一定范围内，我们一般都需要对基础型和衍生型

新产品进行试销，以验证前期的市场信息调研的正确性，并对营销 4P 策略进行最后的验证。

4. 完善产品、结束需求验证并设计定型

在新产品做上市评估之前，需要项目组针对试用和试销的结果，进行最后一轮的策略和方案整改，并通过 TR6（工业型试验 / 设计定型技术评审）会议，执行设计定型，结束我司所有的新产品需求验证工作。最后需要在 ADCP 可获得性决策评审（上市决策评审）会议上对上述所有工作进行确认。

CHAPTER 14

第十四章

需求调研过程中的方法和技巧

多年的经验表明，关于需求调研方法，大家经常遇到的三个问题是不知道调研什么、不会调研、不知道谁来调研。前面章节讲述了 OR 需求管理体系的一些流程性的内容，也就是调研什么，本章则主要讲解一些需求调研过程中可供个人使用的方法和技巧，让大家学会如何调研。需求调研过程对个人的能力依赖度是超过 MM 市场与产品规划流程、小 IPD 产品开发流程的。如果有了能力比较强的需求调研人员，是可以充分弥补前面几章所说的需求管理流程之不足的。

以需求调研中最为基础的需求访谈渠道为例，整个需求调研的过程分为四个阶段：调研准备阶段、调研约访阶段、调研访谈阶段和调研访谈后阶段。“通过访谈不仅可以得到主要的数据，而且可以发现二手数据的信息来源。访谈的价值不仅仅局限于数据收集。它还可以作为验证观念、增加买进的一种机制（建立间接的商业机会）。”（摘自《麦肯锡意识》）

本章将叙述在这几个阶段中，需求调研人员都可以使用哪些具体的方法和技巧。即使您所在的公司没有建立起足够完善的需求管理体系和流程，也是可以学习和使用这些方法和技巧的。

一、需求调研准备的方法和技巧

需求调研准备阶段是需求调研工作的重中之重，主要分为准备访谈提纲、获取访谈资源、确定受访对象三个环节，每个环节的工作内容和侧重点是不一样的，需要 RMT 调研小组做好充分准备。

1. 准备访谈提纲

访谈提纲又叫访谈问题清单，是需求访谈的基础文件，在需求访谈之前必须准备完毕。在准备需求访谈清单时应该注意以下几个方面。

（1）需求访谈清单分为项目级总库和实际调研清单，每次需求访谈都需要从总库中找出需要调研访谈的问题，并加入一些其他访谈问题，形成每次需求访谈的问题清单，那种一套访谈问题清单针对所有人都适用的想法是不对的，这个地方大家不要懒惰。

（2）每次调研访谈问题清单都应该由执行实际访谈的访谈小组进行准备，并经过 RMT 或者 PDT 评审后才能使用。坚决不可以由其他人调研小组准备访谈问题清单。

（3）每个调研访谈小组都应该注意访谈清单与访谈过程的“五个匹配”：

其一就是不同性质的访谈对象，包括对我司比较忠诚的对象、对我司比较满意的对象、对我司不太满意的对象、可能购买我司产品的潜在支持对象、不会购买我司产品的对象。大家千万不要忽略对我司产品不满意的对象。

其二就是访谈对象的角色和岗位，比如购买者、决策者、使用者、影响者、控制者、批准者等。

其三就是我司执行需求调研访谈任务的人员来源，如技术人员、市场人员、财务人员、质量人员、售后服务人员、售前技术工程师、高层领导等。

其四就是需求访谈清单的专业内容维度，如 PESTEL 模型的六个维度、5-POWER 模型的五个维度、3C 模型的三个维度、$APPEALS 的八个维度等。

其五就是访谈对象的业务链条地位，如下游业务部门、客户、用户、经销商、代理商、协会、研究机构等。

上述五个不同元素之间的排列组合，造成了每次实际需求访谈的过程和问题清单都是不一样的，需要针对具体的情况有针对性地设计。

（4）针对每个特定访谈对象的调研问题清单都具有其特殊性，都包括基础问题和专业问题，并要求问题需要相互独立与穷尽，问题应具有系统性、逻辑性和科学性。

（5）对于不同战略目标的产品，它们的调研问题会各有侧重。

跟随性的新产品，主要是调研竞争对手的情况，也就是调研竞争对手的优势和劣势；在自身优势点上持续发力，同时尽量避免自身的劣势点。

追求降成本的新产品，需要研究竞争对手成本低廉的原因；与供应商商讨零部件降成本的方法和空间；在企业内部挖掘潜力，不断优化流程和相关工具；根本的降成本方法就是技术革新甚至技术革命。

追求问题处理的新产品，主要进行典型问题的收集，并与供应商一起进行技术质量攻关。

追求升级/迭代的新产品，需要在企业内部调研所有已存在问题，调研竞争对手的现有和未来产品，调研供应商新研究成果，调研代理商和最终用户的紧迫问题与痛点。

追求超越的新产品，需要调研竞争对手的痛点，调研最终客户和代理商的痛点，与供应商形成调研合作。

追求领先的新产品，需要以调研最终用户的期望为主，与供应商紧密合作进行调研，探索全新的需求方向。

2. 获取访谈资源

访谈资源实际在整个需求访谈的过程中的重要性是要超过需求问题清单的，访谈是人与人之间的心灵沟通和信息交流，因此人就是访谈是否成功的决定性因素。但是在实际的需求调研工作开展过程中，很多企业很难获取到质量好和数量多的访谈资源，这个问题可以从以下几个方面来分析：

（1）仅仅依靠考核或者激励等机械的管理手段是不能保证需求访谈资源的。

（2）需求访谈资源获取的前提条件是企业各个部门对市场和产品规划达成一致，在资源使用计划上已经做了相应的准备。

（3）关于需求访谈的重要性，必须在工作开始之前，各个部门领导之间达成共识，部门领导和员工已经充分认识到需求调研不仅仅对企业有好处，更重要的是为本部门未来的工作打下基础，扫清障碍。

（4）要坚信一句话，那就是“资源就像海绵，挤一挤就有了”，完全没有资源的情况不会经常发生的。

（5）要尽量选择最合适的人员执行需求访谈工作，这些人主要是各个职能核心代表、扩展组代表和外围组代表，但是不能仅限于此，企业各个职能部门的人员都是有可能被选择执行需求访谈等调研工作的，尤其是最好的需求访谈人员——企业高层。顺便说一下，最合适的人员并不等于水平最高的人员。

如果访谈资源不能令人满意，那么最低标准也要把访谈问题提纲带去，把需要了解的问题搞清楚。

3. 确定受访对象

前面已经叙述了需求访谈提纲的编写过程及需求访谈资源的准备过程，其中已经介绍了很多需求访谈的对象，那么应该怎样确定具体的受访对象呢?

（1）根据需求调研的半衰期原理，从第一位需求访谈对象身上能够得到我们所期望得到的需求信息总数的50%，然后依次递减，这就说明访谈过多的对象，并不一定能够使有效需求信息总数得到显著提高，因此，第一个被访谈的人员是最重要的，一定要选择那些与我司关系可靠、人品佳、愿意与我司充分沟通交流的人员作为首要受访对象。

（2）有的时候对于客户的整个购买决策链条来说，有些人实际是拿不到多少需求信息的，但是我们也要访谈，因为此时的访谈实际是与客户建立亲近关系的过程。任何的需求访谈都是和与客户建立友好关系同步进行的，否则不会有人真心愿意被我们访谈。

（3）尽量不去选择那些乱说话、不爱说话的访谈对象，这个就需要提前做好功课。我司的营销人员及其他人员，需要与客户、用户建立长期良好的合作关系。笔者曾经在江苏无锡某企业组织需求访谈，竟然遇到该企业销售人员约不到任何一名客户 / 用户的情况，也就没有办法进行需求访谈了，所以说需求访谈的成功往往不在于进行需求访谈那一天，而是在于需求访谈之前若干年的努力工作。

（4）需求访谈需要考验我司人员的为人，需求访谈的成功本质上是我司人员做人的成功，所以“懂人话”“懂人味”“懂人事”永远是执行需求访谈人员的核心素质。

访谈准备是永无止境的，只能做到准备、准备、再准备。如果访谈的效果不是很好，那一定是访谈准备没有做到位。

二、需求调研计划排布的方法和技巧

需求调研计划排布阶段的工作就是需求调研约访的工作，这个阶段的操作技巧性是很强的。我们怎样针对已经选择好的需求访谈对象进行约访呢？

（1）“看人下菜碟”。这里包括两个层面的内容，第一层意思是对于一个客户 / 用户集体或者单位来说，第一个受访的人是很重要的，除了半衰期原理之外，也因为他对于合理安排后续访谈人员具有重要意义；第二层意思就是我们需要派出受访对象认可的人员进行约访。

（2）不要在短时间内重复约见同一个人。这里对我们的访谈工作要求是很高的，那就是我们必须在一次需求访谈中，能够访谈到所有想要得到的信息。如果在短时间内重复约访同一个人，就会造成他对我司及我司人员专业性的极大质疑。如果我们确实疏忽了某一条重要的需求信息，请大家采用其他方法进行弥补。

（3）不要在约访时给对方很大压力，要给对方做选择题。这是指在需求访谈的约访过程中，要给受访对象一个时间安排的选择，而不是要求人家必须在什么时间接受访谈。

（4）如有可能，可提前告知被访者大概的访谈方向和内容。很多受访者实际非常担心访谈过程，比如他应该怎么说问题，说多少问题，说到什么程度，这是可以理解的，因此我们在约访的过程中要尽量针对这些问题有所提示，使受访者可以进行一些必要的准备，这都有利于需求访谈的成功。

（5）善用“异性相吸”原理。大家看到这个词的时候，请不要把这个原则理解偏了。一般人都会对异性更尊重一点，这是人之常情，有的时候可以利用这个原理对客户关键人员进行约访。

（6）善用“中间人”原理。在我们的社会里、行业里存在很多能人，他们具有丰富的渠道资源和良好的名声，有的时候由他们作为中间人代为约访，对于约到企业高层、专家等关键性人物具有较大的帮助。

（7）善用“老总”原理。这是指先搞定客户单位的老总，并由他亲自安排一些受访任务，这会提高受访人员的积极性。

（8）善用“面子”原理。大家有的时候可以采用更为恰当的称谓，去称呼我们的受访对象，如某某专家、某某领军人物、某某老师等，使受访人员对我们访谈小组有更好的印象，这也有利于约访和访谈过程。

（9）善用行政指令。对于一些集团性质的企业，可以促使集团领导下发一个配合需求调研的行政命令，这也有利于约访工作。

（10）非直接认识的专业对象访谈。上面谈到的一些约访对象都是我们熟悉或者我们通过中间人可以熟悉的访谈对象，而对于一些专业的、我们无法熟悉的人员，则可以采取下列方法进行约访，如拜访行业协会，行业展会现场认识，其他单位内部人士的个人关系，请专家咨询服务机构帮助，利用职场社交软件，利用高端招聘网络（需要人力资源部门帮助）等。

（11）非直接认识的非专业对象访谈。这方面可以采用的一些约访方法包括：约访公司内部员工家属，约访项目人员的朋友，随机约访一些公共销售渠道的人员，随机约访一些公共用户服务渠道的人员，进行一些市场招募活动，利用一些专业调研机构等。

估计有些读者朋友阅读到这里可能会质疑我们为什么把需求调研访谈拆解得这么细，是不是有必要这么做。答案是必须这么做，这是多年经验的总结，是用调研过程中的泪水和汗水换来的宝贵经验。

三、需求调研过程的方法和技巧

需求访谈的第三个阶段就是需求调研的执行，这里对于需求访谈小组人员的沟通和交流能力要求很高，主要的方法和技巧包括以下几个方面。

1. 深度访谈中的地点选择

访谈地点的选择对于访谈成功的意义很重大，在选择访谈地点时一般遵循以下几条原则：一是访谈地点最好选择在能让被访谈对象放松的环境；二是对于 B 端客户尽量选择在茶吧、咖啡厅、私人办公室访谈，防止受到无关人员打扰；三是对于 C 端客户尽量在产品旁、社区会议区域访谈，尽量还原产品使用场景；四是尽量不要搞成公对公的气氛，不要像审问犯罪嫌疑人一样进行访谈；五是不要选择容易让人昏昏欲睡的环境。

2. 访谈的开场和破冰环节

开场环节的主要作用是快速拉近距离，消除陌生感。这里有两种开场和破冰的方法介绍给大家，各位读者也可以根据实际情况自由发挥。

（1）接触式破冰。这种方法，需求访谈人需要首先出示证件，说明需求访谈的非结构性特点（笔者经常用开心聊天来表示需求访谈的性质，大家可以参考且慎用），让被访者心理放松，然后以一些非敏感性的话题开始访谈（笔者经常用天气情况来破冰）。在破冰环节中，要避免给予受访者太多指导性的方向，避免先入为主，还需要表现出愿意积极向对方学习的态度，尤其保证访谈过程的保密或匿名性。

（2）亲和式破冰。在这种方法实施之前，访谈人员最好多了解受访者的背景资料，在开始破冰时，可以以校友、老乡关系或共同爱好等建立亲和关系，这符合我们国人的性格特点。随后，可以以共同熟悉的话题切入主题，并称赞其已有的工作成果，令其产生说话的欲望，从侧面了解对方的性格特点，便于有针对性地展开后续访谈。访谈人员还要和对方站在同一个立场，同理心可以帮助我们刺激受访者的谈话意愿。

在上述过程中，一定要和受访者说明录音笔的位置和作用，获得受访者的许可，不可以偷偷地录音。

3. 用引导式讲话进行具体问题访谈

在访谈的时候，访谈小组是需要协同合作的，这个小组一般都由 2 ~ 3 人组成：访谈者、记录者、观察者。访谈者负责引导和提出问题，并控制访谈节奏。记录者主要负责原文记录，并负有监督的责任，同时对照事先准备好的访谈提纲，如果发现有比较重要但没有提出的问题，需要提醒访谈者或者自己直接提出。观察者是整个访谈过程的总体控制者。

访谈者需要事先熟悉访谈目的和访谈提纲，在访谈过程中，访谈者最好不要按照访谈提纲生硬地逐一提问，而是灵活发问。如果访谈过程中出现短暂失语，一定要有一个人提起话题，防止冷场。访谈人员的发问通常是漏斗式的，先从一般的、方便进入的话题入手，再逐渐聚焦到实际问题和专业问题，根据访谈情况适时调整问题的问法和次序。在整个过程中，所有访谈小组成员务必关闭手机，切记不可接听手机。

4. 把握访谈节奏的有效方法

为了保证访谈问题的答案是经过受访者深思熟虑的，访谈人员必须学会“重复”“确认”“追问”和“总结”。所谓“重复”就是在一些关键问题上，重复自己提过的问题，保证受访者能够充分理解访谈人员的真实意图。所谓“确认”就是重复受访者的答案，让受访者确认，保证访谈人员能够充分理解受访者的真实意思。所谓“追问”就是对于模棱两可的答案不断地进行追问，防止访谈对话过程走偏。所谓“总结”就是对一段时间内的访谈话题进行拔高式的总结和梳理，保证整个访谈过程一个台阶、一个台阶地前进。在上述过程中，访谈者需要不断地“倾听”（也需要及时回应），鼓励受访者多说话，同时需要注意不能与被访者一起迷失，要时刻清醒地知道自己想要得到什么。

一旦发现访谈过程有偏题现象，要趁着受访者思考的空隙，迅速拿回话语权，对受访者的观点进行总结，然后提出新的问题。一般情况下，受访者不会再就原来的问题纠缠下去。

一定要随时做好保真式的会议记录，不但要把每句话都进行记录，而且对于受访者的情绪和表情也需要详细地记录。大家可以用录音笔进行记录，但是笔者是不提倡大家用录音笔的，因为这不但增加了处理时间，降低了办公效率，而且会对录音笔产生依赖，造成访谈者易走神的现象。如果记录者无法跟上受访者说话的节奏，可以去学习一些速记的方法。

在访谈的过程中，访谈人员提问时语气应该舒缓，不要令被访者产生受审讯的感觉，不要为了得到自己想要的答案千方百计地引导受访者与自己的观点一致，不要时常宣扬自己的观点，不要喧宾夺主，想要了解受访者需求或价值观时，多采用开放式的问题。

5. 极端受访者的应对策略

访谈时经常会遇到一些极端的受访者，给访谈过程造成一定的干扰。

（1）话匣子型（气球型）受访者。

话匣子型的受访者典型的特点是说起话来滔滔不绝，没完没了，访谈过程中容易兴奋，喜欢炫耀自己的所谓功绩。访谈人员在感觉谈话跑题时，需要适时地通过总结的方式进入下一个话题，以引导和控制受访者的状态，不要让他太兴奋。

（2）龟闭型（石头型）受访者。

石头型的受访者典型的特征是总以防备的心态、怀疑的眼光对待访谈人员，并且经常回答“不知道”或者所答非所问。这时候访谈人员需要找到其规避的原因。如果访谈实在无法推进下去，就要迅速结束访谈，也就是放弃当前的受访者，并让他推荐另外一个更为合适的访谈对象。

（3）不痛不痒型（胶皮型、牙膏型）受访者。

牙膏型的受访者典型的特征是问一句答一句，不问就保持沉默，或者即使有回答也是心不在焉，回答十分简短。这个时候，访谈者需要多多发问，多问确定性的问题，并让受访者不断举例子。

6. 结束访谈的技巧和方法

结束访谈有两种较为自然的方法：

（1）在态度上结束访谈的方法。

不管访谈过程是否令人满意，访谈者都应该表现出尊重及感谢受访者的态度，切忌结束访谈时在口头或肢体上表现出一副终于解脱的样子。访谈者需要表示出希望能和被访谈者保持长期交往的意愿，并给予一定的承诺，如“纳入公司专家库”“定期发送市场信息”“来 ×× 玩儿的时候，可以给我们打电话”等。

（2）在行动上结束访谈的办法。

访谈者可以解释结束的理由，如已完成访谈目标，约定时间已到等，也可以总结访谈内容，问些与主题不相关的生活事情，表达个人关怀、感谢等。访谈者也可以有一些非语言的表示，如看手表，从座位上站起好像准备要离开，把笔帽扣上或把笔记本合起来，把录音笔关掉，握手表示谢谢等。

7. 访谈后需要做的工作

访谈结束之后，无论时间多晚，都必须在当天整理访谈记录，几个访谈小组之间必须进行需求串讲，这是红线，是各个访谈小组不可以违反的规则。在进行需求整理时，大家要用被访谈者的原话，并在此基础上得出每次访谈的结论（对被访者观点的总结），同时对不同类型的访谈对象进行区分，对不同类型问题进行区分。

8. 访谈实践过程中的一些有趣的方法

下面是笔者在辅导各个企业进行需求访谈时，总结的一些有趣而有效的方法和技巧。

（1）一定要访谈者自己准备有针对性的访谈提纲。

（2）尽量让受访者的上司安排会面。

（3）一定要至少两个人（最好三个人）参加访谈，切不可一个人进行单独访谈。

（4）复述、复述、再复述。

（5）多采用旁敲侧击的方法。

（6）不要问得太多，不要把自己不完全掌握的话题和知识拿出来说。

（7）可以采取考伦波策略。考伦波探长在结束了对犯罪嫌疑人的讯问之后，总会在门边逗留一下，然后又提出一个新问题，这时候犯罪嫌疑人的心态是放松的，很可能没有防备地说出实话。

（8）问问题时，不要咄咄逼人，要给受访者一定的思考空间。

（9）面对困难的访谈也就是碰到麻烦的被访者时，如果他们态度强硬，访谈者也要态度强硬，甚至比他们更强硬。两个核桃相互挤压，既不是大的先烂，也不是小的先烂，而是软的先烂。访谈者不能被受访者欺负了，当然也不可以欺负受访者。

（10）在访谈结束当天，访谈者一定要给受访者写感谢信、打感谢电话或者发感谢微信。

四、需求调研结束后的工作

需求访谈结束后，需求访谈小组除了在当天需要进行需求串讲和及时整理访谈内容之外，还需要及时向受访者致谢，明确把哪些需求信息写入公司需求管理库，尽快把会议纪要整理好，并把所有信息入库存档。

一般要在访谈后的几个月内及时进行回访，并在受访者所提出的需求转化为新产品或者新产品的功能点后的新产品发布会召开前，及时通知提出需求的受访者，对其表示感谢。对于表现比较出色的受访者，公司应邀请其参加一年一度的新产品推介会，并给予一定的物质和精神奖励。

CHAPTER 15

第十五章　需求调研人员的能力和素质

需求管理流程运作的关键之处并不在流程本身，而在于具体需求调研人员的个人能力，培养一批有能力的需求调研人员对于企业而言具有十分重大的意义，也决定着需求管理体系的成败。很多企业都在陆续开展需求调研人员的能力培养工作，但是大部分企业感觉效果并不太好。这是为什么呢？

（1）对于那些生来就具备良好的口才、沟通能力、理解能力和高情商的人员来说，他们天生就具有成为优秀产品经理的潜质，是执行需求调研工作的合格人员，并不需要进行过多的培训和培养。当然也可以进行一些培训，让他们不断提升调研能力。

（2）对于那些生来就不具备良好的口才、沟通能力、理解能力和高情商的人员来说，他们天生就不具有成为优秀产品经理的潜质，不是执行需求调研工作的合格人员，即使对他们进行大规模的培训和培养，也不会有显著的效果，他们是远永不会成为优秀产品经理的。

（3）在天生适合做产品经理（需求调研人员）和天生不适合做产品经理之间的那些人员，可以通过大量的培训，使其具有一定的作为产品经理应有的业务水平和能力。他们才是企业进行需求调研人员素质和能力培养工作的主要对象。

本章就来探讨一下需求管理人员，尤其是需求调研人员的能力和素质应该怎样培养，请各个公司结合自身行业和企业特点进行实践。

一、识别需求干系人的方法

首先，我们回顾一下什么是需求干系人。需求干系人就是与产品开发及需求包相关的、所有提出需求信息的、利益相关的个人，在 B2C 行业和 B2B 行业都是如此，并无区别。这些干系人包括发起者、使用者、控制者、决策者、批准者、影响者和其他等七种角色类型。

接下来，我们从 B2B 产品和 B2C 产品两个企业外部元素，以及一个企业内部元素，来探讨一些需求干系人的识别方法。只有首先把需求干系人搞清楚，我们才能够把需求掌握清楚。这里的需求一般指的是组成一个新产品的需求包、

1. B2B 产品需求干系人的识别方法

B2B 产品的需求干系人实际就是新产品购买决策链条上的个人角色，一般以单位集体的形式存在，如图 15-1 所示就是通常的需求干系人分析识别模型，同时也是新产品购买决策链模型。

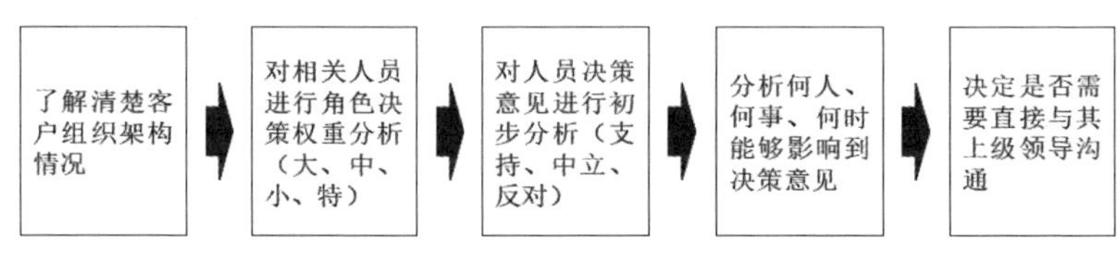

图 15-1　B2B 需求干系人分析识别模型

（1）了解清楚客户组织架构情况。

针对 B2B 行业所涉及的拟销售对象单位 / 公司（B2C 行业所涉及的家庭也类似），在进行需求干系人识别时都需要进行组织架构的分析，就是把该单位与我司新产品购买、使用、维护相关的部门、部门从属关系、部门主要领导、部门骨干员工搞清楚。一些单位的组织架构是保密的，这就需要我们前期在该单位埋下可靠的联系人种子，在不违规的情况下尽量搞清楚上述这些内容。

（2）对相关人员进行决策权重分析。

在搞清楚拟销售对象单位 / 公司的组织架构及相关干系人后，就需要对这些干系人进行决策权重分析。首先要对所有的相关人员进行角色分析，划分清楚购买我司相应产品的发起者、使用者、控制者、决策者、批准者、影响者和其他人员，然后对上述这些人及其所在部门进行决策权重分析，这里的决策权重分为“大”“中”“小”“特”等四个类型。

所谓决策权重“大”，就是指某需求干系人在是否购买我司相应产品上的决策权力很大，起决定性作用；所谓决策权重“中”，就是指某需求干系人在是否购买我司相应产品上的具有一定的决策权力，起一定的影响作用；所谓决策权重“小”，就是指某需求干系人在是否购买我司相应产品上，没有多少决策权力；所谓决策权重“特”（特殊），就是指某需求干系人在是否购买我司相应产品上具有特殊的影响和决策权，比如一些单位存在的某某需求干系人的隐性决策权（虽非高管，但有实权），还有一些单位存在的某某需求干系人的话语传递权（虽非高管，但能传话），等等。

（3）对人员决策意见进行初步分析。

对于那些决策权重大、中的干系人，尤其决策权力特殊的干系人，需要对他是否支持购买我司对应产品进行初步探底，这个探底结论需要参考我司对干系人的初步接触结果，以及客户处联系人员反馈的初步结果。将上述所有需求干系人立场分为支持购买我司产品、不支持购买我司产品、对是否购买我司产品不关心或者无所谓（中立）等三种。

（4）分析何人、何事、何时能够影响到决策意见。

需求干系人的决策意见有的时候是会发生变化的，包括向“支持”方向变化和向“反对”方向变化两种情况。对于关键的需求干系人的意见，我司需求调研团队需要与企业联系人（尤其发起人）一起讨论用何种手段促使其改变决策意见，这里就包括是否可以请求某人与其沟通以改变干系人的决策意见，改变干系人意见的时间和地点是什么，做一些什么事情能够改变干系人的决策意见。

（5）决定是否需要直接与其上级领导沟通。

一些需求干系人如果很难沟通和协调，我们可以直接找他的领导来进行沟通和协调，前提是他的领导是支持购买我司相关产品的。

解决这些问题以后，我们的需求调研及后续的产品推广才有成功的可能。

2. B2C 产品需求干系人的识别方法

B2C 产品的需求干系人识别方法与 B2B 产品是不同的，其整个过程如图 15-2 所示，分为六个主要方面：流量、用户、商品服务、工厂生产、仓储物流、业务支持，识别过程实际就是市场地图的绘制过程，按照以下各个方面，顺序进行。

（1）在“流量”方面识别需求干系人。

对于 B2C 行业来说，“流量”方面的需求干系人包括以下几种：老用户——对我司比较专一，能够再次购买我司新产品或者主动推荐别人购买我司新产品；线下——对我司新产品有需求或者潜在需求的线下客户 / 用户；线上——对我司新产品有需求或者潜在需求的线上客户 / 用户；平台流量——对我司新产品宣传起至关重要作用的公共平台（如抖音、快手、淘宝、小红书等）的管理者、主流观众等；私域流量——从公共平台引流出来的私域流量，如官网、朋友群、客户名单等的管理者、主流观众等；渠道——商场等终端销售单位的管理者、主流顾客等。

（2）在“用户”方面识别需求干系人。

在针对“用户”方面进行市场地图绘制时，调研小组要讨论清楚我司新产品是如何进入用户眼界的，不同公司产品的用户是如何转换的，各个同行业公司的用户是如何流失的，哪些用户会转载我们发布的新闻和广告，让用户决定购买我司产品的关键元素是什么。

（3）在“商品服务”方面识别需求干系人。

B2C 产品的服务实际是销售和再销售工作的重要组成部分，大家要搞清楚我司和竞争对手的实体产品是如何服务的，数字化产品是如何服务的，技术支持是如何服务的，投诉意见处理工作是如何服务的，用户端数字化服务是如何进行的。

（4）在“工厂生产”方面识别需求干系人。

B2C 产品的“工厂生产”方面需求干系人是我们需要关注的，这些工厂生产不但可以是自产形式，也可以是外产形式，甚至包括竞争对手的工厂生产情况。调研小组要调研的干系人可能来自供应链系统、工程和工艺系统、设备系统、MES 排产系统、品质保障系统、智能工厂 IT 系统等。

图 15-2　B2C 需求干系人涉及的六个方面（某公司案例）

（5）在“仓储物流”方面识别需求干系人。

现代化的仓储系统是 B2C 产品市场成功的保障之一，这个仓储系统包括我司和竞争对手的自身仓储与物流、上游单位仓储与物流、下游单位仓储与物流等，而且这些仓储系统的数字化程度越来越深。

（6）在“业务支持”方面识别需求干系人。

B2C 行业大部分产品管理运作都需要覆盖面广泛的业务管理系统，这里包括对外 IT 管理系统、对内 IT 管理系统、财务管理系统，都需要调研小组人员关注不同干系人的需求。

解决这些问题以后，我们的需求调研及后续的产品推广才有成功的可能。

3. 企业内部需求干系人识别

大家在实际的需求调研过程中，千万不要忽略了可能对产品开发带来重大影响的企业内部需求干系人，我们的新产品是以客户需求为中心的，但是在此之前需要先满足企业内部干系人的需求，甚至有的时候这些来自内部干系人的需求可能就是一些障碍。这些障碍本质上也是一种需求，甚至这种需求比外部干系人的需求更加难以处理。如表 15-1 所示是某企业内部的需求干系人识别工作表案例。

表 15-1　内部需求干系人识别表（案例）

序号	干系人	干系人权利	干系人意见	具体关注点	处理方案
1	董事长	大	支持	……	随时汇报
2	总经理	大	中立	……	随时汇报
3	营销副总	大	支持	……	拉进项目组做项目经理
4	研发副总	大	支持	……	每日汇报
5	研发主任	中	中立	……	正常处理
6	生产总监	中	反对	……	帮助解决问题，使其变为中立
7	采购工程师	小	反对	……	不予理睬
8	董事长秘书	特	中立	……	线下情感交流
9	专利工程师	中	支持	……	正常处理
10	……	……	……	……	……

在调研和处理内部需求干系人的需求时，一般需要注意以下几个方面。

（1）抱大腿。

在企业内部推行一款新产品的研发，最好的环境就是企业内部大小领导都真心赞同和大力支持，但是在大部分情况下，这种想法只能是一个美好的愿望。这个时候就要努力抱住公司内部主要领导的“大腿”，以他的需求为项目推进的重点需求进行处理，做到随时沟通、随时报道、及时请示，这是人之常情。

（2）不犯忌。

只是盯紧主要领导的需求是不够的，项目组不能总是让支持他们的主要领导帮他们蹚平道路，对于那些反对新产品开发项目或者不太支持新产品开发项目的干系人，项目组要进行沟通、沟通、再沟通，尽量争取。如果实在无法争取他们的同意，也千万不要犯了强势反对者的大忌（反向需求），不要刺激他们拼命反对和阻挠新产品开发项目。

（3）笼络人。

对于那些决策权重不大的人员，无论他们对项目支持还是反对，都要一视同仁地用感情笼络、用坦诚笼络、用实干笼络，促使越来越多的人员支持项目，尽量照顾到更多人的需求。

（4）搞平衡。

对于不同干系人的需求，大家要在满足外部客户/用户需求的前提下，尽量平衡，必要时需要以正向需求换取反向需求，以一部分利益的损失换来另一部分利益的获得。

（5）给奖励。

有一些产品属于非刚需产品，一方面可能对于客户、用户来说是非刚性需求的，有与没有对他们的工作和生活影响有限；另一方面可能对于我司的销售人员、经销商、代理商来说是非刚性需求的，有与没有对他们的收入影响不大，或者他们认为对自己的收入影响不大。为了推进这些新产品的销售推广，我们需要调研相关内部利益方的收入分成机制，并针对大家的需求按项目调整内部分成机制，这是非刚需产品推广和销售的法宝之一。奖励的形式可以包括普惠奖、山头奖、拔旗奖等多种形式。

解决这些问题以后，我们的需求调研及后续的产品推广才有成功的可能。

二、典型用户画像的设计方法

需求调研之前，RMT 调研小组成员需要对典型客户 / 用户进行画像，以便确认最为合适的需求调研对象；需求调研之后，RMT 调研小组成员还需要对用户画像进行补充和丰富，为后续需求分析和需求验证过程不跑偏打下基础。用户画像的核心是为用户打标签，也就是将用户的每个具体信息抽象成标签，利用这些标签将用户形象具体化，从而为用户提供有针对性的服务，促使项目组研发人员将目标用户的动机和行为作为关注焦点。这里所谓的用户包括发起者、使用者、控制者、决策者、批准者、影响者和其他人员，需要对其中的关键性角色进行画像。

用户画像具有 PERSONAL 八个要素，包括以下内容。

P 代表基本性(Primary),指该用户角色是否基于对真实用户的情景访谈。

E 代表同理性（Empathy），是指用户角色中包含姓名、照片和与产品相关的描述，该用户角色是否能引起人们的同理心。

R 代表真实性（Realistic），是指对那些每天与顾客打交道的人来说，用户角色是否看起来像真实人物。

S 代表独特性（Singular），是指每个用户是不是独特的，彼此很少有相似性。

O 代表目标性（Objectives），是指该用户角色是否包含与产品相关的高层次目标，是否包含关键词来描述该目标。

N 代表数量性（Number），是指用户角色的数量是否足够少，以便设计团队能记住每个用户角色的姓名，以及其中的一个主要用户角色。

A 代表应用性（Applicable），是指设计团队是否能使用用户角色作为一种实用工具进行设计决策。

L 代表长久性（Long），也就是用户标签的长久性。

那么，我们怎样对一个典型用户进行画像呢？大概的方法就是根据用户群体的目标、行为和观点的差异，将他们区分为不同的类型，然后从每种类型中抽取出典型特征，赋予名字、照片、人口统计学要素、场景等描述，形成人物原型，其整个设计过程如图 15-3 所示。

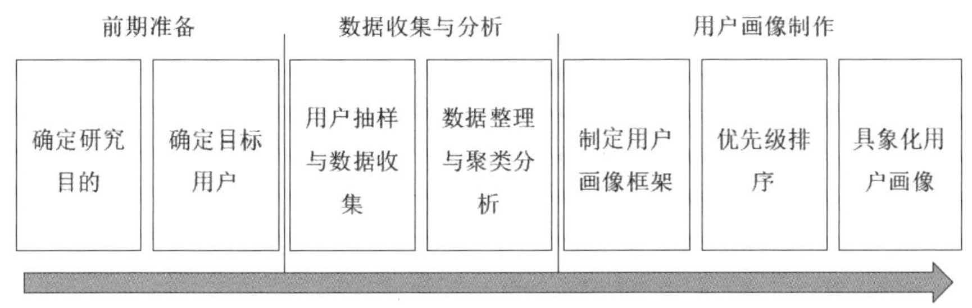

图 15-3　用户画像的设计过程

1. 前期准备

在进行用户画像的绘制之前，项目组需要明确项目涉及的关键性内容：一是产品定位，也就是我们客户 / 用户的大致情况，这些客户 / 用户的大致分类；二是将市场按照不同维度细分为不同子市场和群体，明确在哪个细分市场中进行用户画像；三是确定大致目标客户，也就是按照细分市场价值度和匹配度确定真正的目标客户群。

2. 数据收集与分析

首先，要进行抽样与数据收集。这个抽取的过程就是通过定义总体（母体）和确定抽样框，明确抽样方法，决定样本量，然后执行正式的抽样与数据收集。总体（母体）就是所要研究对象的全体，例如考察钓鱼场的用户体验时，钓鱼场的用户合集就是总体。抽样就是从目标总体中抽取一部分作为样本，通过观察样本的某一或某些属性，对其总体特征进行具有一定可靠性的估判。抽样框就是抽样前将总体划分成抽样单位，抽样单位互不重叠且能合成总体，抽样单位的清单即为抽样框。大家需要注意的是，缺乏随机性的样本是没有代表性的。

其次，区分不同用户类型的关键点在于用户使用产品的目标和动机、过去/现在/未来的行为，而不是性别、年龄、地区等人口统计学特征。下面是某公司在用户画像绘制过程中的数据收集维度，供大家参考。

（1）使用产品历史：使用时间、如何得知/购买、第一印象、回购原因。

（2）行业经验与知识：对竞品的了解和使用、对竞品的评价（好与坏）。

（3）目标与行为：使用目的、如何使用、使用频率、使用较多/较少的功能、遇到的问题。

（4）观点和机会：总体评价、期望的新功能、期望的新服务。

最后，大家需要进行数据整理与聚类分析。整个过程需要先进行聚类分析，也就是根据数据本身结构特征对数据进行分类，可把数据分成若干个类别，使类别内部的差异尽可能小，类别外部差异尽可能大。然后，大家需要绘制亲和图，也就是把收集到的大量事实、意见或构思等定性资料，按其相近性进行归纳和整理。

3. 用户画像制作

无论B2B行业还是B2C行业，用户画像的具体绘制可以有以下几个步骤，大家也可以参考其他文献，按照其他方法来绘制用户画像。

（1）设计一个用户画像的框架。

用户画像有很多特征，哪些必须包含，哪些可以包含，需要一个用户画像的框架，依托框架让流程标准化。在这个步骤中，我们不需要加入描述性的细节，只需要将重点内容罗列出来，目的主要是在最终用户画像输出之前，可以迅速地和团队其他人进行讨论，并收集反馈。

（2）进行所有用户画像优先级排序。

整个过程中项目组需要与产品、市场等部门确定用户画像的优先级，可以主要从以下几个方面来考虑：使用频率、市场大小、收益的潜力、竞争优势/策略等。

（3）进行具体画像的绘制。

首先，结合真实的数据，选择典型特征加入用户画像中；其次，加入描述性的元素和场景描述，让用户画像更加丰满和真实；再次，将用户画像框架中的抽象描述具体化；最后，让用户画像容易记忆，比如用名字、标志性语言、几条简单的关键特征描述，减轻读者的记忆负担，这样更加有利于用户画像的使用。

B2B 行业的用户画像和 B2C 行业的用户画像有一些不同之处，如图 15-4 和图 15-5 所示分别是某 B2B 企业和某 B2C 企业的用户画像案例。

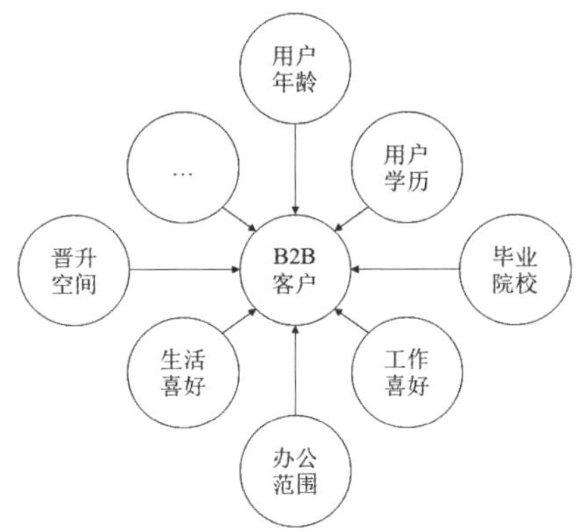

图 15-4　某 B2B 企业用户画像案例

图 15-5　某 B2C 企业用户画像案例

B2B 企业的用户画像主要涉及购买者的工作岗位相关情况，而 B2C 企业的用户画像则主要涉及购买者的性格和爱好等个人属性的相关情况。上述用户画像既包括个人用户画像，也包括群体用户画像，如办公室画像、家庭画像等。

上面所叙述的用户画像设计方法只是众多方法中的一种，各位读者可以参考有关用户画像设计的专业书籍,学习和参考最适合自己公司的设计方法。

三、需求调研双方需要岗位相容、性格相容

一些文献上介绍了采用大五人格进行性格测试的方法，就是通过开放性、责任心、外倾性、宜人性、情绪稳定性等多个维度对个体人的性格进行分析，以得出其比较合适的工作岗位。大家如果感兴趣，可以采用大五人格或者类似的方法进行性格测试或者人格测试。目前，不同的专家所识别出来的人格与工作对应的模型都还不是特别成熟，但是可以为大家认识自己和调研对象提供一定的借鉴。

如图 3-5 所示，我们把受访人员分为四种性格：力量型 C、活泼型 S、完美型 M、和平型 P。保证调研双方性格相容性对于保证需求调研的成功率是很有帮助的，下面是一些推荐的做法。

1. 针对力量型 C 的受访人员

对于力量型 C 的受访者，我们派出的访谈人员要能够激发受访者的自信心，鼓励受访者做有挑战性的任务，同时能够抓住谈话的根本目的进行沟通；还要能容忍受访者，在沟通过程中，不要当面指责他或者与他争辩，需要保持谦虚、严肃、认真的态度，声音洪亮，眼睛要直视对方。整个访谈过程中访谈者不能诉苦，同时要流露出克服困难和障碍的信心，体现出与受访者共渡难关的决心。整个访谈过程中，访谈者不要打断受访者的话语，要等他说完了自己再说，多讨论有深度的问题。

2. 针对活泼型 S 的受访人员

对于活泼型 S 的受访者，派出的访谈人员要非常热情，不要轻易地批评他们，如果打击到了他们的热情，他们会把你拒之千里之外。沟通过程中，访谈者还需给受访者表现社交才能的机会，提供他所喜欢的非正式的聚会，并多与他谈谈流行事物。访谈者还要注意保持语言的新鲜度。

3. 针对完美型 M 的受访人员

对于完美型 M 的受访者，我们派出的访谈人员要注重细节——对方的每个眼神、每个动作，都要在大脑中加以分析与思考；注重仪表——服装和发饰需要得体和井井有条；多理解包容——在受访人员没事找事时，要多理解和包容，多想办法和受访者交朋友；说话要真诚——有话直接说，不要说谎话，需要有基本的礼貌，说话过程中不要显示出嚣张的样子，不要说笑话，不要自卑。

4. 针对和平型 P 的受访人员

对于和平型 P 的受访者，我们派出的访谈人员要保持真诚，要有耐心，并且从情感上多多交流，沟通氛围则需要比较轻松，沟通不要太正式。

关于工作岗位和职级的相容性就是指访谈者和受访者之间的职级和岗位不能相差太多，最好进行对等处理，关于这个问题笔者不再赘述，相信读者朋友们会注意到这个问题，并进行较好的处理。

四、需求调研过程中的“说”

需求访谈人员应该具有的四项素质包括“空杯”心态、善于观察、善于提问、善于总结，其中“空杯”心态、善于观察、善于总结属于“听”，而善于提问则属于“说”，接下来我们先讲述一下在需求访谈中如何“说”，也就是说话。笔者在实际调研工作中总结了一些技巧，提供给广大读者作为参考。

（1）访谈者在询问过程中要多采用广泛式、开放式问题，也就是要激发挥受访者的主观能动性和思维拓展性，让受访者主动整理思路、整理逻辑、组织语言。

（2）在受访者听完我们的陈述后，要立即询问受访者的想法。

（3）必要时可以把关键性信息记录在现场的一面白板上，帮助受访者整理逻辑和思路，诱导受访者进一步打开思绪。

（4）访谈者在询问时要有效利用时间。要让对方了解提问重点。对于重点问题可以复述、复述、再复述。

（5）在做小结和总结时，访谈者务必要将所有已得到的信息进行系统性梳理，使这些信息内容结构清楚，容易帮助双方整理思路，使双方容易消化彼此的思维、想法、主张及逻辑。

（6）访谈者需要准备好应对对方的情绪变化。情绪具有传染性，对方会受我们的影响，因此需要从自身出发，鼓舞对方对我们的谈话产生兴趣，这是由被动转为主动的好方法。

（7）我们的表达应该尽量流畅，但绝对不是机械地背稿。如果我们使用了投影仪等辅助器材，就要注意整个谈话过程应该由我们主导而不是以辅助器材为主，千万不要看到什么画面才讲什么内容。

（8）我们和对方之间不要有东西阻隔（尤其电脑）。尽量与受访者有眼神接触，但也不要面对面地直视。

（9）如果我们的语调始终毫无变化，对方很可能会打瞌睡或无法集中注意力，适当顿挫，也是强调某一观点的好方法。

五、需求调研过程中的“听”

所谓“听”主要是指倾听，也就是专心致志地听。在整个需求访谈过程中，“听”是比“说”更为重要的事情。笔者在实际调研工作中总结了一些技巧，提供给广大读者作为参考。

（1）在访谈的过程中，建议访谈者主要采用引导式谈话技巧，引导受访者主动深入思考问题，要多问多听，不要总是推销自己的想法。

（2）对于受访者的话，访谈者要及时做出回应。

（3）访谈者的语言需要保持中性，尤其不可以与受访者争论和抬杠。喜欢抬杠的人普遍情商较低，是不适合执行需求访谈工作的。

（4）访谈者不要认为自己太聪明，要收敛锋芒，稍微表现得“无知”一些，多让受访者详细地描述或举例。

（5）访谈者尤其要注意受访者与自己思维不一致的地方，并对这些地方进行深入询问。

（6）有些受访者的讲话艺术很高，要注意听他们的“话外音”，抓大放小，领会受访者话语中的核心要素，忽略那些给核心要素打掩护的语句。当然这需要访谈者有丰富的社会阅历和良好的语言能力。

（7）为了深入挖掘客户痛点，访谈过程需要聚焦受访者群体的期望而不是问题。

（8）访谈者不要有让人觉得“显摆”的表情和举止，没有十足把握前，不要就自己不太了解的事物与受访者交流，容易变成“班门弄斧”和“关公面前耍大刀”。

（9）访谈者不要过于相信受访者的语言表述，要在自己头脑里多问几个为什么。

（10）访谈者要留意用户的知道与不知道，留意用户的主动表达，留意用户的兴奋点。

六、需求调研过程中的记录表格

需求调研是一定需要一些记录表格的，这在前面各个章节的叙述中已经有了一些体现，在本小节再给大家提供一些记录表格的参考。

1. 某企业需求访谈记录表案例

表 15-2 某企业单项需求访谈记录表

编号：2024051101

<table>
<tr><td>细分市场</td><td colspan="2">细分市场的名称</td></tr>
<tr><td>公司名称</td><td colspan="2">用户所在公司的名称</td></tr>
<tr><td>用户姓名</td><td colspan="2">张三</td></tr>
<tr><td>用户个人情况</td><td colspan="2">年龄、性别、职务、教育程度、专业知识、性格及人品分析</td></tr>
<tr><td>访谈人员</td><td colspan="2">要注明部门、访谈人员的岗位和级别；访谈员和记录员分开</td></tr>
<tr><td>访谈时间</td><td colspan="2">要具体到以小时为单位，包括开始和完成的时间</td></tr>
<tr><td>访谈地点</td><td colspan="2">对访谈地点及其环境进行描述</td></tr>
<tr><td rowspan="5">访谈过程</td><td>访谈问题清单</td><td>访谈记录</td></tr>
<tr><td>1</td><td>……</td></tr>
<tr><td>2</td><td>……</td></tr>
<tr><td>3</td><td>……</td></tr>
<tr><td>……</td><td>……</td></tr>
<tr><td>访谈总体分析</td><td colspan="2">对访谈的过程和内容进行分析，详细说明分析的过程和依据</td></tr>
<tr><td>用户的问题和期望（原始需求）</td><td colspan="2">从以上过程，总结出用户的问题和他们的期望点，尤其是他们的痛点和需求兴奋点，并给出初步的需求等级建议</td></tr>
<tr><td>备注</td><td colspan="2"></td></tr>
</table>

2. 某企业展览会信息收集汇总表案例

表 15-3　某企业展览会信息收集汇总表

编号：2024052202

展览会名称	展览会的具体名称	
展览会等级	A 类（极重要）、B 类（较重要）、C 类（重要）、D 类（不太重要）	
展览会 时间和地点	展览会时间	展览会地点
展览会 参与人员	调研小组长：可以有多位，需要标明职责分配情况	调研组员：应标明具体分组情况及每个人的具体职责
宏观市场 信息汇总	请从 PESTEL 六个维度进行宏观市场信息的汇总	1. 2. 3. ……
微观市场 信息汇总	请从 5-POWER 和 3C 等多个维度进行微观市场信息的汇总，尤其重点说明竞争对手的战略和战术动作	1. 2. 3. ……
需求信息 汇总	请从 $APPEALS 八个维度进行需求信息的汇总	1. 2. 3. ……
其他信息 汇总	在这里填写大家认为的其他对企业发展和产品开发有意义的信息	1. 2. 3. ……
记录	汇总人：	汇总时间：

3. 拜访某企业高层的信息记录表案例

表 15-4 拜访某企业高层的信息记录表

编号：2024041212

<table>
<tr><td>拜访性质：</td><td>高层姓名：</td><td>记录员：</td></tr>
<tr><td>公司 / 研发 / 营销 / 用服</td><td colspan="2"></td></tr>
<tr><td colspan="3">注意事项</td></tr>
<tr><td colspan="3">1. 注意本次调研的信息，可能包含市场信息、竞争对手信息、技术趋势、核心需求点等
2. 访谈时注意按照下列层次发问：基本 / 生理需求、安全需求、社会需要、对人类的尊重、实现产品自我超越
3. 请我司高层注意与对方高层的情感交流，建立良好人际关系（后续建立规范）
4. 记录员务必保证保真式记录，不能遗漏任何关键点</td></tr>
<tr><td colspan="3">访谈提纲（针对　　　　）——仅为参考</td></tr>
<tr><td colspan="3">市场方面：
1. 在政治、经济、法律、环境、技术、社会等多个方面，是否了解到有对本行业影响重大的事件 / 在未来 3 ~ 5 年内，有什么样的趋势
2. 行业中是否有关于潜在的进入者、竞争对手（策略、市场份额等）的最新信息
3. 行业中的销售（品牌、渠道、价格、订单履行、服务、促销）情况有何变化
4. 行业中的供应商情况有何变化
5. 总体行业和市场趋势 / 有无新兴细分市场 / 带给客户的价值有无变化
需求方面：
1. 现在客户对于本行业产品最大的担忧是什么 / 最大的期望是什么
2. 本公司和其他公司相比的各项优势是什么 / 有哪些劣势
3. 对本公司最满意和最不满意的三个方面是什么
4. 对主要竞争对手最满意和最不满意的三个方面是什么
5. 整体行业技术上面临的问题是什么</td></tr>
<tr><td colspan="3">访谈要点记录</td></tr>
<tr><td>访谈对象 1</td><td colspan="2">× × 企业董事长胡 × ×，访谈在 × × 办公室进行，时间为 2024 年 04 月 12 日 08:30 ~ 10:30</td></tr>
<tr><td colspan="3">具体访谈过程：</td></tr>
<tr><td>访谈对象 2</td><td colspan="2">× × 企业总裁胡 × ×，访谈在 × × 办公室进行，时间为 2024 年 04 月 12 日 10:30 ~ 12:00，午餐过程中继续访谈</td></tr>
<tr><td colspan="3">具体访谈过程：</td></tr>
</table>

续表

<table>
<tr><td>访谈对象 3</td><td>×× 企业研发副总裁张 ××，访谈在 ×× 办公室进行，时间为 2024 年 04 月 12 日 14:30 ~ 16:00，会后参观车间 30 分钟</td></tr>
<tr><td colspan="2">具体访谈过程：</td></tr>
</table>

4. 某企业竞争对手信息收集汇总表（公开渠道）案例

表 15-5　某企业竞争对手信息收集汇总表（公开渠道）

编号：2024052801

<table>
<tr><td>信息收集
渠道和方法</td><td colspan="2">写明在何处进行收集，如网站、论坛、展会、发布会等</td></tr>
<tr><td>信息收集员</td><td colspan="2">李四</td></tr>
<tr><td colspan="3">注意事项</td></tr>
<tr><td colspan="3">1. 此为公开场合，可以亮明身份
2. 主要包括对竞争对手公开的图片、产品样本、技术参数等的收集
3. 主要包括主要竞争对手价格、销售渠道、促销方式、订单履行、经销商管理、售后服务等方面的信息收集
4. 主要从 $APPEALS 八个维度进行收集，注意不要集中在性能维度，各个维度都要兼顾</td></tr>
<tr><td>主要工具</td><td colspan="2">照相机、录像机、录音笔等</td></tr>
<tr><td colspan="2" rowspan="2">竞争对手 A：</td><td>主要信息 1：
图片：

相关载体：</td></tr>
<tr><td>主要信息 2：
图片：

相关载体：</td></tr>
<tr><td colspan="2">竞争对手 B：</td><td>主要信息 1：
图片：

相关载体：</td></tr>
</table>

5. 某企业日常客户反馈信息统计表案例

表 15-5　某企业日常客户反馈信息统计表

编号：2022012804

序号	X0411	X0412	X0413
时间			
客户名称			
客户区域			
联系方式			
客户反馈简述			
原始需求提炼			
反馈分类			
初步方案建议			
备注			

注意事项：

（1）客户反馈信息统计人员需对反馈信息进行初步筛选，去除用户使用问题、无意义抱怨等信息。

（2）反馈信息分类为重要建议、一般建议。

（3）对客户投诉内容，其长短期改进措施应一并在表单中体现。

七、需求调研过程中的相关工具

需求调研（尤其访谈）过程中需要携带一些工具，便于需求调研工作的开展，下面就列举一些工具及其使用过程中的注意事项。

1. 录音笔

笔者不是很赞同使用录音笔，主要原因如下：一是有些受访者反感访谈过程录音；二是有些访谈者会因为录音笔的存在而在访谈过程中走神；三是访谈后整理录音内容需要大量时间，虽然有些录音笔已经可以将录音直接转成文字，但是转换成的文字是不可以直接用作会议纪要的。当然，如果读者朋友们觉得这些原因并不存在于自己的访谈中或者可以克服，那就可以使用录音笔了。

2. 笔记本

笔记本一般选用那种可以放置在衣服口袋中的中小型笔记本，除非面对忠诚度较高的用户，否则不要带大笔记本进行访谈，以免让受访者警惕和紧张。

3. 笔记本电脑

笔记本电脑是各个行业进行需求调研的必备品，在需求调研过程中，应该选用性能先进的电脑并多携带一根电脑的电源线。在进行野外长时间旅行时，最好携带大型充电器（不适合乘机携带）。在前往其他国家进行需求调研时，应该注意每个国家的电源插座尺寸差异和电压差异。

4. 手机及其他拍照、摄影设备

一些调研过程需要拍照和摄影，如果要求不是很高，直接使用智能手机即可；如果要求很高，就需要携带专业照相机和摄影机。

5. 服装、携行具

大家要根据调研渠道的实际情况选择穿工作服还是不穿工作服进行调研工作，包括雨伞、背包等携行具也应该考虑到。在野外环境恶劣时，应准备一些简单的炊具和烧水壶。

6. 车辆

需求调研所用车辆应该根据旅行目的地情况选择轿车、SUV、越野车或者皮卡车，车辆上的公司 LOGO 应根据需求调研对象的情况决定张贴还是不张贴，车辆应该保证不会发生故障并准备足够的汽油或者柴油。纯电动车辆不适用于长途调研。

7. 小型仪器

一些企业在进行需求调研时可能会用到一些随身携带的小型仪器，比如卷尺、噪声仪、风力检测仪等，大家可以根据调研方案和计划进行妥善携带。有一些简单事情可以由随身携带的智能手机来完成，如智能手机上的噪声测试 App，但在出发调研前应该进行一些简单的校准。

8. 大型仪器

一些 B2B 企业的需求调研可能需要携带大型仪器，这就需要企业妥善解决这个问题。江苏苏州某企业制作了一台电缆维修车，上面携带了一些大型仪器，可以进行复杂的需求调研工作，是一种比较好的方法。

9. 伴手礼

接受需求访谈并不是受访人员的本职工作，因此除了平常就要建立好与客户 / 用户的友好关系外，大家还需要在每次需求访谈时，赠送受访人员一份伴手礼，借以表达感谢之情。在伴手礼的准备上，一般应注意以下问题。

（1）千万不要违反国家相关法律法规，千万不要违反客户 / 用户单位的相关规定，因此在赠送之前需要进行一定的摸底，伴手礼的金额不能超过当地规定。

（2）要根据当地的文化和风俗习惯来准备伴手礼，尤其注意不要触犯受访人员的民族和宗教忌讳。

（3）要选择大多数人都会接受的伴手礼，一般不要标新立异。

（4）最好每年度都由公司层面组织会议讨论当年伴手礼赠品预算表，为不同干系人准备有针对性的伴手礼。

（5）伴手礼的品质应该得到有效保障，食品类伴手礼应尤其注意保质期的问题，易碎类伴手礼要注意防止损坏。

（6）一般情况下，伴手礼不得邮寄。

10. 注意野外调研安全

在进行野外需求调研时，应该注意携带安全保护设备、应急食品和饮用水。注意防火。

CHAPTER 16

第十六章

需求调研人员的培养方法

IPD集成产品开发管理体系中的三大组成流程分别是OR需求管理流程、MM市场与产品规划流程、小IPD产品开发流程。小IPD产品开发流程一般最先导入、实施、推广和落地，主要作用体现在跨部门协同合作上面，叫作“把正确的事情做正确”或者“正确地做事情”，考验的是公司研发管理体系中的业务运作与项目管理能力。MM市场与产品规划流程一般随着公司各个部门研发管理能力的提升而开展和实施，主要作用体现在对市场和研发相关工作进行方向性规划和准备资源上面，叫作“做正确的事情”，考验的是公司研发管理体系中的战略对齐和会议组织能力。OR需求管理流程一般在IPD体系导入时就开始建设了，而在所有的研发和规划流程初步建设完毕后，才最终把OR需求管理流程初步建设起来，主要作用体现在保证产品规划和产品开发工作的源头上面，考验的是公司研发管理体系中的个人需求管理能力及组织个人进行需求管理的能力。

需求管理流程中最重要的阶段就是第一个阶段——需求收集阶段，又称需求调研阶段，这个阶段对于相关从业人员的要求最高，本章就针对这个阶段的要求，探讨需求调研人员的培养方法。通常来说，需求调研人员（有的公司称为产品经理）的素质主要包括沟通能力、技术能力、实践能力、大局观和情商等，本章就针对这些素质论述需求调研人员的培养方法。

需求分析阶段相关人员能力按照SE系统工程师的素质和能力要求进行培养，需求分配阶段相关人员能力按照产品规划人员的素质和能力要求进行培养，需求执行阶段相关人员能力按照技术工程师的素质和能力要求进行培养，需求验证阶段相关人员能力按照产品测试工程师和质量工程师素质和能力要求进行培养，这里不再赘述。

一、调研人员沟通能力培养方法

沟通是指人与人之间的信息交流过程，是人与人之间发生相互联系的最主要形式。沟通能力是市场需求调研人员最为重要的能力。关于此类知识的图书和培训视频很多，读者朋友们可以自行下载学习。本小节内容是一位沟通达人(“社牛”)对自己沟通能力培养过程及其注意事项的一些总结，希望可以给广大读者带来启示。沟通方法不是一成不变的，大家可以根据自己的性格特征找到最适合自己的方法。

1. 排除障碍

这些障碍包括语言障碍——外语和方言（家乡话），广大需求调研人员必须根据要求学好外语，必须认真学习普通话；组织障碍——上级和实权者的所谓“气场”，要求广大调研人员不断提升自己的修养；心理障碍——性格、情感和疾病（如口吃），必要时可以参加一些辅导班；其他障碍——时间、环境和利益。

2. 多学习肢体语言

根据相关研究，面对面沟通三大要素的影响比率是文字 7%，声音 38%，肢体语言 55%，这就说明肢体语言是最为重要的沟通方式。大家可以向一些优秀的演说家进行学习，他们的肢体语言一般都非常丰富。

3. 排除倾听 / 聆听时的障碍

访谈者要克服自身的一些弊病，如用心不专、急于发言、排斥异议、心理定势、厌倦、消极的身体语言、忽视当事人非口语行为（眼神、神态、身体动作、声调或语气等）。这就要求我们的访谈人员性格不要太急躁，要学会“钓鱼”，要学会“想好了再说”，要锻炼自己的身体姿态，做到“站如松、坐如钟”。在每次关键的需求调研前，一定要保证好睡眠，不要吃辛辣的食物，戒除自己喜欢把玩手机或者转笔的习惯。一定要解决掉自己的害羞心理，放下自己的心理包袱。

（1）说话时善于把握最佳时机，做到“五不说”

这“五不说”就是环境嘈杂时不说、环境于己方不利时不说、对方心情不好时不说、对方专注于其他事情时不说、对方抗拒时不说。

（2）做好开始是取胜的关键因素，这就是“破冰之旅”

整个调研访谈过程的开场破冰是最为关键的，对访谈者的同理心要求很高。访谈者要提前搜集对象公司和对象人所有的事实资料，尽量构建一种非血缘家庭关系（如同学、校友、老乡、朋友的朋友、共同经历等），使得在刚开始沟通时就能获得对方的信任。必要的时候，可以不那么直接地提出自己的优点，以获得对方的确认，引导对方进入你想要谈的主题，这个主题范围不能太大。在我们不确定对方的意思时，可以反问或者让受访者举例。

4. 学会拒绝

拒绝别人是有技巧的，主要包括三种方法：补偿式拒绝，即提出另一建议，以示诚意；先肯定后拒绝，表示情非得已；爱护性拒绝，站在对方立场谈理由。

在实际的沟通管理中，认清楚自己的具体情况是特别重要的一件事情，在这个过程中，大家试图回答下面的一些问题，应该就可以在短时间内认清楚自己的优点和缺点，然后有的放矢地改进。这些问题包括以下几个方面。

（1）对哪些情境下的沟通感到愉快？

（2）对哪些情境下的沟通感到有心理压力？

（3）最愿意保持沟通的对象是谁？

（4）最不喜欢与哪些人沟通？

（5）能否经常与多数人保持愉快沟通？

（6）是否常感到自己的意思没有说清楚？

（7）是否常误解别人，事后才发觉自己错了?

（8）是否与朋友保持经常性联系?

（9）是否经常懒得给别人写信或打电话?

二、调研人员技术能力培养方法

需求部门的需求调研人员都是来自哪里的呢？总共有三种来源：来自营销领域，来自研发领域，来自其他领域。其中以来自营销领域和来自研发领域的人员居多，二者之间的人员数量比例因企业所在行业特点而有所不同。从营销领域来的需求工程师一般沟通能力强，能够与客户/用户保持良好的关系，市场敏锐度较高；从研发领域来的需求工程师一般逻辑思维能力强，能够快速识别和解决客户/用户的技术质量问题，需求敏感度较高，这两种来源的需求工程师应该互相分享、互相学习、互帮互助、共同进步。无论原来在哪个职能领域工作，在成为市场需求调研人员后，技术能力还是要继续培养的，这个过程一般分为三个阶段：初级阶段、中级阶段、高级阶段。

1. 初级阶段

初级阶段的需求管理人员（近似于产品经理，但是每个公司对产品经理的定义有所不同，不完全等同）的技术能力应该与初级技术工程师的技术能力处于同一档次，其主要特征包括已经初步掌握公司的相关产品的大部分性能、功能，能够初步掌握公司涉及技术的各个环节（如采购、生产、工艺、质量、成本、售后服务等等），对客户/用户等整个销售和售后服务链条有初步的理解，能够独立处理初级技术系统问题。

无论是研发部门还是营销部门都已经对初级阶段的管理人员进行了一定的培训和培养。需求管理部门是不会招聘从大学毕业的“小白”的，这个部门所选择的人实际都是营销部门和研发部门里表现出色的人员。在进入需求管理部门后，初级需求管理人员需要迅速建立对于新产品的系统工程能力，为此可以让他们在不同的技术类部门中进行挂职和轮岗，从各个TR技术评审点的评审要素表入手了解产品相关技术细节，从而在新产品开发实践项目中承担一定的需求管理职责且能够完成至少一款新产品的需求调研与分析工作。上述培养方法的核心就是需求管理人员的轮岗，如果读者朋友所在公司无法进行轮岗，就请先解决IPD体系落地初期需要解决的树立跨部门协同思想问题。

2. 中级阶段

大家可以看到，即使在初级阶段，对于需求管理人员的技术能力要求也是很高的，需要突破传统的培养模式。在中级阶段，需求管理人员的技术能力还需要进一步提高，那就是从能够完成至少一款新产品的需求调研与分析工作，上升到能够完成一条产品线上所有新产品的需求调研与分析工作，能够支撑一条产品线的运作和发展。这个时候，需求管理人员的技术能力主要体现在MM市场与产品规划流程上，同时能够覆盖整个小IPD产品开发流程的需求管理技术要求，成为公司新产品开发业务的中坚力量。

要培养需求管理人员的技术能力，很多公司采取的方法就是SE前置，也就是把SE系统工程师（有的公司称技术负责人）从研发部门转移到市场部门或者产品部门，提升其在需求管理过程中的技术能力，这是弥补产品规划和产品定义过程中，需求管理人员能力不足的一种方法。有的公司继续采用研发中坚技术人员轮岗的方式，也是可以参考的。

3. 高级阶段

所谓需求管理人员技术能力的高级阶段是指需求管理人员能够在新行业/新产业产品开发过程中，承担需求调研、需求分析和产品定义的职责。这种高端人才是企业的宝贵资源，他们的学习能力是非常强的，能够在短时间内抓住新行业/新产业技术的核心点，这不是一般技术人员和营销人员能够做到的，一定要具有“空杯”心态和钻研精神的专家才能够做到。他们对技术研究和技术开发过程有比较丰富的经验，能够助推企业实现新行业/新产业产品技术从0到1的跨越式发展。

三、调研人员实践能力培养方法

需求调研人员的实践能力就是指他们的现场操作能力，俗称动手能力。要调研到高质量的需求，就必须有“空杯”的心态、积极服务的心态，时刻秉持“以客户为中心”的理念，在市场需求调研的过程中帮助客户/用户解决一些实际问题，用真心换真心，才能换得客户/用户的高质量信息回报。外出调研人员代表着企业的形象，代表着企业对于客户/用户的真实态度。因此，需求调研人员必须有一定的实践能力，这些能力包括以下几个方面，需要企业对需求管理人员持续培训和考核。

（1）对于企业及所在行业的老产品、新产品的技术性能、使用场景、功能优点、功能缺点等技术资料，应该做到滚瓜烂熟，以保证在与客户/用户沟通时，让客户/用户信服并产生一些依赖性。

（2）对于企业及所在行业的老产品、新产品的安装、维护、维修等工作滚瓜烂熟，能够现场帮助客户/用户解决实际技术和质量问题。

（3）对于行业里各种大事小情都有所了解，在市场信息交流上与客户保持在同一水平线上。

（4）具有主动服务的心态，能够帮助客户/用户解决一些非产品性需求，如帮忙介绍熟人等。笔者曾经辅导某企业进行需求调研工作，内容是到竞争对手销售网点进行需求访谈，在主动帮助客户维修了销售店面的一些设备以后，客户很感动地告诉需求调研小组很多竞争对手的技术信息和非技术信息。

（5）主动服务时，调研人员应注意自己的着装，要符合需求调研受访对象对于我司人员的整体印象，比如进行技术维护时就要穿着工作服，进行展览会站台展示时就要穿正装等。

四、调研人员大局观培养方法

大局观主要在进行市场和产品规划，以及大颗粒度产品立项和开发需求调研的过程中，会起到非常关键的作用，尤其在进行 PESTEL（政治、经济、社会、技术、环境、法律法规）的宏观市场信息调研时，就非常考验调研人员的大局观。很多技术人员每天忙于研发工作，对于整个世界政治、经济等发展情况是不太了解的，这就给企业在政治维度、社会维度、经济维度上进行市场走势的判断带来巨大的障碍。在进行市场和产品规划，以及重大产品开发项目的过程中，PESTEL 因素有时候对新产品的成功率是影响巨大的，那么怎样才能解决这个问题呢?

（1）整个需求管理部门或者团队应该拥有几名对政治、经济、社会情况异常敏感的人员，为此甚至可以招聘一些这方面的专业人才。

（2）可以聘请政治、经济、社会领域的专家和学者进行讲学，给广大需求管理相关人员进行培训，开拓大家的眼界。

（3）对广大需求管理相关人员进行哲学（人文哲学和科技哲学）、人类学、组织行为学的相关培养，开展与人生观、历史观等相关的私董会或者沙龙。笔者曾经要求某企业需求管理人员观看和学习纪录片《生命密码》，并且阅读图书《人类简史》，就是基于这方面的考虑。

五、调研人员情商培养方法

历史上无数的案例都可以证明，一个人事业上的成功一定与他做人的成功密不可分。一个人的高情商表现可以帮助他建立良好的人际关系，增强与他人的沟通和合作，从而提高工作绩效。通过情商的培养与提升，我们可以更好地管理自己的情绪，提高抗压能力，增强团队协作能力，进而赢得别人的信任与好评。不具有高情商的人是不适合进行市场需求调研的。

首先，需求管理部门和团队在人员引进时，一定要既关注他的智商，也关注他的情商，严把人才质量关，把高质量人才集中到公司最重要的产品需求管理工作上来。

其次，需要对每个人的情商水平进行测试，为每位需求管理人员制定有针对性的情商提高方案，不断提升其情商水平。

在具体的情商培养中，还需要注意以下几个方面。

1. 自我认知

通过定期自我反省和情绪评估，深入认识自己的情绪状态，更好地觉察自己的情绪变化，了解自己在何时容易产生负面情绪，以及负面情绪对自己和他人的影响，明确需要提升的方面。

2. 情绪调控

保持积极乐观的心态，不被负面情绪所困扰，学习管理情绪的方法，如深呼吸、正念冥想等，培养良好的情绪调节能力。保持积极乐观的心态是情商培养的关键，这种积极乐观的心态不仅能提升个人的内在动力，也能赢得他人的信任和欣赏。

3. 同理心培养

同理心是情商的重要组成部分，也就是尝试站在他人角度思考问题。积极倾听他人的想法和感受，尝试设身处地地思考问题，我们就能够更好地理解他人的处境和需求，增强同理心和沟通技巧。

4. 情商知识学习

良好的人际交往技巧是情商提升的关键，这需要系统学习与提高情商相关的理论和方法，如情绪管理、沟通技巧等，不断充实自己的情商知识储备。

5. 主动沟通

通过主动沟通、积极倾听和体谅他人，我们可以建立牢固的人际关系网络，增进与他人的相互理解和信任。在与同事交流时，保持礼貌、耐心和同理心很重要，适当表达自己的想法和诉求，同时也要聆听对方的观点，寻求双方的共同利益点。

6. 管理压力

我们可以采取一些积极主动的方法来化解工作压力，保持良好的心理状态。要学会合理地规划和安排工作任务，避免时间和精力的过度消耗，保持积极主动的态度，合理地进行任务分配和时间管理，这可以帮助我们更有效地应对工作压力。培养良好的休息和放松习惯也很重要，适当调整工作节奏，进行身心放松活动，可以帮助我们缓解压力，增强应对压力的能力。

7. 寻求团队合作

良好的团队协作能力是极其重要的情商技能，我们需要主动与他人建立互信关系，维系良好的工作氛围与团队协作精神。尊重他人，主动沟通交流，以及积极参与团队活动，可以增强我们对集体目标的认同感和责任心。同时，我们还应当学会倾听他人意见、接纳他人的独特观点（可能与自己的观点不一致），真诚地为团队的共同利益而努力，不要抬杠。以同理心和包容心对待团队成员，共同制订计划、分工合作，有助于增强团队的凝聚力和整体协作能力。

CHAPTER 17

第十七章

需求调研过程中的激励方法

笔者相信本章的内容很有可能是大多数读者选择首先阅读的，这是因为很多企业的需求管理体系还没有很好地运行起来，而大部分管理者可能认为这是由于考核和激励措施不足造成的，于是他们普遍会加大考核和激励的力度，结果却是需求管理体系运行得越来越困难，管理者朋友们受困于无尽的烦恼，陷入管理上的困境。

需求分析阶段、需求分配阶段、需求执行阶段、需求验证阶段都依托于某个IPD体系流程，如小IPD产品开发流程、TPD技术开发流程、MM市场与规划流程、TPP技术规划流程、TPR技术预研流程等，专项性需求调研的需求收集也是同样的，因此它们都可以在相应的研究类项目、开发类项目、规划类项目中进行考核和激励。但是日常性需求调研是独立运行的，因此必须在流程运行通畅的基础上，对组织和个人进行相关的考核和激励，这样才能保障日常性需求调研的工作质量和效率。

一、重视个人激励是需求管理的大忌

无论是按照需求条数和质量给予一定物质激励的方式，逼着市场营销部门签字确认市场需求的方式，规定营销人员或者其他人员必须按期提交一定数量需求的方式，还是让市场需求管理部门独自调研需求的方式，其本质都是以个人激励（包括单个部门）的形式进行需求激励，在国内尚没有一家企业用这些办法真正取得了需求管理的成功，甚至造成研发人员和营销人员的对立和冲突。即使在需求调研的过程中，融合了很多新项目机会的调研，仍然起不到什么积极的作用。各企业在进行需求管理时，都走过哪些弯路和误区呢？下面按照这些弯路和误区出现的先后顺序来叙述一下很多企业的需求管理是怎么误入歧途的。

第一步，很多企业的管理者认为企业之所以新产品开发成功率低，业务增长情况不理想，需求调研乏力是非常重要的原因。这一结论是大家比较认同的。

第二步，他们认为需求数量和质量不足的主要原因是员工不努力，尤其营销人员和研发人员不努力，准备对他们采取两种措施：提需求有奖，不提需求惩罚。很多企业为此做出了按需求条数发放激励奖金的措施，如河南郑州某企业规定提一条需求奖 60 元，浙江杭州某企业规定提一条需求奖 500 元，江苏苏州某企业规定提一条需求奖 2000 元，北京某企业规定提一条需求奖 2500 元，等等。

第三步，上述政策开始实施的三个月内，广大员工提需求的积极性很高，企业也获得了一些有用的需求信息，这些信息实质上来自企业员工多年日常工作中的观察和思考。

第四步，三个月以后，由于广大员工多年来日常积累的需求信息已经基本提完了，很多员工就开始凭借自己的臆想制造一些“需求”，给别人一种为了提需求而提需求的印象，甚至有人认为某些人为了激励奖金而乱提需求，但是大家又很难用证据证明这一点。

第五步，很多公司为了鉴别出那些“假需求”，就开始推行需求信息评选机制，也就是要求各位需求提供人必须填写一些申请表格，然后在固定时间点进行需求等级评选，评选出一等奖、二等奖、三等奖各若干名，给予一定的奖金激励，由于这个方法没有从本质上解决需求管理中存在的问题，因此效果一般都是不好的，提出高质量需求的人越来越少。

与此同时，企业一般都会冒出来一位或者几位需求提出者，提出了一些大颗粒度的需求，实际就是一些需要大型投资或者战略大转向的新行业/新产业开发需求，这些需求绝大部分都会被企业高层管理者拒绝，导致需求提出者的信心受到很大的打击，这同样会使提出高质量需求的人越来越少。

第六步，由于高质量需求的数量越来越少，公司就会加大激励奖金额度，每条需求 500 元没人提，就每条需求 5000 元；每条需求 5000 元没人提，就每条需求 10000 元，江苏苏州某公司曾经开出过 18000 元一条需求的天价（需要评选为一等奖），但是由于奖金过高，提出高质量需求的人反而更少。

高额的奖金带来的是更高的要求，又由于高额的奖金导致营销部门和研发部门内部新员工和老员工关系紧张，同时改变了营销人员和研发人员的收入比例，一定程度上会影响正常的老产品销售和研发工作，这同样使提出高质量需求的人越来越少。

第七步，高层觉得这都是 IPD 体系带来的问题，IPD 体系不适合公司研发管理，于是放弃已有的需求激励制度，部分企业甚至出现解散需求管理部门的现象，乃至彻底放弃 IPD 体系的推进工作，令人痛心不已。

第八步，一切回到 IPD 体系和需求管理流程制度实施之前，公司错过了一次通过变革获得进步的宝贵机会，IPD 变革失败。这其中只有 10% 的公司会二次导入 IPD 集成产品开发管理体系。

出现上述这些问题的本质原因是什么呢?

1. 采用个人激励违背了跨部门协同合作的 IPD 基本思想

学过 IPD 集成产品开发管理体系思想和基本知识的人都知道一句话：研发不仅仅是研发部门的事情，而是全公司各个相关职能部门的事情。这句话的深刻含义就是新产品的开发是需要全公司各个部门共同协作、共同努力才能成功的，如果某个职能部门（研发或者非研发部门）出现了工作缺失和能力不足，新产品开发的总体质量就会受到影响。

既然研发工作是全公司的事情，那就要看看研发工作都有哪些内容。一般来说研发工作分为四个大的类型：需求管理工作、技术规划和产品规划工作、技术预研和产品预研工作、技术 / 平台开发和产品开发工作，有些公司在规划工作和开发工作之间还增加了技术项目立项和产品项目立项工作，还可能在规划工作之前安排产业研究工作，在规划工作之后安排预备立项工作（又称审视 Roadmap），在整个规划和开发工作中穿插模块化开发工作，等等。很明显上述这些工作都是需要跨部门协同合作才能完成的，需求管理流程也同样需要跨部门协同合作才能完成。

我们可以得出这样的结论：需求调研、需求分析、需求分配、需求执行、需求验证都是需要跨部门协同合作的。既然需求调研阶段需要跨部门协同合作，那么实质上每一次需求调研工作也是需要跨部门协同合作的。只是让个人去进行自发的需求调研，然后给予一定物质激励的方式，显然就是让个人进行需求调研，违背了 IPD 核心思想之一——跨部门共同合作开发，是错误的做法。同理，只是让需求管理部门（或产品管理部门）的人员独立进行需求调研，也违背了 IPD 核心思想之一——跨部门共同合作开发，是错误的做法。

这些错误的做法会导致单个部门和单个人成为决定公司生死的独立因素，也就是说公司未来发展的好坏就掌握在这几个人手里。即使很多公司在需求管理部门安排了能力比较强的员工，但只要无法实现跨部门合作，这些人就不会起很大的作用，何况很多公司只是安排资历和水平都尚浅的年轻员工从事该工作。

这里还有一个伪命题，尤其是在中小型公司，那就是公司希望能拥有一些非常好的产品经理（或需求工程师），从而并不需要进行跨部门协同，靠这几位“英雄”就能搞定需求、规划、定义等一连串问题。为什么说这是一个伪命题呢？这是因为中小企业实际没有足够的能力吸引到或者养活得起这种超高端人才。另一方面，如果一个人通过长时间的实践历练，成了这样一个能力极强的产品经理，技术、市场都能搞得定，那么他为什么不自己去当老板呢？为什么自己不去创业呢？所以，那种学习华为等大公司，追求需求管理精英化的做法，对于绝大多数中小企业都是不合适的。学习 IPD 标杆公司，就要学到思想和方法论，不要只是学到一些花架子。

2. 采用个人激励违背了研发和需求相关工作是“良心工程”的实际情况

需求调研过程中最容易出现的问题就是调研人员（包括调研资源部门主管领导）的意愿性问题，这也是部分企业需求管理流程运行不良的主要体现。这种考验大家主动性、意愿性的工作，也称为“良心工程”，用传统生产型企业的考核管理办法和激励管理办法，都不能实现很好的管理效果。

①事实上，无论单独采用什么样的方法，我们都无法判断日常需求调研者提出的需求是出于自己的责任，还是完全为了凑数，也就是说我们无法判断需求提出者对于需求调研工作是否真的付出了努力。

②以个人奖惩的方式来应对需求调研工作是不妥的，因为我们无法判断某个人是否在需求调研上真心付出。浙江台州某企业的一名铸造工程师，连续三年都没有提出过一条需求信息，但是在第四年他提出的需求信息使公司节省成本 1500 万元，如果按照每个月或者每个季度进行所谓需求考核，他早就被迫离开公司了。

③以个人物质奖励的方式来应对需求调研工作，只能在短期内起一些

作用，长期看都是没有多大作用的，原因已经在前面进行了详细的叙述。

综上所述，管理“良心工程”最好的方式就是用良心进行管理，用真心换真心，最终实现需求管理尤其是需求调研工作的良好开展。

3. 采用个人激励没有解决需求调研的问题

谁来进行调研？调研什么内容？怎样进行调研？

根据《驱动力》一书中的统计数据，影响研发团队人员对待公司忠诚度和对待工作敬业度的各个因素中，人员工资和奖金从来都不会排进前三名。这说明研发团队人员真的主要是为了公司的发展和进步而去努力工作的，而非是为了那一点物质激励，物质激励只是一个保健因素而已。所以，需求调研的意愿性从来都不是需求管理的主要问题。如果读者朋友们所在企业存在一些职能部门不愿意参加 IPD 相关工作的问题，请先把这个问题解决掉，再进行需求管理体系的建设。当然，笔者也并不认为那些非研发职能部门真的不愿意参加 IPD 相关新产品开发工作，只是需要解决他们所面临的一些问题，这些问题与需求调研过程中各个职能部门所面临的问题是一样的，也就是上面所述的“三个问题”，谁来进行调研，调研什么内容，怎样进行调研，这才是小 IPD 产品开发流程和 OR 需求管理流程需要解决的最重要问题。

谁来进行调研？（WHO）这个问题的答案是很清晰的，需求调研工作一定是在产品经理（或需求工程师）的组织下，按调研团队商定好的调研方案和计划，按实际需要组织各个部门（营销、研发、工艺、生产、采购、售后、财务、质量、项目管理、人力资源等）的人员参加调研。这个调研团队可以包括公司内部任何的高层、中层和基层人员，也可以包括经销商、代理商、供应商、重点客户/用户等相关人员。

调研什么内容？（WHAT）这个问题的答案也是很清晰的，需求调研的内容就是按照 PESTEL、3C、5-POWER、$APPEALS 等维度及其子维度展开的，这需要各个领域代表对这些内容达成一致。

怎样进行调研？（HOW）所谓的很多营销人员“不愿意进行需求调研”，其实最根本的原因是其不知道怎样进行需求调研，这就是编制需求调研方案和计划环节需要解决的问题，具体来说就是从 18 种渠道和 51 种方法中，设计出需求调研的具体方案、时间、人员安排等。

4. 采用个人激励导致需求调研与产品规划实质上出现脱节的现象

需求调研工作是与企业战略规划相关的具体业务工作，需求调研的方向和方案一定要符合公司战略规划的相关要求，也就是说企业战略规划给需求调研工作做了一定的约束。无组织的个人需求调研会脱离这个战略规划的限制，导致需求调研与产品规划相脱节，是不可取的。

二、从个人激励走向团队激励是需求管理的良方

从个人激励走向团队激励，是 IPD 体系激励问题的解决方案之一。所谓团队激励就是将一个团队作为激励的对象，这里的激励既包括物质激励，也包括非物质激励。

1. 在日常性需求管理之中，多开展团队形式的活动

各个企业在举行日常性需求管理的相关活动时，不能以个人或者某一个职能部门为基本参与单位，而是要以跨部门团队作为基本参与单位，培养全体人员跨部门协同思想和习惯。在这些活动中，要激发团队成员更多地思考客户 / 用户需求，唤起广大员工提出需求的意愿性。团队内部各位人员的激励分配，由团队内部根据公司相关制度，在友好协商的基础上自行决定。

2. 在日常性需求管理之中，要求多部门协同和配合

在进行日常性需求调研过程中，需要根据每条需求信息的特点，组织和此条信息有关的人员进行确认。例如浙江杭州某企业规定每条需求信息

都至少要有来自两个部门的人员共同签字才能够生效。

3. 在专项性需求管理之中，多进行团队之间的 PK（含规划团队之间、研究团队之间、开发团队之间）

在各种专项性需求管理过程中，企业可以根据以上三种不同分类组织年度竞赛，如江苏苏州某公司对各个产品线年度规划项目组织竞赛，将所有产品线的工作质量进行打分和排序，并将分数换算到产品线相关领导的绩效考核中，起到了非常好的效果。

4. 将一条需求链条上的人员组织在一起进行需求管理工作，解决各个职能部门的实际问题

很多企业管理者很担心其他非研发部门的需求流程参与度不高，其实做好跨部门协同的需求管理不仅有利于需求管理工作本身，各个职能部门人员在此过程中也能够解决大量的自身问题，提升各个职能部门及其人员的能力，只要他们搞清楚这一点，他们一定会努力参加的。需求调研的时候，各个非研发部门人员积极参与，为后续新产品生产过程做好相应的准备；需求分析的时候，各个非研发部门人员积极参与技术方案的设计，后续转产时就很少会出现“扯皮”的问题；需求分配的时候，各个非研发部门人员积极参与研讨，准备相应的资源。这样的跨部门协同需求管理流程，能够解决各个职能部门的很多大问题，又有哪个职能部门会不认真参加呢？这不是最好的团队激励吗？

三、需求调研是一个良心工程

通过前面的讲述，读者朋友们应该可以明白一个道理：需求调研是一个良心工程。这个良心工程的管理就是要依靠有良心的物质激励和非物质激励，尤其是非物质激励。具体可以采取什么样的形式呢？

1. 多进行过程激励，少进行结果激励

一个企业召开需求管理沙龙，能够收集到几条高价值需求呢？实际是收集不到几条的，甚至在一场活动中连一条高价值需求都收集不到。但是，难道这就是不去开展这些活动的理由吗？实际上，在每一年中，对于一家每年10亿销售额的研发创新型企业来说，能够调研到5～10个高价值需求，就已经是非常好的需求调研成果了。因此，我们不能仅仅对这些活动的结果进行激励，那样就会打击大家开展这类需求调研活动的积极性，我们要多关注大家努力奋斗、合作共创的过程，用足够数量的共创过程，换来需求信息从量变到质变的最终结果。这同样符合“以过程的确定性应对结果的不确定”原理。

当然，对于需求调研的结果也是要给予一定激励的，“少”不代表完全没有。

2. 多进行非物质激励，少进行物质激励

良心工程需要用良心来进行管理，但这并不意味着否定物质激励，即使是非物质激励也是需要一定费用的。提倡多一些非物质激励，用愿景、目标、精神对大家进行激励，本质上就是尊重了研发类人员对企业的忠诚度和对工作的敬业度，起到的作用是巨大的，这些非物质激励可以包括（但不限于）以下这些形式。

（1）年度需求调研十大标兵。

（2）年度优秀需求单项冠军。

（3）季度需求分析优秀专家。

（4）月度 IPD 之星（或需求之星）。

（5）年度需求调研优秀团队。

（6）年度需求调研优秀部门。

（7）年度需求管理培训优秀教师。

（8）年度降成本标兵。

（9）年度质量改善标兵。

（10）相关需求和设计竞赛奖励（系列化）。

当然，不能让努力的人吃亏，物质激励也不能太寒酸。

3. 多进行长期激励，少进行短期激励

IPD 研发管理体系中的激励讲究从短期激励走向长期激励，因为总是强调短期激励容易造成激励不公平、人员挑项目、难题没人做等不良现象。虽然一些公司依靠短期激励，如项目奖金和项目提成，已经取得了一定的效果，但这不是长远之计，在公司开展全新技术和产品研发时，就会出现一些不适应的现象。

对于一些需求调研和分析中的中坚力量人才，公司一定要把他们留住，这就需要给予他们足够的长期激励，这些长期激励的方法包括（但不限于）以下几个方面。

（1）提升岗位和职级。

（2）提高薪等和薪级。

（3）给予一定的股份。

（4）给予一定的分红。

（5）给予劳动模范等称号。

当然，对于需求调研也需要有一些短期激励，“少”不代表完全没有，可以配合“山头奖”或者“拔旗奖”，给予一定的刺激性即时激励。

4. 多进行团队激励，少进行个人激励

团队激励对于增强团队凝聚力，实现跨部门合作，激发大家的新设计思路，具有非常重要的作用，具体的激励方式可以包括（但不限于）以下几个方面。

（1）优秀调研团队。

（2）优秀调研资源支持部门。

（3）优秀调研小组。

当然，对于需求调研的优秀个人也是需要给予一定激励的，“少”不代表完全没有。

5. 多进行奖励，少进行惩罚

需求管理的相关工作是需要呼唤广大员工的“良心”的，因此，最好采用以奖励为主的激励措施，尽量不用惩罚的措施。如果出现员工普遍不愿意参与需求调研活动的问题，一定不是员工的问题，而是需求管理者和活动组织者的问题。

当然，对于在需求管理过程中发生重大失误的人员是必须进行一定惩罚的。

四、需求调研是全公司的事情

综上所述，需求调研确实是全公司的事情，也就是说全公司的每一个部门、每一名人员都要时刻准备着，积极响应需求管理部门的号召，做好项目中的专项性需求调研工作和平常工作中的日常性需求调研工作。

1. 需要参加到需求调研工作中的人员

需求调研的主力队员一般都是战略、市场、销售、研发、服务部门的人员，生产、工艺、设备、采购、财务、质量等部门人员作为关键队员随时准备上场，企业高层作为决策人员在最为关键的需求调研节点进行需求调研的验证。除此之外，人力资源部门、证券部门等其他部门在一些特殊情况下，也需要参加需求调研工作。

2. 做好公司职能工作规划和计划

将需求调研列为部门和主要员工（职能代表）的职能工作，并预留专门的时间。为了解决公司各个职能部门工作繁忙给需求调研和分析工作带来的困扰，各个公司在进行年度工作规划时（可以采用 DSTE 流程、BLM 流程、MM 流程、五看三定模型等），就需要把新产品开发和需求调研工作列入各个相关职能部门的规划和计划中，并作为其 KPI 考核内容，同时确保其主要员工根据大颗粒度的计划，预留足够的需求调研工作时间。在此过程中，需要把各个产品开发项目的总体起止时间和各个阶段的起止时间初步确定好。

3. 落地好 IPD 管理体系，让高层和中层关注战略和需求大事，少一点“救火”时间

很多企业会出现这样的声音，诸如“IPD 不是本职工作”“IPD 工作对本职工作有干扰”等，这对 IPD 体系的落地是一种伤害，也是 IPD 没有推进好所造成的恶果，需要各个公司的 IPD 推进人员有所反思和改进。

只有把 IPD 体系推进好、执行好、落地好，才能够减少中高层的“救火”工作，让他们有更多的时间从事战略规划和需求调研等更为高阶的管理工作。

4. 在公司统一规划下，号召大家积极参与日常性需求调研活动

公司每一年度都要在年初就规划好一年的日常性需求调研活动，与公司其他重要活动错开举行，防止由于活动过于集中而给广大员工造成困扰。参考质量月、安全月等活动，开展需求月活动是一种很好的方法，该活动一般宜在每年的 8 ~ 9 月开展。

为了做好年度的日常性需求调研活动，公司需要由需求主管部门（如总经办、产品管理部、需求管理部、研发部等）开展一系列的造势活动，号召大家积极参与到日常性需求调研活动之中。

CHAPTER 18

第十八章

需求管理组织的建设方法

很多企业在需求管理体系建设的时候，经常会选择刚开始导入时，不进行流程建设，直接进行需求组织框架的调整，一般的做法就是建立所谓的需求管理部或者下设专职需求管理人员的产品管理部，很多企业家用传统的管理思维和方法，不断地换这个部门的领导，不断地在人才市场里追逐优秀的需求管理人才（含行业技术人才和行业市场人才），结果经常是差强人意。实践表明这种单纯进行需求组织调整的方法几乎没有成功的案例，甚至这样的部门很快就会被边缘化甚至取消，这是为什么呢？

（1）1999 年华为进行 IPD 集成产品开发管理体系变革的时候，任正非很明确地说研发管理变革需要“根据流程设定组织”，也就是说需要根据业务流程的实际设计和运作情况，认清楚事物本来发展的客观规律，再来进行组织框架的调整优化。但是现在有多少企业在推进 IPD 体系建设的时候，实际上违反了这一重要的科学论断，根据组织去设定流程呢？

（2）很多企业在进行需求管理组织部门的建设时，把需求管理作为一项职能工作，由专门的人员来进行单独管理，把需求工作变成了需求部门自己的事情，放弃了跨部门协同合作的 IPD 核心思想，走上了一条越来越窄的路。

（3）很多企业总是幻想着能够招聘到或者培养出“英雄人物”，依靠其个人能力就能完成所有的市场需求调研和分析工作，实际这对于绝大多数公司来说都只能是幻想，只有极少数大公司能够实现这一愿望。试想一下，若真有这样一位“英雄”，他能力超群，属于技术大牛、市场大拿、管理大咖级别的人物，那么您的企业要以怎样的待遇才能留住他呢？他有这样的能力，为什么不选择自己创业呢？因此，对于绝大多数中小企业来说，幻想有几位这样“英雄”式的需求管理人员（有的企业称之为产品经理），实际是伪命题，是不现实的幻想。

（4）很多企业非常依赖于用“钱”开路，就是很多事情都依靠所谓考核和激励来进行管理，把管理工作等同于“扣钱”或者“发钱”，这是非常狭隘的。尤其对于需求管理这种良心工程来说，过多的考核和激励，不但用处不大，而且有的时候甚至起反作用。

上面这些问题本书已经从不同的角度，反复讲述了几遍，就是为了突出这些问题的重要性。想要解决上述问题，各个企业就要尊重需求管理组织建设的一般规律，通过一个严谨的过程来实现需求管理组织/部门的建设。

一、需求管理以跨部门团队形式开展

需求管理一定要以跨部门形式开展，只有以这种形式开展的需求调研、需求分析、需求分配、需求执行和需求验证等工作，才具有稳定的根基，才具有很高的可靠性和及时性，才能经得起公司内外部的考验。这些跨部门团队包括以下几种，其中除了 RMT 团队、RAT 团队外，都需要兼职承担 RMT 团队、RAT 团队的需求管理工作。

1. PDT 产品开发团队（含 CDT 产品项目任务书开发团队）

PDT 团队主要负责产品开发项目的需求调研、需求分析、需求执行和需求验证工作，全体项目组核心代表、扩展组代表、外围组代表在项目经理和产品经理 / 市场代表的组织下，对新产品的需求包及对应产品包的成功负责，保证产品开发项目的市场成功、财务成功、技术成功和质量成功。

2. TDT 技术开发团队（含 TCDT 技术项目任务书开发团队）

TDT 团队主要负责技术开发项目的需求调研、需求分析、需求执行和需求验证工作，全体项目组核心代表、扩展组代表、外围组代表在项目经理和产品经理 / 市场代表的组织下，对技术需求包及对应的技术方案、技术载体（原材料、零件、部件等）的成功负责，保证所开发的技术能够顺利迁移到新产品开发项目中，

3. TRT 技术预研团队

TRT 团队主要负责技术预研项目的需求调研、需求分析、需求分配、需求执行和需求验证工作，全体项目组成员对试验室状态的技术成功负责，保证其适合后续开发项目的技术调用。

4. PRT 产品预研团队

PRT 团队主要负责产品预研项目的需求调研、需求分析、需求分配、需求执行和需求验证工作，全体项目组成员对新产品成功所需要的工程、

工艺、生产线、测试线的需求实现和技术成功负责。

5. PMT 产品管理团队

PMT 团队主要负责产品规划项目的需求调研、需求分析工作，并主导公司 / 产品线的产品需求分配工作，全体项目组成员对公司 / 产品线的市场成功、财务成功、技术成功和质量成功负责。

6. TMT 技术管理团队

TMT 团队主要负责技术规划项目的需求调研、需求分析工作，并主导公司 / 产品线的技术需求分配工作，全体项目组成员对公司 / 产品线的技术能够按计划顺利迁移到新产品开发项目中负责。

7. 日常 RMT 需求管理团队

日常 RMT 团队主要负责年度日常性需求调研活动的策划、组织、执行和监控，将整个年度日常性需求调研工作当作一个需求调研项目，对调研结果的科学性、完整性和可靠性负责。

8. 日常 RAT 需求分析团队

日常 RAT 团队主要负责年度日常性需求分析活动的策划、组织、执行和监控，将整个年度日常性需求分析工作当作一系列定期开展的需求分析项目，对调研分析结果的科学性、完整性和可靠性负责。

9. SPDT 解决方案开发团队

SPDT 团队主要负责解决方案开发项目的需求调研、需求分析、需求分配、需求执行和需求验证工作，全体项目组及子项目组核心代表、扩展组代表、外围组代表在各级项目经理和产品经理 / 市场代表的组织下，对新解决方案的需求包及对应解决方案产品包的成功负责，保证各个组成产品开发团队的合作共赢，保证解决方案开发项目的市场成功、财务成功、技术成功和质量成功。

10. IPMT 集成产品组合管理团队

IPMT 团队主要负责大、中颗粒度需求的需求调研、需求分析和需求分配工作，从战略规划角度保证新产品线运营活动各项输入的准确性和所需要资源的良好对齐，对公司 / 新产品线的整体业务承担最终的责任。

11. ITMT 集成技术管理团队

ITMT 团队从属于 IPMT 团队，主要负责大、中颗粒度技术核心需求的需求调研、需求分析和需求分配工作，从战略规划角度保证新产品线技术研发各项输入的准确性和所需要资源的良好对齐，对公司 / 新产品线的整体技术成功和质量成功承担最终的责任。

二、需求管理部门的使命和职责的分层

在对需求管理体系和流程进行充分理解的基础上，根据“按照流程设定组织”的组织建设方法论，各个公司就可以进行需求管理部门的构建了。在需求管理部门的建设中，首先要明确需求管理部门的定位，也就是它的使命、愿景和价值观，然后要确定需求管理部门的岗位设置及人员组成。

1. 需求管理部门的使命

需求管理部门的使命就是回答一个问题：需求管理部门为什么而存在？这里的需求管理部门所管理的需求有两个维度，一个维度是需求的颗粒度，另一个维度是需求时间要求，如表 18-1 所示。这里的需求管理部门实际的职责比产品管理部门略少，而很多企业的产品管理部门不仅仅管理需求，也管理产品规划、产品上市、产品退市、价格稽查等工作内容，我们这里只讨论需求管理。

表 18-1　需求颗粒度与管理层次对照表（大部分情况）

	小颗粒度需求	中颗粒度需求	大颗粒度需求
短期需求	老产品线开发 老产品线立项	——	——
中期需求	老产品线立项 老产品线规划 新孵化产品线开发 新孵化产品线立项	老产品线规划 老产品线预研 新解决方案产品线开发	——
长期需求	老产品线规划 老产品线预研 新孵化产品线立项 新孵化产品线规划 新孵化产品线预研	新解决方案产品线立项 新解决方案产品线规划 新解决方案产品线预研	新行业产品线开发 新行业产品线立项 新行业产品线规划 新行业产品线预研

注：*表中“——”并不代表没有这种需求，而是代表企业无法有效管理这种需求。

第一种需求管理部门主要针对中、大颗粒度需求，以公司战略发展为主要工作目标，那么这样的需求管理部门就可以从属于公司战略规划部或者战略发展部。

第二种需求管理部门主要针对长期需求，以公司预研项目的开展为主要工作目标，那么这样的需求管理部门就可以从属于公司技术管理部门、技术研究院、情报管理部。

第三种需求管理部门主要针对中期需求，以产品规划和立项作为主要工作目标，那么这样的需求管理部门就可以被叫作产品规划部、产品管理部等。

第四种需求管理部门主要针对短期需求，以产品开发作为主要工作目标，那么这样的需求管理部门就可以被叫作市场需求部、市场部。

从上述的需求管理部门使命目标可以看出，需求管理部门是具有不同层次的，有的是负责高层次的战略规划工作，有的是负责低层次的产品开发工作。但这并不是说不可以将几种使命包含在一个需求管理部门之中，但是各人员、角色的职责要有效分开。

最好的需求管理体系分层管理就是把不同层次的需求管理部门职责有效分开，各个层次的需求管理部门各司其职，各自主导一种层次的需求调研、需求分析、需求分配、需求执行和需求验证工作，做到“让专业的人从事专业的事”，但是这些不同层次的需求管理部门还需要形成一个科学统一的整体。战略规划部门下面的新产品线需求管理，主要调动高层资源，让高层领导和骨干中层干部去思考新解决方案和新行业的大颗粒度需求；直接服务于新产品开发的需求管理部门，主要调动广大员工进行小颗粒度和短期需求的调研和分析，这类需求信息数量很多，需要细致地进行管理。

如果不对需求管理部门进行分层，而是将各个层次的需求管理混为一谈，就会造成需求管理人员及需求管理流程的混乱，甚至最终导致需求管理部门及其流程的溃散。

2. 需求管理部门的愿景和价值观

在明确了各个层次需求管理部门的使命后，还需要对各个层次需求管理部门的愿景（我们未来是什么样的？）和价值观（各项工作是非对错的判断标准是什么？）进行共创和确认。

3. 需求管理部门的人员组成

一般情况下，需求管理部门是由需求工程师、需求专家组成的，需求工程师主导需求管理流程的顺利运作，需求专家负责需求管理尤其需求分析过程的质量。需求管理部门并不是专门进行需求调研和需求分析的部门，需求管理人员的本质不是“运动员”“演员”，而是“教练员”“编剧”“导演”，以他们专业的知识和智慧的头脑组织和引导全公司各个相关职能部门人员做好需求管理工作。当然，好的导演也可以是好的演员，只不过绝大部分企业无法找到和留住这样的“卓别林”式的优秀人才——这位电影大师既是大导演也是名演员，而只能通过对需求活动的组织和引导，让全公司所有人员合成一个需求调研和分析的“泰坦巨人”。

需求工程师应该怎样进行分组呢？这是一个很大的问题。在大多数公司，产品销售都是按照地理区域进行分组的，而产品研发则是按照产品品类进行分组，这就造成了产品研发部门的设置和产品销售部门的设置有“横”和“纵”的冲突，这种冲突就会形成一个冲突矩阵。产品经理的主要责任就是去翻译和解释这个冲突矩阵，将产品销售端的原始需求，转化成产品研发端的产品需求。需求管理作为产品管理工作的一个重要的组成部分，也就存在这两种不同的分组形式。

第一种分组形式就是按照产品销售地理区域进行分组，各个需求管理工程师都去对应同一个研发单元；第二种分组形式就是按照产品品类（产品项目群/族）进行分组，各个需求管理工程师都去对应同一个销售区域。事实上，这两种分组方法都是不合理的，但是也没有更为合理的办法，这里就需要产品总监/需求总监有高超的项目管理能力，能有效调动各个需求工程师统一工作。各个企业可以根据自己行业和产品的实际情况，综合考虑利弊后，选择适应自己的需求管理人员分组形式。需求管理人员的能力素质模型，请参考本书第十六章的相关内容。

三、需求管理部门的人员“选”“用”“育”

对需求管理人员应该如何进行人才梯队建设呢？我们接下来先从“选”“用”“育”等方面来看，后续章节再讨论“留”的方面。

1. 需求管理人员的“选”——招聘

需求管理人员主要是从公司内部招聘，也会从竞争对手和相关上下游行业企业进行一些外部招聘，但并不适合从校园招聘。需求管理人员招聘对象是有一定经验的人员，这些经验主要包括对市场方面的经验、对技术方面的经验、对工艺方面的经验。具有上述这些经验的人员一般都已经在企业里从事了一段时间的研发、市场、营销、工艺、生产等方面的工作，并取得了一定的成绩，具有一定的职业发展潜力。需求管理人员一般以来自研发部门和营销部门的人员居多，高新技术类企业、B2B 类企业中来自研发部门的需求管理人员可以稍微多一点，非高新技术类企业、B2C 类企业中来自营销部门的需求管理人员可以稍微多一点。

哪些研发人员适合承担需求管理部门的工作呢？一般来说，那些头脑灵活、做事不拘一格、善于沟通、不甘现状、勇于突破、技术能力强、动手能力强、文字功底深的研发人员比较适合进行需求管理工作。

哪些营销人员适合承担需求管理部门的工作呢？一般来说，那些对市场敏感、对数据敏感、勇于探索、做事客观、同理心强、人际关系处理能力强、文字功底深厚、动手能力强的营销人员比较适合进行需求管理工作。

各个公司可以根据上述内容，结合本行业的实际情况，由人力资源部门建立一个人才素质模型，科学规范地寻找和招聘最合适公司情况的需求管理人员。

2. 需求管理人员的“用”——使用

需求管理人员的培养周期是很长的，如果各位读者所在企业想缩短需求管理人员的培养周期，尽快让他们成才，可以尝试以下几种“干中学”的方法。

（1）大胆使用。

各个公司要大胆地让需求管理人员开动自己的脑筋，给他们一些工作压力，不要怕他们出错，要在体制上和流程上对他们的工作内容进行支持和帮助，只有从泥水里滚出来的需求管理人员才能承担更大和更多的责任。

（2）高层亲自指导。

很多公司的创始人、董事长、总裁、总经理都是非常好的需求调研人员（实际也是非常好的产品经理），因此，一些企业就会让新需求管理人员给高层当助理，由高层手把手地教会他们如何进行需求调研、需求分析。

（3）轮岗。

轮岗分为大轮岗和小轮岗，所谓大轮岗就是需求管理部门中来自研发、营销、服务部门的人员到各个部门去轮岗，所谓小轮岗就是营销人员（含市场人员和销售人员）到自己陌生的销售区域去轮岗。轮岗能够大大开拓需求管理人员的市场意识、需求意识和技术意识。

（4）走出去。

好的需求管理人员一定是“跑断腿”的人，他们必须要在上游供应商、下游客户/用户、行业展会等场景下，不断进行现场实践、现场学习，总是待在公司里面搞头脑风暴，是无法成为好的需求管理人员的。

3. 需求管理人员的“育”——培养

在需求管理人员的培养方面，可以采取一些“学中干”的方法，也就是在相关培训课程中加入大量的实践环节。这些培训课程可以包括技术基础知识类课程、社交知识类课程、营销知识类课程、引导知识类课程、教练知识类课程、领导力相关课程、思维类相关课程，分为初级、中级、高级等三个层次，持续对不同层次的需求管理人员进行培训。

需求调研人员的“留”也是十分重要的问题，一般在企业管理中不单独实施，而是放在整个公司层面进行统一管理和考虑，即在IPD体系中按照“从愿景上吸引人”“从待遇上满足人”“从感情上留住人”三个原则统一科学处理。

四、需求管理部门的考核方法

可能有的读者朋友会纳闷，需求管理部门的考核不是讲述过了吗？这里需要说明的是IPD体系的绩效管理分为研发类团队绩效管理和研发类部门绩效管理，而每种绩效管理中都含有主要以“压力”为特征的考核管理和主要以“拉力”为特征的激励管理。针对需求管理体系，本书在第十七章论述了跨部门需求管理团队的激励，而关于需求管理团队的考核管理却没有讲述，因为这个 IPD 体系通用的跨部门团队考核管理内容，大家可以参考其他书籍；第十八章（本章）论述需求管理部门的绩效考核管理，而关于需求管理部门的激励管理，一般遵照公司主体激励管理办法执行，并不需要另外再设置一套管理办法。

如表 18-2 所示是某企业需求管理部门 KPI 指标库，各个企业在进行年度绩效考核相关工作时，可以根据公司当年的战略目标，结合具体的工作任务，选择并确定每年度都不尽相同的需求管理部门 KPI，这个 KPI 指标同时也是该部门主管领导个人 PBC 的主要组成部分。

表 18-2　某企业需求管理部门 KPI 指标库（节选）

序号	指标名称	指标类别	指标类型
1	新产品市场份额	财务	通用
2	新产品毛利率	财务	通用
3	销售收入增长率	财务	通用
4	新产品订单转化率	财务	通用
5	新产品净利率	财务	通用
6	研发投入（比例或固定值）	财务	通用
7	研发项目成功率	财务	通用
8	新产品销售比重	财务	通用
9	研发费用预算执行度	财务	通用
10	研发生产率	财务	通用
11	目标成本完成度	财务	通用
12	盈利时间	财务	通用
13	客户满意度	客户	通用
14	客户忠诚度	客户	通用

续表

15	产品缺陷密度	客户	通用
16	新产品返修率	客户	通用
17	新产品故障出现频率	客户	通用
18	新品发布会满意度	客户	通用
19	研发流程匹配度	内部运营	通用
20	研发流程执行度	内部运营	通用
21	研发项目计划偏差率	内部运营	通用
22	项目周期	内部运营	通用
23	零部件重用比例	内部运营	通用
24	市场问题及时解决率	内部运营	通用
25	研发水平评估	学习与成长	通用
26	员工敬业度	学习与成长	通用
27	员工忠诚度	学习与成长	通用
28	安全事故（一票否决）	内部运营	通用
29	泄密事故（一票否决）	内部运营	通用
30	司法犯罪案件（一票否决）	内部运营	通用
31	一次评审通过率（仅 CDR1/CDR2/TR1）	内部运营	专用
32	需求调研过程满意度	客户	专用
33	需求分析过程满意度	内部运营	专用
34	需求分配过程满意度	内部运营	专用
35	需求验证过程满意度	内部运营	专用
36	市场信息准确率	客户	专用
37	需求信息准确率	客户	专用
38	需求变更率	内部运营	专用
39	需求转化准确率	内部运营	专用
40	需求缺陷密度	客户	专用
41	需求变更及时率	内部运营	专用
42	日常需求活动参与度	内部运营	专用

续表

43	高级需求管理人员比例	学习与成长	专用
44	需求知识培训满意度	学习与成长	专用
45	……	……	……

各个企业一定要将需求部门的考核和需求团队的激励严格分开，千万不能混为一谈，需求管理部门只是企业的其中一个部门而已，其考核办法与企业整体考核办法是一致的，只是相关 KPI 指标有所不同而已。需求激励管理体系属于企业激励管理体系的一个重要组成部分，可以根据企业及其所在行业自身的特点，将其中的一部分内容相对独立运行。

需求部门考核和研发部门考核类似，都需要在指标衡量和考核评定之间建立第一道防火墙，防止衡量的指标与考核评定结果硬挂钩；同时，也需要在考核评定与结果运用（如奖金发放、职位晋升等）之间建立第二道防火墙，防止绩效评定的结果直接运用在最后的收入结果中。需求管理部门的年终奖应纳入整个研发体系的年终奖一起考虑，在职业晋升方面，需求管理人员的晋升应该被优先考虑。

CHAPTER 19

第十九章

需求管理的流程设计

前面十八章的内容讲述了需求管理流程的五个阶段——收集、分析、分配、执行、验证在日常性需求管理和专项性需求管理过程中的具体操作方法、技巧和工具，并对需求管理体系的建设进行了叙述。本章就通过需求管理流程的设计，对前面的内容进行总结性的梳理。这些需求管理流程分为两个不同的情况，一个是专项性需求管理的情况，另一个是日常性需求管理的情况。

可能有的读者希望在本章内容中，能够直接看到现成的需求管理流程图，这可能要让您失望了，因为需求管理流程的本质是个人的需求管理能力和组织个人需求管理的能力，所以流程图本身是非常简单的，并不含有大量的管理信息。本章所述的是简单需求管理流程设计过程的注意事项，供广大读者朋友们有选择地参考，而这个设计过程的意义是比设计结果（需求流程图本身）更重大的。

一、专项性需求管理的流程/指南设计

专项性需求管理的流程实际是依附于新产品相关业务流程而存在的，这些业务流程可以包括（但不限于）小 IPD 产品开发流程、TPD 技术开发流程、CDP 项目任务书开发流程、MM 市场和产品规划流程、TPP 技术规划流程、TPR 技术预研流程、PPR 产品预研流程等。下面以小 IPD 产品开发流程中的需求管理流程来说明整个设计过程的要点和注意事项，其他研发相关流程请读着朋友们根据以下内容自行思考。

1. 将需求收集阶段流程依附于小 IPD 流程的概念阶段（有的时候也包括计划阶段的一部分）

在小 IPD 流程的概念阶段，首先需要 PDT 项目组在市场代表（或产品经理）的组织下进行市场需求调研方案与计划的设计，然后 PDT 项目组成员（包括核心组、扩展组、外围组、IPMT、TRG 等）和临时征调来的其他部门人员一起执行市场和需求调研任务，最后形成初始市场需求信息表，给新产品开发工作提供外部输入。在第一轮市场需求调研完毕以后，可能会根据后续需求分析的实际情况，进行第二轮甚至第三轮的补充调研，这个补充调研大部分发生在概念阶段，但是也有可能发生在计划阶段。

在小 IPD 流程的概念阶段，相关职能代表还需要根据初步的产品概念方案，提出 DFX 内部需求清单，给新产品开发工作提供内部输入。

2. 将需求分析阶段流程依附于小 IPD 流程的概念阶段（有的时候也包括计划阶段的一部分）

在需求收集工作完成之后，PDT 项目组需要在 SE 系统工程师的组织下，集体对所有的原始需求进行分析，其动作包括解释、过滤、去伪、转化、排序等，逐渐将原始需求转化成特性需求，再转化成产品需求，并在小 IPD 流程概念阶段形成产品需求包（完成度 90%），在小 IPD 流程计划阶段确

认产品需求包（完成度 100%）。

3. 在小 IPD 流程计划阶段完成需求分解工作

在概念阶段的产品需求包及对应的产品包概念方案设计完毕后，在计划阶段，SE 系统工程师需要将这些产品需求分配到不同的设计单元（部门）之中，由这些工程师完成新产品的后续方案设计和详细设计工作。

4. 小 IPD 流程中需要进行一定的需求分配工作

在小 IPD 流程的项目任务书（Chater DCP 评审）、初步业务计划书/初步商业计划书（英文缩写为初步 O/SBP，CDCP 评审）、正式业务计划书/正式商业计划书（英文缩写为 O/SBP，PDCP 评审）中，都不会只针对单个新产品进行产品路标的设计，而是会在一个 Chater 或者 O/SBP 中，对本项目涉及的几代相关产品进行详细路标设计，也就是说把本项目得到的需求分配到不同代际的相关新产品中。这个过程最好在 MM 流程中完成，不过，在新产品开发项目中也经常会出现补充规划产品路标或者更为详细地更新产品路标的现象。

5. 将需求执行和更改阶段的工作贯穿小 IPD 流程始终

需求执行阶段中需求变更的发生伴随着整个小 IPD 流程的各个阶段，计划阶段之前是不受控变更，开发阶段以后是受控变更。一家企业的所有变更管理工作中，几乎有超过三分之二的变更的根源都是需求变更，因此，需要科学规范地进行跨部门协同的需求变更。

6. 将需求验证阶段工作与小 IPD 流程各个阶段相结合

需求验证阶段中的需求包验证、设计方案验证、产品测试、产品试用、产品试销都应该写入小 IPD 流程的相关阶段工作中，由跨部门 PDT 团队根据流程质量要求，科学、规范、认真地完成相关工作。

上述所有的内容除了在小 IPD 流程中有所体现之外，其中也包含着大量的需求管理方法和技巧知识，可以总结成一份需求管理流程工作指南，方便广大企业员工学习和参考。

某企业专项性需求管理流程指南目录（节选）

A 需求管理的意义

B 需求管理的五个阶段

C 需求调研的方法和技巧

需求调研渠道选择的方法

需求调研方法的选择

需求调研人员的选择与培养方法

需求调研维度的设计方法

需求调研方案和计划的设计方法

D 需求调研过程中的技巧

如何进行询问

如何进行聆听

需求访谈清单如何制作

需求问题如何总结

E 需求分析会议怎么开

项目组级别会议

公司级别会议

F ……

7. 持续对需求流程的运作进行跟踪和监控

为了保证需求管理流程与小 IPD 产品开发流程的充分融合，就需要在 TR 技术评审点上持续对需求流程的运作进行跟踪和监控。

跟踪和监控需求管理流程运作质量的方式就是按照小IPD流程的规定，持续开展TR技术评审会议（含CDR评审会议），在会前由PDT项目组按照产品需求列表和评审要素表进行自检，在会中由TRG评审小组对PDT项目组制定的技术方案和生产出的样机是否符合需求列表和评审要素表的要求进行评审，保证需求管理流程运作质量和结果质量的高水平。

二、日常性需求管理的流程/制度设计

日常性需求管理流程是不依托其他业务流程而独立运作的，它一般根据企业的不同调研渠道，规定专门的日常性需求管理渠道主办部门和协办部门，并根据需求调研渠道的实际情况，制定相应的管理规章制度，要求各个相关部门严格执行，因此，从某种程度上说，这些根据具体渠道制定定日常性需求管理制度就是日常性需求管理流程的第一层体现形式。

某企业“竞争者信息”需求调研渠道管理制度（案例）

1. 目的及意义

1.1 目的

为提升浙江某集团股份有限公司在“竞争者信息”需求调研渠道上的管理能力，规范各参与部门和人员在参与由“竞争者信息”渠道收集需求信息过程中的职责和权利，特制定本制度。

1.2 意义

提高浙江某集团股份有限公司在“竞争者信息”需求调研渠道上的管理能力，有利于公司通过“竞争者信息”需求调研渠道，获取更多具有前瞻性的、有重要价值的需求信息，为公司的技术预研、技术开发、产品规划、产品开发提供有效的输入。

2. 组织者（主办部门）

研发部

3. 参与者（协办部门）

产品开发一部、产品开发二部、产品开发三部及各事业部的技术部门，市场部、售后服务部

4. 竞争者信息收集与提交规则

4.1 由研发总监组织研发各二级部门进行竞争者信息的日常调研工作，各二级部门部长组织部门内员工通过各类重点渠道进行竞争者信息的收集工作。

4.2 由市场总监组织市场部门进行竞争者信息的日常调研工作，市场部需求专员组织部门内员工通过各类重点渠道进行竞争者信息的收集工作。

4.3 由售后服务总监组织售后服务部门进行竞争者信息的日常调研工作，各个售后服务省级服务组长组织部门内员工通过各类重点渠道进行竞争者信息的收集工作。

4.4 上述各部门负责人员每月28日前，将所有收集到的需求信息整理汇总为《竞争者信息调研情况汇总表》，每个二级部门（或小组）每月至少提交5条需求信息，并在每月30日之前提交给需求管理部门××工程师。提交方式见OA系统流程——竞争者信息调研情况汇总流程。

4.5 需求管理部门××工程师在次月5日将所有《竞争者信息调研情况汇总表》向研发总监、市场总监、售后服务总监及需求管理部门所有人员发放。

5. 竞争者信息主要调研渠道

5.1 专利相关网站

5.2 论文——包括××杂志（……）

5.3 网站文章——××论坛等

5.4 网站图片——竞争对手网站地址（……）

5.5 标准相关网站

5.6 网上商城——淘宝、亚马逊网店地址（……）

5.7 网站视频——竞争对手网站地址（……）

5.8 微信公众号——公众号名称（……）

6. 相关激励措施

（略）

7. 相关工作表格

（略）

日常性需求管理流程的第二层体现形式就是由各个日常性需求调研渠道主办部门和协办部门举行的相关需求调研活动中的具体的活动安排方案和议程。这些日常性需求的管理流程需要根据每个活动的具体情况，单独进行评审和确定。

某企业研发营销对接会议程（案例）

1. 会议背景和目的

2. 会议参加人员

3. 会议时间和地点

4. 会议具体时间

08:30～09:00 会议开场和介绍

09:00～10:00 研发部门介绍最新技术成果和解决方案概况

10:00～11:00 研发新技术和新产品路演

11:00～12:00 营销部门人员现场提出改进意见

12:00～13:30 集体聚餐（研发、营销两部门人员交叉就座）

13:30～14:30 营销技巧培训

14:30 ～ 15:30 营销人员发布最新市场信息（含竞争对手）

15:30 ～ 16:30 营销人员向研发人员提出新需求

16:30 ～ 17:30 研发人员汇总需求并提出新产品展望

日常性需求管理流程的第三层体现形式也是最基本的形式，就是针对收集到的每条日常性需求进行需求分析、需求分配、需求执行和需求验证的整个过程。这个过程可以规定好相应的流程节点、评审方式、评审人员和评审通过方式，由 IT 信息化系统软件来进行更为有效的管理，其承载形式就是如表 4-1 所示的单项需求信息采集分析卡。IT 信息化系统软件就是将这张需求信息采集分析卡流程化、可视化、节点化和数据化。专项型需求管理中涉及的需求信息也应该纳入本 IT 系统中，进行统一管理。

CHAPTER 20

第二十章

IPD环境下需求管理体系建设总结

本书所述的需求管理体系建设和推行，实际包含了大量的 IPD 集成产品开发管理思想，是 IPD 集成产品开发体系环境下的产物。需求管理体系包含着大量的方法论、工具、技巧、流程等内容，是名副其实的大“系统”。需求体系或者需求系统的推行对于任何一家企业来说，都是很有难度的。我国很多企业都尝试推行实施需求管理体系，但是效果往往都不好，其原因往往就是对 OR 需求管理体系的思想和方法论理解不到位。

经过多年的企业管理咨询、辅导和培训实践，笔者对 IPD 环境下的需求管理体系建设和推行落地有一些经验和教训，下面就分享给大家参考。

一、需求管理最重要的目的是解决“不会做”的问题

需求管理是一个“良心工程”，企业员工不愿意进行需求调研、分析的真正原因一定是他不知道怎样去进行需求调研和分析，也就是所谓的“不会做”——不知道应该由跨部门团队集体对需求调研和分析的结果负责，不知道市场需求调研和分析的真正工作内容，不知道怎样组织和实施需求调研和分析工作。

二、需求管理团队组成的不确定性是一种常态

无论是 RMT 需求管理团队还是 RAT 需求分析团队，他们的组成角色都是固定的，但是对于每次需求调研和分析工作来说，一定是要根据需求调研方案和计划，派出最为合适的人进行需求调研和分析，这就造成了具体每一次需求调研分析工作的团队成员都是不固定的，这是需求调研和分析工作的常态。

正是这种需求管理团队成员不确定性的常态，导致需求管理流程是无法规定清楚每个角色具体调研和分析任务的。这就给需求资源的调配带来很大的不确定性和风险，也就考验跨部门协同合作的思想是不是深入人心。那些 IPD 体系前期推行不好的企业，是很难进行本书所述的这些需求管理体系的运作的。IPD 体系建设不好时，跨部门协同合作的思想没有办法深入人心。非研发部门的人员难以参加到新产品开发项目之中，跨部门项目组就会形同虚设，需要有很高跨部门协作水平才能实施的需求管理体系就难以发挥作用，一些企业就不得不重走诸如“提一条需求奖励多少钱”“不提需求就罚钱”“提完需求要签字”的简单化需求管理老路，而这条老路在所有企业都是不会成功的。

因此，我们要正视这个需求管理团队成员不确定性的问题，把包含 OR

需求管理体系在内的整个 IPD 体系推进和落地好，这才是保证本书所述的整个需求管理体系运作良好的唯一正确道路。

三、需求管理的意愿性是需求管理体系建设成败的关键

上面已经叙述过，本来广大员工对于需求调研和分析是有很大意愿的，因为大家都希望企业和自己实现双赢。但是很多企业由于不晓得如何科学管理需求，只是按照管理生产或者管理营销的方法来管理需求，就会在研发创新日新月异的今天，导致广大员工参与需求管理工作的意愿性逐渐降低。

现在是需要科学规范地推进和落地需求管理体系的时候了，我们得先把广大员工的意愿性重新呼唤起来。至于推行需求管理体系的方法仍然是约翰·科特的“领导变革八步法”，如图 20-1 所示，其核心思想就是“在问题上达成一致”“分批分期地进行变革”“先易后难”和“先试点，再推行”。

希望广大读者所在企业坚决杜绝“毕其功于一役”的急躁心态和“自己能够建立新的更好的理论”的自大心态，本书所述的内容都是很多专家的研究成果，是很多企业经验和教训的总结，别人踩过的坑，大家没有必要再踩一遍。

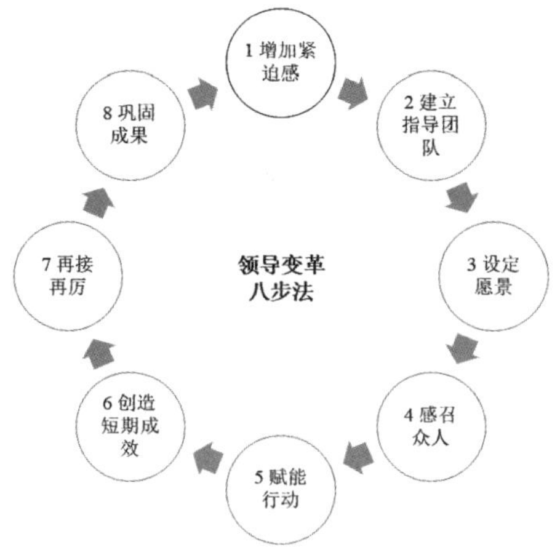

图 20-1　约翰·科特“领导变革八步法”

四、中小型企业需求管理部门的主要职责是编剧和导演

对于中小企业来说，能够招聘到并且留住一批顶尖的需求管理人员（或产品经理）是一个伪命题，能够培养出并且留住一批顶尖的需求管理人员（或产品经理）也是一个伪命题，这个论断在本书中已多次重复提出和论证（拥有个别顶尖需求管理人员是有可能的）。因此，中小企业做好需求管理的唯一道路，只能是把公司变成“一个顶尖需求管理人员”，每个相关职能部门相当于其胳膊、大腿、眼睛、耳朵，而其头脑就是需求管理人员（或产品经理），这时需求管理人员就不再仅仅是一名演员、运动员了，而必须成为编剧、导演和教练，能够组织和引导全公司的人力资源做好需求管理工作。

这样做的好处有以下几条：一是保证了需求管理体系的正常运转；二是防止过度依赖顶尖需求管理人员，造成“成也萧何，败也萧何”的现象；三是可以保证整个体系不断发展和不断复制，不用担心会受到一些员工离职的不利影响；四是增加了企业跨部门协同合作的能力，削弱了原本厚重的“部门墙”。

五、大型企业需求管理部门保证明星调研人员存在的方法

当然，笔者并不反对中小企业需求管理部门出现个别比较顶尖的需求管理人员（或产品经理），有英雄式的人才是一件好事。对于大型和超大型企业来说，出现一批需求大咖是有一定管理条件和物质基础的，也可以保证留得住这些顶尖需求管理人员。

需求管理部门保证明星和英雄调研分析人员存在的方法，可以有（但不限于）以下几种。

（1）公司的销售规模和利润池能够容纳这些需求大咖。

（2）公司未来 3 ~ 5 年的增长预期是健康的和向上的。

（3）公司为了这些大咖的存在已经建立了完备的企业管理体系、制度和流程。

（4）公司高层具有“空杯”心态，具有高度的领导力。

（5）公司的基础研发能力、基础生产能力和市场地位比较牢固，能够承担得起一次大规模的产品投资失误。

（6）公司已经为这些大咖配备了一定质量和足够数量的需求助理（或产品助理）人员。

（7）公司已经为这些大咖准备好相应的后勤保障措施。

（8）公司已具备完整的企业文化管理体系，能够在短时间内将这些大咖变成企业自己的人，而不是一个“外人”。

所有企业的优秀人才都是以内部发展为主，以外来空降为辅，不能把企业发展的所有希望都寄托在“外来和尚好念经”上面，因此，土—洋—土组织结构（老板土著、副总和总监外招、经理和基层土著）的企业不但推动不好 OR 需求管理体系，也无法推动好 IPD 集成产品开发管理体系，除非把这些“外人”通过企业文化的熏陶变成“自己人”。

六、需求调研人员的“留”是需求管理体系长期良好运作的关键

需求调研人员的“留”是企业需求管理体系正常运作的关键，需要采取三个方面的措施才能保证留住优秀需求管理人员。没有人才，再好的管理体系、流程都等于零。

1. 从愿景上吸引人

在招聘人才的过程中，首先，要向人才描述清楚公司未来几年的愿景，以吸引人才；其次，要向人才描述清楚需求管理工作的重要性及公司在各

个方面的支持力度，让人才觉得可以在公司发挥自己的能力；最后，要向人才描述清楚公司相关岗位的职业发展通道，并询问人才对未来的自我期待，在人才发展的道路和目标上双方达成一致。

2. 从待遇上满足人

在招聘人才及使用人才的过程中，需要给予人才足够的待遇，让人才能够有尊严地生活，增加其个人和家庭的幸福感。这些待遇可以包括（但不限于）基本工资、绩效奖金、年终奖、项目奖、贡献奖、通信费、股权、分红、年金、福利、荣誉称号等。千万不能让重要而努力的人才吃亏。

3. 从感情上留住人

人都是感情动物，一般来说，人不会只为了多拿一点点工资就选择前往一个陌生的工作环境。一般的人都会对公司和同事有一定的感情，已经融入了公司文化，是不愿意轻易离开公司的。作为企业的领导者和管理者需要长期关注人才的工作、生活情况，做好团队建设等企业文化工作，想人才之所想，急人才之所急，让人才对公司有一种归属感。

七、对需求管理IT软件系统的一些思考和建议

需求管理体系是一定需要 IT 软件系统支持的，只有那些需求管理做得不好的企业，由于收集到的需求数量不足，才不需要采用 IT 系统进行管理。在需求管理做得好的企业，每天都会有很多市场信息和需求信息汇总到公司，这就必须要通过 IT 系统将这些信息有效管理起来。

1. 需求管理 IT 系统应该是一个大数据库

需求管理 IT 系统需要将公司所有的市场信息和需求信息详细地按照不同的维度和视图存储起来，形成一个庞大的数据库。根据企业的实际情况，这个数据库可以是中央数据库，也可以是分布式数据库，还可以是云端数据库。

2. 需求管理 IT 系统应该针对每条信息进行流程管理

每条市场信息和需求信息都应该具有初始状态、特性状态、数据状态、分配状态、实物状态、实物验证状态等多种状态，每种状态都需要 1 ~ 3 道评审（不得超过 3 道，也可以称为门径），有的是单人评审，有的是会议评审。

3. 需求管理 IT 系统应该与项目管理系统、人力资源管理系统有效链接

需求管理系统不是独立存在的，它需要与项目管理系统、人力资源管理系统相连接，有条件的公司还可以将它与生产管理系统、供应商管理系统、客户管理系统相连接，并保证数据的高质量传递。

4. 需求管理 IT 系统讲究松耦合，不要搞成紧耦合

现有很多 IT 系统对于组织架构的管理都是紧耦合形式的，人员岗位固定、职责固定、流程固定、审批方式固定。这些紧耦合的 IT 系统都是不适合需求管理的，应该用松耦合的形式进行整个 IT 软件系统的构建，不讲究岗位而讲究角色、不讲究审批而讲究评审、不讲究独立作战而讲究集体共创、不讲究单部门作战而讲究跨部门团队作战、不讲究单视图展现而讲究多视图展现，等等。

5. 对 IT 系统中的每条信息都要根据细分市场进行划分，并赋予时间约束

市场信息和需求信息都是与其所在的细分市场紧密结合的，对于单个信息来说，置于不同的细分市场和不同的项目中，它的发展状态、重要性都是不一样的，一定要对不同细分市场中的信息进行区分，并规定相应的有效时间。

八、对需求管理体系推行落地的一些总结

需求管理对于企业研发管理工作一定是非常重要的，甚至在大部分情

况下是非常紧迫的，于是很多企业急于在短期内把需求管理体系建设好并运营起来，这种急迫的心情是可以理解的，但是这种急于求成的心态却是要不得的，而且很有可能会适得其反。那么，针对本书的内容总结一下，需求管理体系建设和推行落地都需要哪些条件并注意哪些关键性内容呢？

1. 需求管理体系建设对于跨部门协同合作的要求很高

由于跨部门协同做得不好和部门墙较厚等原因，企业在导入 IPD 研发管理体系之初是不太适合实施 OR 需求管理体系建设的，虽然很多公司的高层对于研发管理现状很担忧也很着急，但是 IPD 体系的推进有它的一套科学的规律和法则，我们不能违背科学。分阶段建设一个初步完整的需求管理体系的主要原因包括：一是跨部门协同合作能力需要不断提升，才能保证需求管理良心工程的不断实现；二是需求管理相关人才队伍需要逐步建设起来，而不是在短期内就能建设好。所以，我们在推行 OR 需求管理体系时，必须首先保证跨部门协同合作能力达到一定水平，部门墙厚重的企业是难以建立起需求管理体系的。

2. 需求管理体系建设需要总体规划和分步实施

推进 IPD 体系的每一期建设，都需要不断地推进需求管理知识的落地，否则产品开发项目、规划项目、预研项目等都可能会因为没有可靠和高质量的需求输入而失败，这就要求我们在进行 OR 需求管理体系建设时，要总体规划，分步实施，至少用 3 ~ 5 年的时间，初步建成一个完整的需求管理体系，而且在后续的每一年都不断进行优化。这样做既能保证需求管理体系与跨部门协同合作能力一起进步，也能保证人才梯队建设的持续发展。

3. 需求管理体系建设对于个人需求调研和分析的能力要求很高

需求管理体系的建设实际就是培养个人需求调研和分析的能力的过程，以及管理培养个人需求调研和分析能力过程的过程，因此，OR 需求管理体系的建设始终伴随着人才梯队能力建设，没有足够数量的合格需求管理人才，再好的需求管理制度和流程也不会发挥作用。反之，如果企业拥有很多合格甚至优秀的需求管理人才，就会降低企业研发体系对于需求管理体系建设的依赖性。

4. 需求管理体系建设需要企业有积极向上的文化氛围

跨部门协同合作是需求管理流程得以良好运作的基础，这就需要企业务必建立起包括跨部门合作、利他主义、‘家’文化在内的企业文化内核，推动企业跨部门合作的发展，保障需求管理体系的持续成功建设。

5. 需求管理体系建设需要有公司总体发展战略牵引

需求管理体系的建设是企业的大事，是必须写入企业发展战略的，而且要占有极其重要的地位。OR 需求管理体系建设从属于 IPD 研发管理体系建设，是企业管理上的大变革，这种变革是自上而下的。有些高层认为需求管理只是下面人的事情，这种想法是不正确的，会导致需求管理体系建设的失败。

6. 需求调研和分析的过程和方法需要不断创新

本书的内容仅限于笔者十三年 IPD 研发管理体系实践的一些思考，随着社会不断进步，本书讨论的需求调研和分析过程与方法还会不断创新和发展。IPD 研发管理行业的从业者和实践者应携起手来，共同推动需求管理知识体系不断发展进步，为伟大祖国的繁荣发展做出更大的贡献。

后　记

经过五个月的努力，我把埋藏在头脑里的需求管理体系建设方法全部写了出来，对我来说是件很开心的事。整个国庆节期间，那首著名的《德皇威廉练兵曲》不断萦绕在我的耳边，在它的启发下，我写成了《IPD 之歌》，这是我们推行 IPD 集成产品开发管理体系的美好愿望。

IPD 之歌

作词：孙维乙

企业员工各个要牢记
七大思想四项注意
第一开发投资需谨慎
财务盈利才能得胜利
第二市场需求要搞清
输入准确大家心欢喜
第三流程部门商量好
共创一致才是大道理
第四平台代代规划齐
模块设计成本才能低
第五跨部门团队一杆旗
项目组齐心对手没脾气
第六资源一定要对齐
项目排序不能拍马屁

第七不要生搬和硬套
适配落地才是硬道理
七大思想各个要做到
四大注意不能忘记了
第一组织变革要谨慎
流程驱动才能得第一
第二绩效激励要落地
不搞“两张皮”伤士气
第三高层要不断精进
思想前进永远不放弃
第四文化建设要配套
变革话题永远不能弃
IPD 推进是系统工程
需要多年不要太着急
不要自己戴上紧箍咒
破除困难时刻不松懈
大家一起初心不能忘
齐心努力一定得胜利

诚然，目前大多数企业并没有将需求管理体系有效地建立起来，或者在需求管理体系运行的过程中出现大量的问题。需求管理的重要性虽然是不言而喻的，但是各个企业在行动上却时常偏离需求管理的科学方向。各个企业若不想在需求管理体系建设和运行上走弯路，针对需求管理体系所具有的“良心工程”的特点，进行更加科学的建设和运营是十分必要的，这也是本书写作的最重要意义。

最后，对各位支持和帮助我的老师和同仁，对支持我的家人，表达最诚挚的感谢，谢谢你们。

让天下没有不落地的 IPD！

孙维乙

2024 年 10 月 11 日于浙江杭州

附录：术语表

A

AAR，After Action Review，事后回顾（复盘）

ADCP，Availability Decision Check Point，可获得性决策评审

AHP，Analytic Hierarchy Process，层次分析法

AR，Allocate Requirement，分配需求

B

BLM，Business Leadership Model，业务领先模型

BP，Business Plan，业务计划

C

CDCP，Concept Decision Check Point，概念阶段决策评审

CDT，Charter Development Team，项目任务书开发团队

Charter DCP，Charter Decision Check Point，项目任务书决策评审/立项决策评审

D

DCP，Decision Check Point，决策评审点

Delphi，Delphi Method，德尔菲法（专家调查法）

DFM，Design for Manufacture，可生产性设计

DFP，Design for Procurement，可采购性设计

DFS，Design for Serviceability，可服务性设计

DFT，Design for Test，可测试性设计

DFX，Design for X，面向产品生命周期各环节的设计

DSTE，Develop Strategy To Execution，从战略到执行

E

EBO，Emerging Business Opportunities，新兴商业机会

F

FR，Feature Requirement，特性需求

I

IMM， Innovation Management Maturity，创新管理成熟度

IPD，Integrated Product Development，集成产品开发

IPMT，Integrated Portfolio Management Team，集成组合管理团队

ITMT，Integrated Technology Management Team，集成技术管理团队

IR，Initial Requirement，初始需求

K

KANO，KANO Model，KANO 模型（狩野模型）

KPI，Key Performance Indicators，关键绩效指标

L

LDCP，Lifecycle Decision Check Point，生命周期阶段决策评审

LOGO，LOGO type，徽标或商标

LPDT，Leader of PDT，PDT 经理 /PDT 项目经理

LRMT，Leader of RMT，RMT 经理 / 需求项目经理

M

MM，Market Management，市场管理 / 规划（产品规划）

O

OKR，Objective and Key Results，目标与关键成果法

OR（1），Offerings and Requirements management，需求管理

OR（2），Original Requirement，原始需求

ORR, Offerings and Requirements Review，需求管理评审

O / SBP，Offerings / Solutions Business Plan，产品包 / 解决方案业务计划书（商业计划书）

P

PBC，Personal Business Commitment，个人绩效承诺

PDCP，Plan Decision Check Point，计划阶段决策评审

PDT，Product Development Team，产品开发团队

PL，Product Line，产品线

PK，Player Killing，对决活动

PMT，Product Management Team，产品管理团队

PRT，Product Pre-research Team，产品预研团队

PPR，Product Pre-research，产品预研流程

PQA，Product Quality Assurance，产品质量保证（工程师）

R

RAT，Requirement Analysis Team，需求分析团队

RMT，Requirement Management Team，需求管理团队

S

SE，System Engineer，系统工程师

S-LPDT，Solution-Leader of PDT，解决方案 PDT 经理 / 解决方案 PDT 项目经理

SR，System Requirement，系统需求

SPAN，Strategy Positioning Analysis，战略定位分析

SPDT，Solution Product Development Team，解决方案开发团队

S-SE，Solution- System Engineer，解决方案系统工程师

T

TCDT，Technology Charter Development Team，技术项目任务书开发团队

TDT，Technology Development Team，技术开发团队

TMT，Technology Management Team，技术管理团队

TPD，Technology and Platform Development，技术 / 平台开发流程

TPM，Transformation Progress Metrics，变革进展指标

TPP，Technology Planning Process，技术规划流程

TPR，Technical Pre-research，技术预研流程

TRT，Technology Pre-research Team，技术预研团队

TR，Technical Review，技术评审

TRIZ，Teoriya Resheniya Izobreatatelskikh Zadatch（拉丁文），发明问题解决理论

参考文献

[1] [美]艾森·拉塞尔，保罗·弗里嘉.麦肯锡意识[M]. 龚华燕，译.北京：机械工业出版社，2010.

[2] [美]杰克·特劳特.什么是战略[M].火华强，译.北京：机械工业出版社，2011.

[3] [加]亨利·明茨伯格.卓有成效的组织（珍藏版）[M].魏青江，译.北京：中国人民大学出版社，2012.

[4] 时小小.生命密码[M].长春：吉林出版集团，2014.

[5] 汪应洛.系统工程（第5版）[M].北京：机械工业出版社，2016.

[6] 苏杰.人人都是产品经理2.0——写给泛产品经理[M].北京：电子工业出版社，2022.

[7] [以]尤瓦尔·赫拉利.人类简史：从动物到上帝[M].林俊宏，译.北京：中信出版社，2017.

[8] [美]丹尼尔·戈尔曼.情商（第2版）[M]. 杨春晓，译.北京：中信出版社，2018.

[9] [美]丹尼尔·平克.驱动力（经典版）[M].龚怡屏，译.杭州：浙江人民出版社，2018.

[10] 周苏，张丽娜，陈敏玲.创新思维与TRIZ创新方法（第2版）[M].北京：清华大学出版社，2018.

[11] 夏忠毅.从偶然到必然：华为研发投资与管理实践[M].北京：清华大学出版社，2019.

[12] [英]蒂姆·布朗.IDEO，设计改变一切（10周年纪念版）[M].侯婷，

何瑞青，译 . 杭州：浙江教育出版社，2019.

[13] 石晓庆，卢朝晖 . 华为能，你也能：IPD 产品管理实践 [M]. 北京：北京大学出版社，2019.

[14] 孙维乙 . 落地才是硬道理：企业实施 IPD 研发管理体系方法 [M]. 北京：航空工业出版社，2021.

[15] [美] 杰弗里・摩尔 . 公司进化论：伟大的企业如何持续创新（珍藏版）[M]. 陈劲，译 . 北京：机械工业出版社，2014.

[16] 孙维乙，郭俭旭 . 研发才是硬道理：用 IPD 流程研发新品全过程详解 [M]. 黑龙江：哈尔滨出版社，2024.

[17] 倍智人才研究院 . 大五人格心理学：人才选育管用之道 [M]. 广州：广东经济出版社，2024.

[18] Malcolm McDonald, Ian Dunbar. *Market Segmentation: How to do it*, How to profit from it[M] Burlington: Elsevier Butterworth-Heinemann, 2004.

[19] Gary Burchill, Christina Hepner Brodie. *Voices into Choices: Acting on the Voice of the Customer*[M] Madison: Oriel Inc., 2005.

[20] Stephen Wunker, Jessica Wattman, David Farber. *Jobs to be down: A roadmap for customer-centered innovation*[M] New York: AMACOM, 2017.